Karin Lenhart

Soziale Bürgerrechte unter Druck

Karin Lenhart

Soziale Bürgerrechte unter Druck

Die Auswirkungen von Hartz IV auf Frauen

VS VERLAG FÜR SOZIALWISSENSCHAFTEN

Bibliografische Information der Deutschen Nationalbibliothek
Die Deutsche Nationalbibliothek verzeichnet diese Publikation in der Deutschen Nationalbibliografie; detaillierte bibliografische Daten sind im Internet über <http://dnb.d-nb.de> abrufbar.

1. Auflage 2009

Lektorat: Katrin Emmerich / Marianne Schultheis

VS Verlag für Sozialwissenschaften ist Teil der Fachverlagsgruppe Springer Science+Business Media.
www.vs-verlag.de

Umschlaggestaltung: KünkelLopka Medienentwicklung, Heidelberg
Druck und buchbinderische Verarbeitung: Krips b.v., Meppel
Gedruckt auf säurefreiem und chlorfrei gebleichtem Papier
Printed in the Netherlands

ISBN 978-3-531-15812-9

Inhalt

Danksagung

Mein ganz besonderer Dank gilt dem *Berliner Programm zur Förderung der Chancengleichheit für Frauen in Forschung und Lehre*, einschließlich den anonymen Gutachterinnen, welches mich zwei Jahre lang als Stipendiatin gefördert und so diese Studie erst ermöglicht hat.

Auch der Leitung und den Mitarbeiterinnen und Mitarbeiter des Jobcenters Mitte sei für die sehr freundliche Unterstützung des Projekts gedankt.

Das „Herz“ der Studie liefern indes die Interviews mit von Hartz IV betroffenen Frauen aus dem Bezirk Mitte. Die Frauen ließen mich in teils sehr intensiven Gesprächen an ihren Erfahrungen und Ansichten, ihren Sorgen und Nöten teilhaben. Ihnen gilt mein ganz besonderer Dank. Nicht selten sahen sie, die aus dem Arbeitsmarkt Ausgegrenzten und an den gesellschaftlichen Rand Gedrängten, mich als Sprachrohr in eine ihnen verschlossene Welt des Öffentlichen, in der Hoffnung, so zu einer Verbesserung ihrer Lage beitragen zu können. Ihnen eine Stimme zu geben, ist zentrales Anliegen dieser Arbeit.

1 Zur Umsetzung von Hartz IV in frauenspezifischer Perspektive

Wer sich für die Ausgestaltung von sozialen Bürgerrechten interessiert, kommt an der Auseinandersetzung mit „Hartz IV“, wie die „Grundsicherung für Arbeitssuchende“ kurz genannt wird, nicht vorbei. Das regierungsamtlich angekündigte große Versprechen des „Forderns und Förderns“ war die Begleitmusik für die Eröffnung einer reformpolitischen Großbaustelle zum Jahreswechsel 2004/2005, die dem bundesdeutschen Sozialstaat ein neues Gesicht verpassen sollte. Von Chancen für die Langzeitarbeitslosen, wieder in existenzsichernde Arbeit zu kommen, von sozialer Gerechtigkeit und von Teilhabe war regierungsamtlich, gerade im Vorfeld, viel die Rede (Bundesregierung 2004). Im neuen Gesetz, dem „Sozialgesetzbuch Zweites Buch“ (SGB II), selbst kam in der Hauptsache indes der Grundsatz des Forderns zu seiner Geltung, während der Förderaspekt, etwa auch die Rechte der Betroffenen, unverbindlich blieb. Wie die verschiedenen, mit der Bearbeitung von Langzeitarbeitslosigkeit betrauten Institutionen aufgestellt sein würden und wie das zunächst nur grob gestrickte Gesetz faktisch ausgeführt werden sollte, war zunächst unklar. Was die Frage nach den Folgen und einem möglichen Nutzen für die Betroffenen im Sinne einer verbesserten Förderung zur (Wieder)eingliederung in den ersten Arbeitsmarkt anbelangte, herrschte neben gespannter Erwartung vorwiegend Skepsis vor. War der, politisch als Kollateralschaden in Kauf genommene chaotische Start der Reform und die ungleichgewichtige Ausrichtung, die soziale Bürgerrechte als zu vernachlässigende Größe ignorierte, den Anfängen einer beschleunigten, schlecht vorbereitenden Einführung geschuldet? Oder aber war diese erste unübersichtliche Phase bereits symptomatisch für den „Geist“ des Gesetzes? Es war also von besonderem Erkenntnisinteresse, den Übergang von den getrennten Systemen der (begrenzt) statussichernden Arbeitslosenhilfe und der, das Existenzminimum sichernden Sozialhilfe in das neue Sozialgesetzbuch II in den Blick zu nehmen.

Angesichts der weitgehenden Ignoranz an genderpolitischen Aspekten bei den maßgeblichen Akteuren der Reform gewann die Frage nach den speziellen Auswirkungen auf Frauen besondere Relevanz. Der Gesetzgeber hat in Paragraf 1 des SBG II ausdrücklich den Auftrag zur Gleichstellung von Männern und

Frauen sowie die Milderung geschlechtsspezifischer Nachteile festgeschrieben (vgl. 1.3). Quer dazu folgt die Grundsicherung für Arbeitssuchende zwei widersprüchlichen Leitbildern, einerseits dem der Förderung in Richtung individueller Erwerbsbeteiligung zur Beendigung der Hilfebedürftigkeit, andererseits dem der verstärkten Subsidiarität in der „Bedarfsgemeinschaft“ mit wechselseitigen Einstandspflichten. Individuelle Interessen haben dabei angesichts dieser „Zwangsvergemeinschaftung“ zurückzutreten. Gerade vor dem Hintergrund der strukturellen Benachteiligung von Frauen auf dem Arbeitsmarkt in Deutschland musste dies die ausführenden Trägereinheiten der Hartz IV-Reform vor besondere Herausforderungen stellen.

Aufgrund des neuen Gegenstandes war für die Untersuchung der Umsetzung des Gleichstellungsauftrags und zur Erfassung der Wirkungen des SGB II auf hilfebedürftige Frauen ein exploratives Vorgehen mithilfe einer empirischen Fallstudie geboten. Neben der Untersuchung des Implementationsprozesses der, auch und gerade in frauenspezifischer Sicht umstrittenen Hartz IV-Reform durch das neu eingerichtete Jobcenter in Berlin-Mitte sollten von Hartz IV betroffene Frauen zu Wort kommen. Mittels einer qualitativen, doppelten Befragung wurden 30 (in 2005) bzw. 25 (in 2006), in Berlin-Mitte wohnende betroffene Frauen nach ihren Erfahrungen und ihrem Umgang mit den Neuerungen befragt. Wie würden die Betroffenen die Logik der administrativen Umsetzung des Forderns und Förderns wahrnehmen?

Inzwischen wissen wir, dass Hartz IV trotz des Aufschwungs auf dem Arbeitsmarkt seinen Ansprüchen einer verbesserten Integration von Langzeitarbeitslosen in den Arbeitsmarkt zumindest bislang ungenügend gerecht wird. Gleichwohl ist Hartz IV offensichtlich „erfolgreich“, was seine gesellschaftlichen Wirkungen anbelangt. Dies zeigt der Blick in den von Wilhelm Heitmeyer herausgegebenen sechsten Band der „Deutschen Zustände“ (Heitmeyer 2008). Im Fokus der jüngsten Heitmeyer-Studie steht die Frage nach dem ökonomischen Denken in der Gesellschaft. Die Befunde, die er und ein ganzes Team aus WissenschaftlerInnen und JournalistInnen zusammentrugen, sind auch dieses Mal alarmierend. Marktwirtschaftliches Kalkül dringt immer mehr in das gesellschaftliche Denken und das soziale Zusammenleben ein, von Heitmeyer als „Ökonomisierung des Sozialen“ beschrieben, Nützlichkeit und Effizienz werden zum maßgeblichen Kriterium für die Beurteilung anderer (Heitmeyer/Endrikat 2008). Nur Menschen, die etwas leisten, werden als wertvolles Mitglied der Gesellschaft betrachtet, so lässt sich das Credo von rund 40 Prozent aller Befragten zusammenfassen, und noch immerhin mehr als ein Viertel bezeichnet moralische Maßstäbe als „Luxus“, den man sich nicht mehr erlauben könne. Langzeitarbeitslose haben unter den Deutschen demnach einen schweren Stand. So unterstellt annähernd die Hälfte der Befragten, Langzeitarbeitslose seien an einem Job gar nicht interessiert und rund 60 Prozent stimmen der Aussage zu, wonach sich Langzeitarbeitslose „auf Kosten der Gesellschaft ein bequemes Leben machen". Die Ressentiments nehmen demnach zu, je näher die eigene soziale Lage an der von Langzeitarbeitslosen zu verorten ist. Eine ökonomisch erzeugte „Ungleichheit" werde, so Heitmeyer bei der Buchvorstellung, in eine „Ideologie der Ungleichwertigkeit" umgewandelt. (Tagesspiegel 14.12. 2007).

Die Beschneidung in den sozialen Standards ist demnach politisch nicht nur verordnet, sie wird offensichtlich auch gesellschaftlich wirksam. Soziale unveräußerliche Bürgerrechte für alle, diese scheinbar unhinterfragte Losung scheint so schlicht nicht (mehr) zu gelten (1.1). Erschreckend an den Ergebnissen der jüngsten Heitmeyer-Studie ist der offensichtliche Befund, wonach die Zunahme „ökonomistischen Denkens" (Heitmeyer) der individuelle Ausdruck einer auf der Ebene staatlicher Politik verordneten Ökonomisierung, einhergehend mit der Entsolidarisierung der Gesellschaft ist. Klaus Dörre hat diese Subjektivierung als „Verinnerlichung von Marktzwängen", als „Habitualisierung, als zur Tugend gewendete Not" beschrieben (2003).

Tatsächlich markiert Hartz IV als nur eine, wenngleich zentrale Komponente des bundesdeutschen Sozialstaatsumbaus, der, auf der Grundlage neo-liberaler Glaubenssätze und mittels Aktivierungsstrategien, faktisch ein Sozialstaatsabbau ist, einen Traditionsbruch. Damit vollzog die Bundesregierung einen Übergang von „welfare" zu „workfare" (Trube 2003), wie er in einigen angelsächsischen Ländern bereits in den letzten 20 Jahren erprobt wurde (Peck 2001). Ziel ist die Reduzierung der Wohlfahrtsausgaben in Kombination mit der Selbstverpflichtung der Bürgerinnen und Bürger bei der sozialen Absicherung. Damit einher geht die Delegitimierung der Vorstellung eines gewissen Standards von sozialen Rechten für alle (Staats-)Bürgerinnen und Bürger. Dieser sollte, wie es in § 1 des Bundessozialhilfegesetzes (BSHG) von 1962 hieß, „die Führung eines Lebens (...) ermöglichen, das der Würde des Menschen entspricht"[1]. Doch dieser Standard ist inzwischen infrage gestellt.

Damit steht die Bundesrepublik indes nicht alleine. Auch in anderen westlichen Wohlfahrtsstaaten verändert sich der Leistungskanon. Auch in anderen Ländern wird das Anrecht auf Leistungen selektiver gestaltet, der Umfang von Leistungen wird eingeschränkt und die Anspruchsberechtigung dieser Leistungen wird an schärfere Bedingungen geknüpft. Diese, von Godfried Engbersen für den niederländischen Fall als „Verhärtungsprozess" (2004) beschriebene Verän-

---

[1] Das Bundesverwaltungsgericht hat 1970 klargestellt, dass dabei die Gewährleistung des bloßen Existenzminimums nicht hinreichend ist, sondern gesellschaftliche Teilhabe möglich sein muss. D.h. in der Umgebung von Nichthilfeempfängern muss es Leistungsbeziehenden möglich sein, ein Leben „ähnlich wie diese" (BverGE 36:258) führen zu können. Dabei sei auf die „herrschenden Lebensgewohnheiten" abzustellen (zit. nach Wolf 2008: 598ff.).

derungsspirale ist bezogen auf die Sozialstaatsentwicklung in Deutschland stark von der Hartz-IV-Reform geprägt. Flankierend offenbart sich in der von Politikern und Medien betriebenen Missbrauchsdebatte um vermeintliche „Parasiten" und „Abzocker" (BMWA 2006), die die von anderen erarbeiteten sozialstaatlichen Leistungen angeblich missbrauchen, zugespitzt ein zentrales Element eines veränderten, dominierenden politischen Deutungsmusters. Betroffene werden für die persönliche Misere, die es den meisten bedeutet, sozial bedürftig zu sein, persönlich verantwortlich gemacht. „Jeder ist seines Glückes Schmied" und seines oder ihres Pechs eben auch, so die Lesart. Arbeitslosigkeit wird nicht als strukturelles Problem definiert, sondern allenfalls als Vermittlungsproblem verharmlost und umgedeutet in individuelles Versagen. Einschlägige Medienkampagnen und Äußerungen von Politikern produzieren das Bild des angeblich faulen, unrasierten Hartz IV-Empfängers, der auf Kosten der Steuerzahler ein bequemes Leben führt. Witze über Hartz-IV-Empfänger gibt es inzwischen zuhauf und Talkshowgrößen dürfen sich der Lacher sicher sein, wenn sie gestapelte Bierdosen mal eben als „Hartz-IV-Stelzen" bezeichnen (Schrep 2008: 218).

Hartz IV offenbart außerdem den in anderen Ländern schon länger zu beobachtenden Trend der verstärkten Verschiebung von Solidarität in die private Sphäre. Diese wird ihres freiwilligen Charakters entkleidet und stattdessen erzwungen, was die Abhängigkeiten der- oder desjenigen, der ihrer bedarf, verstärkt. Frauen, besonders diejenigen, die Fürsorgearbeit zu erbringen haben, sind besonders betroffen von der Neustrukturierung sozialstaatlicher Regimes.

Am Beispiel der USA hat Janine Brodie die Reformen sozialstaatlicher Arrangements entlang des Geschlechterverhältnisses dechiffriert. Die Versuche der Neuordnung von Geschlechterrollen und der Geschlechterordnung durch sozialpolitische Reformen seien bisher experimentell und widersprüchlich geblieben. „Politische Entscheidungsträger müssen erst noch ein nachhaltiges sozialpolitisches Regime entwickeln, das erfolgreich zwischen den Risiken des gegenwärtigen Arbeitsmarkts und den weiterhin bestehenden Erfordernissen sozialer Reproduktion vermittelt" (Brodie 2004: 20). Sie beschreibt zwei Achsen der Veränderung, zum einen die gleichzeitige „Erodierung und Intensivierung von Geschlecht", zum zweiten das „Verantwortlichmachen von Individuen und Familien" (ebd.: 25). Alle werden zu scheinbar geschlechtslosen, autonomen MarktteilnehmerInnen, die ohne Rücksicht auf die soziale Reproduktion dem Arbeitsmarkt zur Verfügung zu stehen haben. In der zugespitzten US-amerikanischen Variante werden bei den, unter Präsident Bill Clinton eingeführten „welfare-to-work"-Programmen Frauen zur Erwerbsarbeit verpflichtet, ohne dass die Betreuung der Kinder sichergestellt ist. Während in Deutschland so etwas als undenkbar anzusehen ist, sondern sich, im Gegenteil, die Hinweise verdichten, wonach Frauen entgegen den Ankündigungen und aller Lippenbekenntnisse zum Trotz weniger und schlechter in Richtung Arbeitsmarkt gefördert werden, ist die von Brodie beschriebene Intensivierung geschlechtlicher Rollen auch hierzulande zu beobachten. Frauen werden weiterhin und mit den Hartz-Reformen verstärkt in die Domäne prekärer Beschäftigung verwiesen, während gleichzeitig die Verantwortung unbezahlter Reproduktions- und Sorgearbeit vor allem Frauensache bleibt. Dies geschieht vor dem Hintergrund des Rückzugs des Staates aus sozialer Verantwortung gerade im Bereich von (Schul-)Bildung und Fürsorge, also gerade dort, wo die Ansprüche und Erfordernisse steigen. Es sind in erster Linie Frauen als Mütter, Ehefrauen und Töchter, die diesen Anforderungen gerecht werden müssen, obliegt es doch gerade ihnen, ihre Kinder zu betreuen und zu erziehen sowie auf dem schwieriger gewordenen Weg zu potentiell produktiven Mitgliedern der Gesellschaft aktiv zu begleiten und/oder die immer älter werdenden Angehörigen zu unterstützen und zu pflegen.

Auch die Selbstzuschreibung der eigenen sozialen Lage hat in Deutschland Konjunktur. Für erwerbsfähige Hilfebedürftige wird etwa die erhöhte „Eigenverantwortung" in – gegebenenfalls – erzwungene „Eingliederungsvereinbarungen" gegossen. Diese enthalten in erster Linie die Verpflichtung, regelmäßig eine bestimmte Anzahl von Bewerbungen vorzuweisen sowie gegebenenfalls eine arbeitsmarktpolitische Maßnahme anzutreten. Besonderen Raum nehmen die Hinweise auf Sanktionen ein, die bei Verletzung der Auflagen drohen. Doch diesem Pflichtprogramm steht in der Regel keine reale Chance auf eine "echte" Arbeitsmarktintegration gegenüber. Die Pflichten der Behörde sind meist nur vage formuliert. Ein Anspruch der Hilfebedürftigen ergibt sich daraus nicht.

In seinem, bereits im Jahr 2000 und damit weit vor Hartz IV erschienenen Buch „Metamorphosen der sozialen Frage" beschreibt Robert Castel mit Blick auf den Umbau des französischen Sozialstaatsregimes die prekäre Situation derer, die auf staatliche Unterstützung angewiesen sind: „Der Antragsteller hat nichts anderes beizutragen, als sein Leben mit allen Fehlschlägen und Unzulänglichkeiten zu erzählen. Anschließend nimmt man dieses armselige Material unter die Lupe, um daraus eine Rehabilitierungsperspektive zu entwerfen, mit dem Ziel, ein ‚Projekt aufzustellen' und einen ‚Eingliederungsvertrag' zu definieren. Die Splitter einer in die Brüche gegangenen Biographie stellen den einzigen Tauschgegenstand zur Geltendmachung eines Rechtsanspruchs dar. Ich bin mir nicht sicher, ob dies ein Umgang mit dem Individuum ist, der einem vollwertigen Staatsbürger angemessen ist„ (Castel 2000: 412, Anf. i.O.).

Dies trifft auch auf Staatsbürger*innen* zu. Denn es sind zunehmend Frauen, die aufgrund von Kinderbetreuungsnotwendigkeiten, Trennungen vom (hauptverdienenden) Partner sowie aufgrund ihrer strukturellen Diskriminierung auf dem Arbeitsmarkt in Abhängigkeit von staatlichen Transferleistungen geraten oder, falls sie „ausgesteuert" wurden, in Abhängigkeit ihres Partners leben müssen. Jüngste positive Entwicklungen auf dem Arbeitsmarkt gehen am ehesten an langzeitarbeitslosen Frauen vorbei oder liefern für Frauen (und Männer) allenfalls eine „Perspektive" in prekärer Beschäftigung und im Niedriglohnsektor, die eine Beendigung der Hilfebedürftigkeit zumeist ausschließt.

Der Titel der vorgelegten Studie „Soziale Bürgerrechte unter Druck" hebt ab auf das in den letzten Jahren modifizierte sozialstaatliche Arrangement in Deutschland und fragt nach der besonderen Lage von (unterschiedlichen Gruppen von) Frauen im Kontext dieser Veränderungen. Als unveräußerlich geglaubte soziale Rechte, die neben der ausreichenden Versorgung mit lebenswichtigen Gütern die Möglichkeit der Teilhabe und Teilnahme am öffentlichen politischen, kulturellen und sozialen Leben als wesentlicher Voraussetzung gelungener Integration beinhalten, geraten für diejenigen, die auf staatliche Transferleistungen angewiesen sind, aufgrund politischer Entscheidungen in Gefahr, werden beschnitten, zuweilen gar ausgesetzt.

Was dies konkret für betroffene Frauen (und ihre Kinder) bedeutet, darum wird es vor allem im zweiten Teil dieses Buches gehen.

Im Folgenden sollen in Kürze einige theoretische Markierungen erfolgen, die zum Verständnis und zur Einbettung der empirischen Befunde dienen. Diese konzentrieren sich neben Anmerkungen zu sozialen Bürgerrechten auf die Vorstellung des zentralen Untersuchungsgegenstandes „Hartz IV" als auch dessen Betrachtung in frauenspezifischer Sicht.

1.1 Soziale Bürgerrechte für alle?

Der britische Soziologe Thomas Marschall bezeichnete in seinen berühmten Vorlesungen „Citizenship and Social Class" kurz nach dem Zweiten Weltkrieg soziale Bürgerrechte als „eine ganze Reihe von Rechten, vom Recht auf ein Mindestmaß an wirtschaftlicher Wohlfahrt und Sicherheit über das Recht an einem vollen Anteil am gesellschaftlichen Erbe bis hin zum Recht auf ein Leben als zivilisiertes Wesen entsprechend der gesellschaftlich vorherrschenden Standards. Die am engsten mit ihm verbundenen Institutionen sind das Erziehungswesen und die sozialen Dienste" (Marshall 1992: 40). Getragen von einer hoffnungsfrohen und zukunftsgläubigen Stimmung vor dem Hintergrund des eben überstandenen Krieges, sah er als besondere Aufgabe des zwanzigsten Jahrhunderts die Verwirklichung der sozialen Bürgerrechte an, nachdem bürgerliche und politische Rechte bereits in den beiden Jahrhunderten zuvor erkämpft bzw. verwirklicht worden waren. Erst die soziale Flankierung ziviler und politischer Rechte schafft ein „full citizenship", welches soziale Exklusion und Marginalisierung in einer auf Ungleichheit beruhenden und Ungleichheit produzierenden

Ökonomie verhindern soll, so die Grundannahmen Marschalls. Soziale Bürgerrechte, die die bürgerlichen und politischen Grundrechte materiell absichern, sind mithin konstitutiv für das demokratische Gefüge liberaler Gesellschaften.

Die Entwicklungen in den verschiedenen sozialstaatlichen Arrangements der westlichen Industriestaaten schienen ihn zu bestätigen. Soziale Bürgerrechte, die, nach dem Erringen rechtlicher Gleichheit im 18. Jahrhundert und politischer Gleichheit im 19. Jahrhundert, auf die Herstellung von sozialer Gleichheit zielen sollen, haben im 20. Jahrhundert , dem „sozialdemokratischen Jahrhundert“ (Ralf Dahrendorf), eine enorme Entwicklung erfahren. Obwohl sich aus der Sozialstaatsgarantie des Grundgesetzes (Art. 21) keine unmittelbaren subjektiven sozialen Rechte ergeben und damit meist im Sinne von „Chancengleichheit“ die imaginäre Bereitstellung gleicher Chancen gemeint ist (Opielka 2004), beziehen sich soziale Bürgerrechte auf das „gesamte Spektrum zivilen und sozialen Lebens“ (Gerhard 2001: 71).

Während der „trentes glorieuses“, der langandauernden Wachstumsphase in der Nachkriegszeit, war es ruhig geworden um Debatten zu Staatsbürgerschaft und bürgerliche Rechte und Pflichten. Der Anspruch auf unveräußerliche soziale Bürgerrechte schien zu selbstverständlich zu sein als sich darüber noch vergewissern zu müssen.

Es ist indes kein Zufall, dass die „unerwartete Renaissance“ der Debatte um soziale Bürgerrechte ihren Anfang in Großbritannien in den frühen 1980er Jahren nahm (Mackert/Müller 2000). Ebenso wie Ronald Reagan in den USA läutete die damalige britische konservative Premierministerin Margret Thatcher eine „angebotsorientierte Wende“ (Dahrendorf) unter neoliberalen Dogmen ein. Mit der „Neudefinition des Sozialen“ erfolgten tiefe Einschnitte in das soziale Netz. Dies deutete die britische Linke als Angriff auf den Staatsbürgerstatus, dessen Rechte letztlich erst die Bedingungen generierten, die es den Bürgern erlaubten, ihre Pflichten wahrzunehmen, so deren Argumentation (Mackert/ Müller 2000: 19ff.). Soziale Bürgerrechte bedeuten demnach mehr als materielle Sicherheit, sie beinhalten vielfältige Anspruchs- und Mitgestaltungsrechte der Bürgerinnen und Bürger.[2]

Demgegenüber behaupteten die Verfechter einer marktorientierten Politik, die Lebenschancen der Armen seien durch die wohlfahrtstaatlichen Programme nicht verbessert worden. Im Gegenteil, soziale Bürgerrechte seien unvereinbar mit den „grundlegenden Freiheitsrechten der Person, ökonomisch ineffizient,

---

[2] Wie sehr diese in Gefahr sind, beweisen etwa Äußerungen des Berliner Finanzsenators, Thilo Sarrazin (SPD), der Hartz- IV- EmpfängerInnen das Recht auf ehrenamtliches Engagement und damit Teilhabemöglichkeiten in der Gesellschaft abspricht: „Wer als Hartz-IV-Empfänger genug Kraft für ein Ehrenamt findet, der sollte dann die Kraft darin legen, Arbeit zu finden“ (Die Welt, 27.09.2007).

belasteten den Staatshaushalt und degradierten den Bürger zum abhängigen und zur Untätigkeit verdammten Klienten aufgeblähter wohlfahrtstaatlicher Bürokratien“ (ebd.). Persönliche Freiheit und Selbstverantwortung sind zwei der Schlagworte, mit denen – politisch erfolgreich, wie wir wissen – eine neue Reziprozität von Rechten und Pflichten eingefordert wird, die es erlaubt, die Rolle des Staates als Garant für das Wohlergehen der Mitglieder einer Gesellschaft zurückzuschrauben und die Individuen als Einzelne dem Marktgeschehen auszusetzen. Diese Logik des “welfare-to-work“ prägte die sozialpolitischen Umbrüche in den angelsächsischen Ländern seit den 1980er Jahren. Die Neuausrichtung der sozialen Absicherung bei Langzeitarbeitslosigkeit im Rahmen des Sozialgesetzbuchs II (SGB II) folgt verspätet diesem Entwicklungsmuster.

Nun sind Bürgerrechte nicht, wie Marshall es dargestellt hatte, das Ergebnis eines „natürlichen Evolutionsprozesses“, so die Kritik von Anthony Giddens aus den 1980er Jahren, sondern das Ergebnis von langanhaltenden, zuweilen erbitterten Kämpfen (Giddens 1983).

Diesen Kampf hatten gerade auch Frauen ganz speziell zu führen. So stellt sich aus frauenspezifischer Sicht die historische Entwicklung der Bürgerrechte freilich auch etwas anders dar als in der von Marshall dargestellten historischen Abfolge (Gerhard 2001). Das Dilemma, *Gleichheit* für Frauen einzufordern, ohne ihre Geschlechter*differenz* zu leugnen, ist Thema weltweit geführter feministischer Theoriedebatten. Eine Debatte um soziale Bürgerrechte für Frauen war und ist immer auch eine Debatte um die Rolle der verschiedenen Gruppen von Frauen in den unterschiedlichen wohlfahrtstaatlichen Regimes bezogen auf ihre Teilnahme am Wohlfahrtsstaat und den speziell von Frauen, im Laufe der historischen Entwicklung eingeforderten Errungenschaften (Lister 2003: 168). Die durch die Neuausrichtung wohlfahrtstaatlicher Regimes zu „workfare-states“ verstärkte Eigenverantwortlichkeit des Individuums in der sozialen Absicherung gilt, darauf wurde bereits mit Janine Brodie verwiesen, gerade auch für Frauen. Das Dilemma besteht indes darin, einerseits als Frau inzwischen ebenso wie der bisherige „male-bread-winner“ grundsätzlich universelle Marktteilnehmerin sein zu sollen (und zu wollen), und andererseits der weiterhin mit „weiblich“ kodierten Verantwortlichkeit für die familiale Sorgearbeit nachkommen zu müssen , die den Erfordernissen des Arbeitsmarktes zuweilen zuwider läuft. In der feministisch geprägten Debatte um soziale Bürgerrechte wurde dieses Dilemma aufgegriffen. Ruth Lister benannte als die beiden erforderlichen Achsen des „social citizenship“ aus weiblicher Sicht ein „right to work“ und ein „right to care“, also das Recht auf Erwerbsteilhabe, gekoppelt an die Anerkennung von Sorgearbeit und der dazu nötigen Freistellung vom Erwerbszwang. Wichtig ist demnach „to find a balance between, on the one hand, due recognition of the value to citizenship of the work women do as mothers and carers in the private sphere and, on the other, the promotion of their right to participate on equal terms with men in public sphere of the labour market" (Lister 2003: 194). Dies setzt allerdings eine Entwicklung hin zu einer Individualisierung der Chancen und Möglichkeiten der Existenzsicherung, auch im Bereich der Sozialansprüche, voraus, „wie es dem Grundversprechen einer modernen Rechtsordnung mit Rechten und Teilhabe für das Individuum entspricht" (Berghahn 2008: 165).

Die Realität, zumal in Deutschland, ist von diesem normativen Deutungsrahmen freilich weit entfernt. Frauen haben heute formal wohl die gleichen Rechte wie Männer, doch die Gleichberechtigung von Frauen ist weder materiell noch symbolisch verwirklicht. In Deutschland gilt dies in besonderer Weise für den Arbeitsmarkt, der noch immer als das Inklusionselement in die Gesellschaft schlechthin gilt.

Hartz IV gilt als Zäsur in der bundesdeutschen Sozialstaatspolitik. Wie stellt sich das deutsche Aktivierungsregime á la Hartz IV, gerade auch mit Blick auf Frauen dar?

1.2 Hartz IV als Kernelement des aktuellen Sozialstaatsumbaus

Ausgelöst durch den sogenannten Vermittlungsskandal, in dem der Bundesrechnungshof aufgedeckt hatte, dass die von der Bundesanstalt für Arbeit veröffentlichten Vermittlungszahlen von Arbeitslosen geschönt waren, setzte die damalige rot-grüne Bundesregierung die sogenannte Hartz-Kommission ein. Diese, nach ihrem Vorsitzenden Peter Hartz benannte Kommission legte am 16. August 2002 ihren Bericht vor, in dem sie 13 Module vorschlug, mit deren Hilfe Massenarbeitslosigkeit bekämpft werden sollte (Jann/Schmid 2004). Die im Anschluss an diesen Bericht bereits 2002 und 2003 beschlossenen „Gesetze für moderne Dienstleistungen am Arbeitsmarkt", Hartz I, II und III, brachten eine Fülle von Neuerungen mit sich, die einen grundlegenden Strategiewandel der deutschen Arbeitsmarktpolitik einleiteten und ein ganzes Set neuer arbeitsmarktpolitischer Instrumente mit dem Ziel der Schaffung von mehr Beschäftigungsmöglichkeiten aufbot. Äußeres sichtbares Zeichen des Veränderungswillens war die Umbenennung der Arbeitsämter in „Agenturen für Arbeit", die einem radikalen Wandel von der Verwaltung von Arbeitslosigkeit hin zu einem „modernen und kundenorientierten Dienstleister" (Bundesregierung 2004: 52) unterzogen werden sollten. Neben der Aufhebung der alten Trennung zwischen Leistungs- und Vermittlungsabteilung zugunsten von MitarbeiterInnenteams war u.a. eine stärkere Dezentralisierung und Erweiterung lokaler Ermessensspielräume sowie „die Abkehr von der übermäßigen Regulierungs- und Erlasskultur innerhalb der BA" vorgesehen (Vaut 2004: 64).

Der Kernpunkt der Vorschläge der Kommission, die Zusammenlegung der Leistungen für alle erwerbsfähigen Langzeitarbeitslosen (Jann/Schmid 2004a: 13), wurde schließlich im „Vierten Gesetz für moderne Dienstleistungen am Arbeitsmarkt", besser bekannt unter Hartz IV, fixiert. Die darin formulierten Neuregelungen wurden von der damaligen rot-grünen Bundesregierung als „größte Sozialreform in der Geschichte der Bundesrepublik" (Bundesregierung 2004: 9) gepriesen.

Sie ist zugleich die größte Sozialverwaltungsreform der Bundesrepublik Deutschland (Trube 2006: 68). Auf der Grundlage des neu geschaffenen Sozialgesetzbuchs II (SGB II) sollte die durch die unterschiedliche Art des Leistungsbezugs zwischen den Gebietskörperschaften bisher mögliche Lastenverschiebung unterbunden werden. Außerdem wurde die Absicht verfolgt, öffentliche Gelder einzusparen (Münder 2005: 18). Konkret sollten die bis dato zwischen den kommunalen Trägern der Sozialhilfe und der Bundesagentur für Arbeit verstreuten Kompetenzen für Langzeitarbeitslose organisatorisch und institutionell gebündelt werden. Der, von der rot-grünen Bundesregierung vorgelegte Gesetzesentwurf erfuhr als ein in Teilen zustimmungspflichtiges Gesetz durch den CDU-dominierten Bundesrat eine ganze Reihe wesentlicher Änderungen, vor allem bei der Leistungsträgerschaft.

Zur Aufgabenwahrnehmung der geteilten Zuständigkeit schreibt nun das Gesetz jenseits einer Sonderregelklausel für 69 Kommunen (Optionsgesetz) nach § 44b SGB II die Errichtung von Arbeitsgemeinschaften (Argen) vor, deren Träger, die lokalen Agenturen für Arbeit einerseits und die Kommunen andererseits, ihre Aufgaben nun „einheitlich" wahrnehmen sollen. Damit war nicht nur „Neuland" im (verfassungs-)rechtlichen Bereich betreten worden (Münder 2005: 422)[3], sondern auch verwaltungsorganisatorisch stellt dieser Kompromiss eine große Herausforderung dar. Schließlich treffen sehr unterschiedliche Akteure und unterschiedliche institutionelle Arrangements mit je eigenen „verfestigten Verhaltensmustern und Sinngebilden" (Göhler 1994: 22) aufeinander.

Mit dem Wechsel der beiden bisherigen steuerfinanzierten sozialen Sicherungssysteme bei Arbeitslosigkeit zur bedarfsorientierten Grundsicherung für Langzeitarbeitslose erfolgte darüber hinaus eine radikale Zäsur in der Sozialstaatsverfassung Deutschlands. Faktisch wurde die Arbeitslosenhilfe, die sich am zuletzt erzielten Einkommen orientiert hatte, abgeschafft und die finanziellen Transfers auf Sozialhilfeniveau begrenzt. Die Grundlinie des neuen Gesetzes lautet „Fordern

[3] Diese Regelung der „einheitlichen" Wahrnehmung der Aufgaben durch die kommunalen Träger und die Bundesagentur für Arbeit hat das Bundesverfassungsgericht in einem Urteil vom 20. Dezember 2007 als mit der Verfassung nicht vereinbar beurteilt und eine Frist zur gesetzlichen Neuregelung bis spätestens 31. Dezember 2010 gesetzt (vgl. BVG-Urteil vom 20. Dezember 2007 – 2 BvR 2433/04; 2 BvR 2434/04.)

und Fördern", d.h. Leistungen, die „Hilfebedürftige" erhalten, verpflichten sie zu Gegenleistungen. Dieses Prinzip fand sich zwar auch in den zuvor geltenden Sozialgesetzen (Subsidiaritätsprinzip), es wird nun jedoch verstärkt. So ist demnach nicht „nur jede Arbeit zumutbar" (§ 10, Abs. 1 SGB II), sofern sie nicht auf Dumpinglöhnen beruht, sondern die Betroffenen müssen auch nachweisen, dass sie ihre arbeitsmarktbezogenen Bemühungen intensivieren, um ihre Hilfebedürftigkeit zu reduzieren bzw. möglichst zu beenden. Auch EmpfängerInnen bisheriger Sozialhilfe nach dem Bundessozialhilfegesetz (BSHG) hatten eine Mitwirkungspflicht. Doch war der Zusatz „jede" (Arbeit) nicht enthalten und der Arbeitszwang davon abhängig gemacht worden, ob überhaupt entsprechende Arbeitsangebote vorlagen. Mit den Neuregelungen wird die Existenzsicherung ungleich stärker an die Pflichterfüllung der AntragstellerInnen gebunden, allem voran an die Bereitschaft, nahezu jede Erwerbsarbeit zu akzeptieren. Anderenfalls drohen nach den Buchstaben des Gesetzes drastische Leistungskürzungen.

Die zentrale Institution, die Beschäftigungsförderung und Leistungsgewährung aus einer Hand anbieten soll, sind die Beginn 2005 neu eingerichteten Jobcenter als Anlaufstellen für alle erwerbsfähigen Arbeitssuchenden, die eine Hilfebedürftigkeit nachweisen können. Der im § 14 SGB II formulierte „Grundsatz des Förderns" regelt u.a. die Bereitstellung eines „persönlichen Ansprechpartners" zur Sicherstellung eines kompetenten Fallmanagements als der zentralen Steuerungs- und Entscheidungsinstanz (Münder 2005: 180). Die Unterstützung soll laut Gesetz „umfassend" erfolgen und „jenseits bloßer Beratung und Vermittlung bei einer intensiveren Betreuung alle Einflussfaktoren für die berufliche Eingliederung berücksichtigen und alle erforderliche Unterstützung geben, die sich mit den Grundsätzen der Sparsamkeit und Wirtschaftlichkeit vereinbaren lässt" (Münder 2005: 178). Allerdings ergeben sich daraus „keine durchsetzbaren Ansprüche der Hilfebedürftigen auf Förderung", sondern es obliegt letztlich den einzelnen Jobcentern, wie sie die Rolle des „persönlichen Ansprechpartners" definieren. Gleiches gilt für die Regelung des Anspruchs einer qualitativ hochwertigen Beratung und Unterstützung mitsamt personeller Kontinuität der Beziehung zwischen den Hilfebedürftigen und der Betreuungs- und Beratungsperson (ebd.: 178ff.).

Erfahrungen mit dem Fallmanagement, „einer besonderen Konzeption und Technik der Vermittlung sozialer Dienste und der Gestaltung sozialer Arbeit" (Evers/Schulz 2003: 23ff.), konnten, bei bescheidenem Entwicklungsstand (Kolbe/Reis 2005), eine ganze Reihe von Kommunen bei der Regulierung von Sozialhilfe und der Beschäftigungsförderung von SozialhilfeempfängerInnen sammeln. Es handelt sich demnach um ein ausgefeiltes Konzept der Bestandsaufnahme und anschließenden Hilfeplanung in enger und vertrauensvoller Kooperation zwischen FallmanagerInnen und KlientInnen, die in beiderlei Einvernehmen eine Eingliederungsvereinbarung abschließen. Diese Hilfe wird indes nicht direkt erbracht, sondern vermittelt. Zur optimalen Gestaltung dieses Vermittlungsprozesses ist es für die FallmanagerInnen daher notwenig, zu „Insider-Experten“ zu werden, „d.h. zu einer Person, die sowohl die Binnenperspektive des Klienten wie die Außenperspektive (des Versorgungssystems) einnehmen und beide Perspektiven vermitteln kann“ (Reis 2007: 180, Kl. i.O.). Die Ansprüche an die Ausgestaltung des Fallmanagements sind hoch, soll es nicht zum „Mythos“ verkommen (Reis 2007).[4]

Bereits im Vorfeld der Einführung des SGB II wurde auf die besonderen Probleme hingewiesen, ein Instrument aus der Hilfeplanung in die Effizienz- und Arbeitsmarktlogik der Arbeitsagenturen einzubauen. Im Rahmen von Hartz IV verliert Fallmanagement den ansonsten obligatorisch freiwilligen Charakter. Sanktionen und Zwang treten – im Zweifelsfalle – an die Stelle vertrauensvoller und selbstgewählter Kooperation. Dabei droht die Gefahr einer „Re-Feudalisierung der Leistungserbringung“, indem der Ermessenspielraum der FallmanagerInnen sehr groß ist, während die Rechtsstellung der „KundInnen“ dagegen sehr schwach bleibt. Einklagbare Qualitätsstandards gibt es nicht (Reis 2004). Außerdem besteht das strukturelle Dilemma darin, die Beschäftigungsfähigkeit bei den „Kunden“ herstellen zu sollen und deren Eigeninitiative einzufordern, ohne in der Regel auf die Beschäftigungs- und Ausbildungsangebote zugreifen zu können, die eine eigenständige Existenzsicherung ermöglichen können.

Grundsätzlich ist das Gesetz von einer Schieflage zwischen Fordern und Fördern geprägt. Denn während gesicherte Rechtsansprüche im Hinblick auf den Förderaspekt völlig fehlen, ist der „Grundsatz des Forderns“, also die Anforderungen an die verstärkte Eigeninitiative der Betroffenen mitsamt Sanktionsrepertoire (Leistungsabsenkungen, Beweislastumkehr, Arbeitszwang etc.) im Gesetz detailliert geregelt (Münder 2005: 34).

Dass die wirksame Ausgestaltung des Fördergrundsatzes auch drei Jahre nach Einführung des SGB II noch aussteht, ist kein Zufall, sondern Ausdruck des – bereits beschriebenen – veränderten Verständnisses von sozialen Rechten und Pflichten. Erste umfassende Nachsteuerungen durch das „SGB II-Änderungsgesetz“, welches den Drang junger Menschen unter 25 zur Gründung

[4] Vgl. zu den Ansprüchen an die Ausgestaltung eines „nachhaltigen“ Case Managements Reis 2007. Er benennt drei wesentliche Arbeitsaufträge: die Durchführung eines Assessments zum Erkennen der Probleme und Ressourcen von Hilfesuchenden, eine den besonderen Bedürfnissen des Hilfesuchenden angemessene Hilfeplanung sowie die Steuerung der zur Umsetzung der Hilfeplanung benötigten Leistungen (2007: 180). Zur Realisierung bedarf es eines langen Anforderungskatalogs, angefangen von der Qualifizierung des Personals, ausgestattet mit erheblichen Entscheidungskompetenzen, über organisatorische Strukturen, die ein „ko-produktives Handeln“ zulassen, bis hin zu Aufbau, Pflege und Steuerung von Angebotsnetzen, um je nach Problemkonstellationen adäquate Angebote zeitnah anbieten zu können. Die Implementation erfordert daher „teilweise tiefe Eingriffe in bestehende Organisations- und Leistungsstrukturen“ (Reis 2007: 185).

einer eigenen Bedarfsgemeinschaft eindämmen sollte, und das, ab dem 1. August 2006 in Kraft getretene „SGB II- Fortentwicklungsgesetz“ verstärkten vielmehr den repressiven Charakter des Gesetzes. Neben einigen Regelungen zur Verbesserung der Verwaltungspraxis wurde ein Maßnahmepaket aufgelegt, welches in erster Linie auf die verstärkte Bekämpfung von (vermeintlich in großem Ausmaße stattfindendem) Sozialleistungsmissbrauch abhebt. Durch die Einführung von Außen- und Prüfdiensten, die Durchführung automatisierter Datenabgleiche oder auch regelmäßige telefonische Befragungen von SGB-II-Empfängerinnen und -Empfängern durch private Call-Center soll(t)en Missbrauchsfälle aufgedeckt werden. Ob sich die erhofften Einsparungen von rund 1 bis 1,3 Milliarden Euro (vgl. BT-Drs. 16/1410:36) tatsächlich erzielen lassen, bleibt allerdings „aus wissenschaftlicher Sicht unsicher“ (BT-Ausschuss-Drs.16(11)258:46), wie es in der Antwort auf eine Kleine Anfrage der Fraktion DIE LINKE heißt. Dass es dabei zu teilweise massiven und zuweilen entwürdigen den Grenzverletzungen kommt, ist hingegen allzu deutlich. Nach dem Muster „blaming the victim“ werden Menschen ohne Arbeit bzw. gesichertes Einkommen unter Generalverdacht gestellt. Sie haben sich den Auflagen der Jobcenter zu beugen, was bis zum schriftlich fixierten Auftrag einer Gewichtsreduktion oder eine besseren Körperpflege reichen kann, und können faktisch in jede Maßnahme gezwungen werden, wollen sie ihren Anspruch auf SGB II-Leistungen nicht gefährden. Selbst Widersprüche oder Anfechtungsklagen, die dazu dienen sollen, belastende Verwaltungsakte einer rechtlichen Prüfung zu unterziehen, haben nach § 39 SGB II keine aufschiebende Wirkung. Neben den direkten Folgen des repressiv ausgestalteten Grundsatzes des Forderns und Förderns sind es indirekte Entwicklungstendenzen wie die Verschärfung sozialer Ungleichheiten bis hin zu einer rasant zunehmenden Armutsentwicklung (Bundesregierung 2008; Martens 2006), von der Bundesregierung ebenso billigend in Kauf genommen, die aufzeigen, wie wenig der Anspruch auf unveräußerliche soziale Bürgerrechte im Übergang zu „workfare“ noch Gültigkeit besitzt.

Der Preis der letztlich mit heißer Nadel gestrickten Umbaupolitik ist allerdings hoch. Allein schon der Einblick in die Niederungen der praktischen Umsetzung offenbart ein komplexes Netz verschiedener Problembündel, dem Politik und Verwaltung mit reparaturgesetzgeberischen Maßnahmen auf Bundesebene und lokalem Krisenmanagement Herr zu werden versuchen. Sozialgerichte sind landauf, landab damit beschäftigt zu prüfen, inwiefern die Regelungen mit verfassungsrechtlichen Vorgaben in Konflikt stehen (Münder 2005: 24) und sehen sich gezwungen, „organisatorische Defizite und Vollzugsprobleme bei den Jobcentern“[5] auszugleichen.

---

[5] So der (ehemalige) Staatssekretär der Berliner Senatsverwaltung für Justiz, Christoph Flügge, anlässlich der Übermittlung eines „Bericht(s) des Sozialgerichts Berlin über Probleme in der Zu-

Tatsächlich hatte der für die Gesetzgebungsinitiative verantwortliche Arbeitsminister Wolfgang Clement (SPD) unter der Hand eine zunächst zehnjährige Experimentierphase ausgerufen. Im Sinne einer „experimental governance", also eines Implementationsverfahrens des Versuchs und Irrtums, gekoppelt an Evaluierungprogramme[6], um bis 2009 die „best practice" herauszufiltern, wurden so bereits zu Beginn 2005 rund 5 Millionen „erwerbsfähige Hilfebedürftige", Tendenz im ersten Jahr stark steigend (Bundesagentur 2005), quasi als Versuchspersonen zwangsverpflichtet.[7]

In der „Agenda 2010", in der die grundsätzlichen Ziele der Bundesregierung beim Umbau der sozialen Sicherungssysteme unter dem damaligen Bundeskanzler Gerhard Schröder (SPD) als „Reformpaket" formuliert waren, wurde die Frage nach der sozialen Gerechtigkeit in den Raum gestellt und gleich positiv beantwortet. Soziale Gerechtigkeit bleibt demnach „das Fundament für eine moderne. Leistungsfähige und solidarische Gesellschaft." Die Hartz-Gesetze seien gerecht: „denn: Gerecht ist, Menschen schneller in Arbeit zu bringen, statt sie dauerhaft von staatlichen Zahlen abhängig zu machen" (Bundesregierung 2004: 10).

Doch besondere positive Erwartungen an die Neuregelungen hatten freilich die wenigsten Betroffenen. Im Gegenteil, Hartz IV stand als Synonym für eine Politik, die den Verlust an politischer Legitimation durch die Bürgerinnen und Bürger in Kauf nahm. Doch sie tat dies nicht ganz ungestraft, wie die Verschiebungen im Sommer und Herbst 2005, als es zu einer Parteineugründung und zu vorgezogenen Bundestagswahlen kam, zeigen. Seitdem hat sich die politische Landschaft drastisch verändert. Die, aus der PDS und der neugegründeten WASG hervorgegangene Partei DIE LINKE hat sich mittlerweile bundesweit als fünfte politische Kraft etabliert.

Ein erster ernster Hinweis für das Misstrauensvotum von Seiten vieler Bürgerinnen und Bürger war bereits die Protestwelle vom Sommer und Herbst 2004 gewesen, als bis zu 180.000 Protestierende in bis zu 100 Orten in ganz Deutschland ihrem Ummut friedlich Luft machten. Es handelte es sich dabei offensichtlich in erster Linie um Proteste derer, die direkt oder indirekt von den Reformen

---

sammenarbeit mit den Jobcentern an die Senatsverwaltungen für Wirtschaft, Arbeit und Frauen sowie Gesundheit, Soziales und Verbraucherschutz am 27.10.2006 (A3-5111/14). Allein im September 2007 gingen beim Berliner Sozialgericht 2000 neue Klagen ein. Mehr als die Hälfte der 80 Richter war zu diesem Zeitpunkt mit Klagen zu Hartz IV befasst. Durchschnittlich konnte rund die Hälfte der Kläger mit einem für sie positiven Ausgang rechnen (Tagesspiegel, 05.10.07).

[6] Vgl. Fn. 16

[7] Von Hartz IV betroffen sind weit mehr Personen. Die Gesamtzahl der Leistungsempfänger, erwerbsfähige und nicht-erwerbsfähige Hilfebedürftige zusammengezählt, bewegte sich im Jahresdurchschnitt 2007 bei 7,24 Millionen Menschen in 3,73 Millionen Bedarfsgemeinschaften (Bundesagentur für Arbeit 2008: 9).

betroffen waren und den Ausverkauf ihrer sozialen Rechte nicht unwidersprochen hinnehmen wollten (Rucht/Yang 2006).

Die Protestwelle, immerhin eine der größten zu einem sozialen Thema seit Bestehen der Bundesrepublik (Roth 2005a), kam, ebenso wie die Mobilisierungen zu diversen Großkundgebungen in Berlin, überraschend. Armuts- und Arbeitslosenproteste gehörten in der Bundesrepublik bislang nicht zum Repertoire der sozialen Bewegungen (Roth 2005). Erstaunlich war auch der Umstand, dass die Beteiligung von Frauen, vor allem in Ostdeutschland, im Vergleich zu Protesten auf anderen Politikfeldern überdurchschnittlich hoch war (Rucht/Yang 2006). Viele von ihnen ahnten wohl, dass sie der Beschwichtigungsrhetorik der Bundesregierung und dem im Gesetz verankerten Grundsatz des Gender Mainstreaming zum Trotz möglicherweise besonders viel zu verlieren hatten.

Doch die Protestwelle ebbte, kaum war sie entstanden, wieder ab und die große Mehrheit der Betroffenen hatte auch gar nicht demonstriert. Konnten Langzeitarbeitslose, nicht zuletzt auch Frauen in ihren ganz verschiedenen Lebensentwürfen, etwa doch Positives von der Reform erwarten? Immerhin sollte nicht nur gefordert, sondern gefördert werden, und zwar möglichst in Richtung existenzsichernder Erwerbstätigkeit, so wurde suggeriert. Und wurde dieser Anspruch nicht auch gerade für Frauen formuliert? Sie waren bis dato die Stiefkinder einer speziellen Sozial- und Arbeitsmarktpolitik (West), denn ihr Zugang zum Arbeitsmarkt war im konservativ geprägten Sozialstaatsmodell kein vorrangiges Ziel gewesen. Die Erwerbstätigkeit von Frauen traf auf eine historisch gewachsene spezielle Familien- und Eheordnung, die den „männlichen Ernährer“ ins Zentrum der Gesellschaftsordnung stellte. Die Ehefrau, vor allem als Mutter, hatte demnach unentgeltlich Reproduktionsarbeit zu leisten. Allenfalls ein, darüber hinaus noch schlecht bezahlter Zuverdienst war ihr zugebilligt (Gerhard 2001; Berghahn/Wersig 2006). Sollten Frauen also mit Hartz IV gewinnen können?

1.3 Hartz IV – ein Gelegenheitsfenster zur besonderen Beschäftigungsförderung von Frauen?

> „... Die Gleichstellung von Männern und Frauen ist als durchgängiges Prinzip zu verfolgen. Die Leistungen der Grundsicherung sind insbesondere darauf auszurichten, dass ... geschlechtsspezifischen Nachteilen von erwerbsfähigen Hilfebedürftigen entgegengewirkt wird ...“ (SGB II, §1 Abs.1 Satz 3).

Diese Gesetzespassagen aus Paragraph 1 SGB II verdeutlichen, dass Hartz IV mit dem Anspruch einer aktiven Gleichstellungspolitik im Sinne von Gender Mainstreaming nach dem Amsterdamer Vertrag von 1999 verbunden ist. In einem einschlägigen Lehr- und Praxiskommentar zum SGB II werden diese beiden

Abschnitte mit folgenden Bemerkungen kommentiert: „In der Beschäftigungspolitik gilt es deswegen, den spezifischen Benachteiligungen und den daraus folgenden unterschiedlichen Bedürfnissen von Männern und Frauen zu entsprechen, auf die Unterschiede bewusst zu achten, an den Unterschieden anzuknüpfen und damit diejenigen Personen (in der Regel eben die Frauen), die auch am Arbeitsmarkt benachteiligt sind, zu befähigen, die ihnen angebotenen Leistungen ebenso annehmen und umsetzen zu können, wie die Personen, die sich in Lebenslagen befinden, die nicht durch ihre geschlechtsspezifische Situation bestimmt sind. Insofern ist das in Abs. 1 Satz 3 angesprochene Prinzip der Gleichstellung von Männern und Frauen mehr als die Gleichbehandlung von Männern und Frauen, nämlich die bewusste Zurkenntnisnahme geschlechtsspezifischer Benachteiligung“ (Münder 2005: 29ff). Darüber hinaus sollten nach §1 Abs. 4 „die familienspezifischen Lebensverhältnisse“ wie die Erziehung von Kindern oder die Betreuung pflegebedürftiger Angehöriger Berücksichtung finden. Grundsicherungsträger seien gehalten, so Münder weiter, „ihre Maßnahmen so auszurichten, dass auch sie dazu beitragen“, den „Grundsatz einer kinderfreundlichen Gesellschaft zu fördern“ (ders.: 2005: 31).

Diese Anforderungen einer geschlechtergerechten Umsetzung haben erst nach massivem Druck durch Frauenverbände, GleichstellungspolitikerInnen und WissenschaftlerInnen ihren Weg ins Gesetz gefunden.[8] Frauen der SPD-Bundestagsfraktion reagierten auf die scharfe Kritik aus den Reihen der Frauenverbände mit einem Argumentationspapier mit der Überschrift „Bei aller Kritik – Die andere Seite der neuen Bundesgesetze“, in dem sie darauf verwiesen, dass „für die meisten der angesprochenen Probleme eine Lösung gefunden wurde“. Sie kamen zu dem Schluss, dass „die Chancen für Frauen überwiegen“[9]. Tatsächlich konnte das in einem ersten Entwurf des Hartz IV-Gesetzes explizit vorgesehene Vermittlungsprivileg für „Familienernährer“ verhindert werden. Stattdessen wurden die oben zitierten Passagen aufgenommen.

Nun ist die Strategie des Gender Mainstreaming von begrenzter Reichweite[10]. Doch selbst die begrenzten Vorgaben nach Beteiligung, Zugang und Integration von Frauen in die Arbeitswelt werden innerhalb des Gesetzes gleich wieder konterkariert und weisen, so die Einschätzung ausgewiesener Juristinnen, bereits auf der formal-rechtlichen Ebene eine geschlechtsspezifische Schieflage auf (Fuchsloch 2003; Berghahn/Wersig 2006). Insgesamt war der Gesetzgebungsprozess geprägt von der Ignoranz gegenüber genderspezifischen Folgen. Dies gilt bereits für die Zusammensetzung der Hartz-Kommission, die sich als

[8] Vgl. BAG 2004, Fuchsloch 2003, Steylaers/Wichmann 2004, Notz 2004, Stolz-Willig 2005

[9] Vgl. http://www.lochner-fischer.de/archiv/archiv143.htm

[10] Vgl. zur kritischen Auseinandersetzung mit dem Konzept Hofbauer/Ludwig 2005; Behning/Sauer 2005.

„Gruppenbild mit Dame“ (Kurz-Scherf u.a. 2005: 65) präsentierte, mehr noch für die Inhalte des vorgelegten Berichts und die zu dessen Umsetzung verabschiedeten Gesetze Hartz I bis IV. Je bekannter die Einzelheiten der Hartz-Gesetzgebung wurden, desto mehr machte sich die Befürchtung breit, die Neuregelungen könnten zu einer verstärkten Ausgrenzung von Frauen auf dem Arbeitsmarkt führen und damit einer Retraditionalisierung der Geschlechterverhältnisse Vorschub leisten.

Neben den mit Hartz II eingeleiteten Neuregelungen geringfügiger Beschäftigungsverhältnisse und der Förderung der „ICH- AG“ mit ihrem besonderen geschlechtsspezifischen Fallstricken (vgl. zusammenfassend Kurz-Scherf u.a. 2005: 65ff.) erhitzte besonders die im Rahmen von Hartz IV erfolgte Zusammenlegung von Arbeitslosen- und Sozialhilfe zum steuerfinanzierten Arbeitslosengeld II die Gemüter.

Schon allein der Auftrag des Gesetzgebers ist widersprüchlich. Einerseits orientiert sich das SGB II am Leitbild der individuellen Teilhabe von Frauen am Arbeitsmarkt. Andererseits gilt auf der Leistungsseite gerade die, im Vergleich zu den Regelungen der Arbeitslosenhilfe, Zurücknahme eines stärkeren individuellen Leistungsanspruchs. Im Zentrum feministischer Kritik steht daher die mit der Einführung des SGB II verstärkte Geltung des „Subsidiaritätsprinzips“, also der Vorrang privater Versorgung durch Familie oder Partnerschaft vor staatlicher Unterstützung, mit seinen diversen Folgewirkungen. Die Neukonstruktion der „Bedarfsgemeinschaft“[11] mit ihrem Kernstück der verschärften Anrechnung von PartnerInneneinkommen bei der Bedürftigkeitsprüfung wird von kritischen Juristinnen gar als möglicher Fall mittelbarer Diskriminierung von Frauen betrachtet (Berghahn u.a. 2007). Denn es sind quantitativ vor allem langzeitarbeitslose Frauen (Blos/Rudolph 2005; Becker/Hauser 2006; Bruckmeier/Schnitzlein 2007)[12], die mit Einführung des SGB II keinen Anspruch mehr auf Hilfezahlungen haben und stattdessen in die vollständige finanzielle Abhängigkeit vom Ehe- oder Lebenspartner geraten. Diesen Frauen ist als Folge ihrer „Nicht-Bedürftigkeit“ faktisch der Zugang zu arbeitsmarktpolitischen Maßnahmen nach dem SGB III versperrt. Eine entsprechende Förderung etwa für Berufsrückkehre-

[11] Das Bundessozialgericht hat in einem Grundsatzurteil vom 7. November 2006 dem Gesetzgeber längst empfohlen, die Erfindung „Bedarfsgemeinschaft“ wegen rechtlicher und tatsächlicher Probleme wieder „ersatzlos zu streichen“ (Urteil des Bundessozialgerichts vom 7.11.2006 –B 7b AS 8/06, zit. nach Bartelheimer/Henke 2007: 7).

[12] Letztere Untersuchung, durchgeführt vom Institut für Arbeitsmarkt- und Berufsforschung (IAB) in Nürnberg, bestätigt die beiden Simulationsanalysen von Blos/Rudolph 2005 und Becker/Hauser 2006. Demnach ist der Anteil der Frauen, die seit Einführung des SGB II keine Leistungen mehr erhalten, überdurchschnittlich hoch: 14, 9 Prozent der Frauen, aber nur 7,7 Prozent der Männer müssen allein aufgrund der Systemumstellung auf Leistungen verzichten (Bruckmeier/Schnitzlein 2007: 17).

rinnen wurde mit Einführung des SGB II zur Ermessensleistung herabgestuft und findet in der gängigen Praxis, von wenigen punktuellen Ausnahmen abgesehen, üblicherweise nicht mehr statt. Darüber hinaus verlieren die Betroffenen ihren Anspruch auf Rentenbeitragszahlungen, womit Verarmungsprozesse im Alter noch verschärft werden. Sind sie mit ihrem Partner nicht verheiratet, ist ihnen darüber hinaus auch noch der Zugang in die Familienkrankenversicherung verwehrt. Wenn die Agentur aufgrund der festgestellten fehlenden „Bedürftigkeit" die Zahlungen eingestellt hat, bleiben zwei Optionen. Entweder zahlt der Partner aus seinem Geldbeutel die Monatsbeiträge oder aber die Partnerin ist nicht mehr versichert.

Im Gegensatz dazu werden bisherige Hausfrauen dann in die Aktivierungslogik miteinbezogen, wenn sie mit einem ehemaligen Arbeitslosenhilfeempfänger und jetzigen SGB II-Empfänger eine Bedarfsgemeinschaft bilden. Ob sie wollen oder nicht, auch sie werden verpflichtet, „alle Möglichkeiten zur Beendigung oder Verringerung ihrer Hilfebedürftigkeit auszuschöpfen" und können verpflichtet werden, „eine ihm (oder ihr, K.L.) angebotene zumutbare Arbeitsgelegenheit zu übernehmen" (§2 SGB II). „Entgegen dem Anspruch individueller sozialer Rechte treten Individuen im neuen SGB II hinter den ‚Bedarfsgemeinschaften' zurück. (...) Das Ziel, den erwerbsfähigen Hilfebedürftigen in Arbeit zu bringen, wird per Gesetz zum Ziel der gesamten Bedarfsgemeinschaft erklärt. Wie dies funktionieren soll, bleibt unklar" (Berghahn 2005: 11). Die Skepsis, ob nicht quasi durch die Hintertür das Modell des männlichen Ernährers, der ohne deren Zustimmung für die gesamte Familie handelt, gestärkt wird, ist daher groß. Regelungen zur „Vertretungsvermutung" (§ 38, SGB II), wonach der erwerbsfähige Hilfebedürftige Leistungen nicht nur für sich selbst, sondern auch für die mit ihm in einer Bedarfsgemeinschaft lebenden Personen beantragen und entgegennehmen darf, sind kritisch zu beurteilen, gilt doch üblicherweise die „Subjektstellung" jeder und jedes einzelnen als hohes Gut.[13]

Die optimistische Lesart dieser Regelungen setzt an der möglichen verbesserten Arbeitsmarktintegration bestimmter Gruppen von Frauen an. Denn der aktivierende Instrumentenkasten der rot-grünen Reformagenda sollte auf alle „erwerbsfähigen Arbeitssuchenden" ausgeweitet werden und so auch Personengruppen erreichen, die bislang als arbeitsmarktfern eingestuft worden waren. So galten gerade zu Beginn etwa alleinerziehende Frauen mit bisherigem Sozialhilfebezug als mögliche Gewinnerinnen der Reform, weil sie fortan in den neu eingerichteten Jobcentern vor Ort intensiver und passgenauer gefördert werden könnten, um so den Übergang in eine existenzsichernde eigenständige Tätigkeit auf dem ersten Arbeitsmarkt zu schaffen, so die These (Knapp 2004).[14] Nebenbei erwerben sie eigene

---

[13] Vgl. die kritische Kommentierung in Münder 2005: 392ff.

[14] Vgl. dazu auch ein Flyer aus dem Bundesfamilienministerium vom August 2004. Darin heißt es u.a., dass Alleinerziehende in der „Mehrzahl" künftig mehr Geld haben würden. „Aber wichtiger

Sozialversicherungsansprüche (Kurz-Scherf u.a. 2005: 66). Auch in der Verpflichtung von bis dato dem Arbeitsmarkt nicht zur Verfügung stehenden Frauen, die bisher in der Falle der „Stillen Reserve“ gefangen waren und Mitglied in einer Bedarfsgemeinschaft sind, kann demnach eine Chance gesehen werden. Diese Frauen könnten nun ihrem unfreiwilligen Hausfrauendasein entfliehen.[15]

Und nicht zu vergessen sind all jene Frauen (und Männer), denen trotz hoher Qualifikationen, Flexibilität und intensiver eigenständiger Bemühungen eine Rückkehr in den ersten Arbeitsmarkt einfach nicht gelingen wollte. Ihnen allen wird ganz im Sinne der neuen aktivierenden Sozialpolitik des „Forderns und Förderns“ einerseits mehr Eigenverantwortung abgefordert, andererseits sollen auch sie soweit gefördert werden, dass ihnen der Sprung in eine eigenständige Existenzsicherung gelingt, soweit die Theorie.

Es ist noch immer nicht eindeutig, welche Auswirkungen das SGB II auf längere Sicht auf das Leben von Frauen und das Geschlechterverhältnis hat. Leistet Hartz IV auf Dauer der befürchteten Retraditionalisierung der Geschlechterverhältnisse Vorschub, indem Frauen weniger oder qualitativ schlechter als Männer und seltener in Richtung existenzsichernder Arbeit gefördert werden, indem sie gemäß der in Deutschland nachhaltig wirkenden geschlechtsspezifischen Codierung von „care“ als primär weiblich und privat mit Kinderbetreuung und Sorgearbeit alleingelassen werden und gar nicht erst versuchen, eine (existenzsichernde) Arbeit anzustreben? Oder würden sich trotz weit verbreiteter Zweifel gerade für langzeitarbeitslose Frauen neue Chancen ergeben, den Weg in eine sozialversicherungspflichtige Beschäftigung zu finden? Würde es bestimmte Gruppen von Frauen in ihren unterschiedlichen Lebensentwürfen geben, die durch die Reform gewinnen, also etwa Alleinerziehende? Würden sich, so wurde auch gefragt, Männer verstärkt weiblichen Erwerbsbiografien anpassen und sich zunehmend in den „Grauzonen der Beschäftigung“ (Supiot 1999: zit. nach Castel 2005: 118) zwischen Prekarisierung und Fragmentierung der Beschäftigungsverhältnisse bewegen, bisher typische Domänen frauenspezifischer Erwerbsarbeit (Wendt/Nowak 2004)?

Wohl wurde zu Beginn des Jahres 2006 eine erste umfassende Evaluierung zu Hartz I bis III vorgelegt (BMAS 2006). Allerdings wurde dabei „wenig Zu-

---

noch: die Vermittlungschancen am Arbeitsmarkt werden steigen. Fallmanager und Fallmanagerinnen sollen sich auch um die Vermittlung von Kinderbetreuung kümmern“ (BMFSFJ 2004).

[15] Die These, dass möglicherweise Frauen mit Migrationshintergrund, die von ihren Familien bislang aus dem öffentlichen Leben ferngehalten wurden, nun über Maßnahmeteilnahmen eine neue Chance der gesellschaftlichen Integration erhalten könnten, vertrat auch die Gleichstellungsbeauftragte des Bezirkes Mitte (Interviewprotokoll 14.11.04). Tatsächlich legte das Jobcenter Mitte eine Maßnahme auf, bei der Frauen im Rahmen von 1-Euro-Jobs einen Deutschkurs absolvieren konnten, während sie gleichzeitig das Haushaltseinkommen erhöhten. Dies sollte zu einer verbesserten Akzeptanz der Maßnahmeteilnahme vor allem bei den Ehemännern beitragen.

sammenhangswissen über geschlechtsspezifische Wirkungen bereitgestellt“, so das Urteil (Baethge-Kinsky/Wagner 2007: 106).[16] Umfassende, der Öffentlichkeit zugängliche Ergebnisse zu Hartz IV aus der Wirkungsforschung im Auftrag des Bundesministeriums für Arbeit und Soziales (BMAS) lassen noch auf sich warten. Aber das bis dato zu den verschiedenen Evaluierungen zu konstatierende Desiderat geschlechtsspezifischer Daten wird inzwischen bearbeitet.[17] Erste vorliegende Ergebnisse zeigen „im Hinblick auf die statistisch beschreibbaren Wirkungen des SGB II für Frauen und Männer (...) teilweise erhebliche Unterschiede“ (IAQ/FIA/GendA 2007: 44). Gleichzeitig stehe die strukturelle und konzeptionelle Verankerung von Gleichstellung bei den Trägereinheiten „bisher noch am Anfang“ (ebd.: 45).

Das, dem Buch zugrundeliegende Forschungsvorhaben setzte, ganz im explorativen Sinne und passend zum frühen Forschungszeitraum, in einem ersten Teil bei der Frage an, ob und wie der gesetzliche Anspruch nach Gender Mainstreaming auf die Organisationsebene, d.h. auf die lokale Ebene der Umsetzung, übertragen wurde. Immerhin führte der in seinen konkreten Auswirkungen auf die praktische Arbeit vor Ort weder juristisch noch institutionell ausgefeilte Kompromiss zwischen Bundesrat und Bundestag um die Aufgabenträgerschaft und die Finanzierungsverantwortung zusammen mit einer äußerst restriktiven Zeitregie von gerade einmal einem halben Jahr zur Umsetzung zu ganz unterschiedlichen Ausformungen bei der Implementierung des Gesetzes durch die neu einzurichtenden Jobcenter vor Ort. Zu unübersichtlich ist das Feld von immerhin 353 Arbeitsgemeinschaften (Argen), die die örtlichen Arbeitsagenturen gemeinsam mit den kommunalen Trägern zur Betreuung von erwerbsfähigen Langzeitarbeitslosen gegründet haben, 69 sogenannten Optionskommunen, die diese Aufgaben in eigener Regie übernahmen und 23 Kreisen, in denen die Trägerschaft getrennt blieb.

Brachte dieser experimentelle Ansatz möglicherweise nicht nur ein vielerorts beklagtes institutionelles Durcheinander mit sich, wo zunächst die Chaoskompetenz der MitarbeiterInnen über die Qualität des täglichen „muddling through“ ent-

---

[16] Wohl sollten nach Angaben aus dem damaligen BMWA die diversen in Auftrag gegebenen Evaluationsstudien zu Hartz I bis III, die vom Wirtschaftsforscher und Politikberater Dr. Bruno Kaltenborn koordiniert wurden, Aspekte des Gender Mainstreaming mitberücksichtigen. Die bekannten Forschungsdesigns ließen allerdings früh die Vermutung aufkommen, dass dieses Thema allenfalls randständig behandelt wurde (http://www.wipol.de/hartz/evaluierung.htm).

[17] Eine vom BMAS lange angekündigte Evaluationsstudie nach § 55 SGB II zur Bewertung des SGB II aus gleichstellungspolitischer Sicht wurde erst Ende 2006 an ein Forscherteam des Instituts Arbeit und Qualifikation (IAQ) der Universität Duisburg-Essen, des Forschungsteams Internationaler Arbeitmarkt (FIA) Berlin sowie der Forschungs- und Kooperationsstelle Arbeit, Demokratie, Geschlecht der Philipps-Universität Marburg vergeben, welche bis zum Sommer 2009 abgeschlossen werden soll.

schied, welches erst allmählich durch Verwaltungsroutinen und mehr Regelungsdichte in geordnetes Verwaltungshandeln überging. War es nicht durchaus denkbar, dass diese offene Vorgehensweise auch ein Gelegenheitsfenster zur „Durchsetzung geschlechtssensibler Inklusionsverfahren und -praktiken“ (Oppen 2004: 271) eröffnete, wenn vor Ort entsprechende politische Gelegenheitsstrukturen bzw. Einstellungsmuster bei den verantwortlichen Akteuren vorlägen? Immerhin ist der gesetzliche Auftrag in § 1 nicht zu übersehen. Die mit der Umsetzung des neuen Gesetzes betrauten Behörden waren neu einzurichten. Festgefahrene Strukturen der bisherigen Betreuung von SozialhilfeempfängerInnen bzw. Langzeitarbeitslosen wurden aufgebrochen und tradierte Regeln verflüssigten sich. Transformationsprozessen ist immer die Stärkung von Akteurshandeln und individueller Entscheidungskompetenz eigen, die im SGB II in gewissem Umfang sogar auch dann ausdrücklich Programm bleiben sollte, wenn der institutionalisierende Rahmen wieder festgefügt wäre. Es war also von besonderem Erkenntnisinteresse, den inneren Strukturen des Implementationsprozesses dort nachzuspüren, wo die Umsetzung des Gesetzes erfolgt, nämlich in den Jobcentern. Dort sollen arbeitsfähige Hilfebedürftige aus einer Hand betreut werden, d.h. ihre Geldleistungen erhalten und eine intensive Beschäftigungsförderung durch den „persönlichen Ansprechpartner“ erfahren. Und nicht zuletzt soll dort der gesetzliche Anspruch einer geschlechtssensiblen Umsetzung des SGB II nach den Maßgaben des Gender Mainstreaming Gestalt annehmen. Konkret haben die Trägereinheiten dem geschlechtsneutralen Leitbild einer Gleichbehandlung aller zu folgen und sind gleichzeitig gesetzlich dazu verpflichtet, geschlechtsspezifische Benachteiligungen zu bearbeiten bzw. ihnen entgegenzuwirken.

1.4 Zum Untersuchungsprogramm

Wie die konkrete Ausgestaltung dieser widersprüchlichen Forderungen aussieht, wurde am Beispiel des Jobcenters im Berliner Bezirk Mitte untersucht. Nun sind Institutionen nicht nur das Ergebnis von Akteurshandeln, sondern auch von sozialen Verhältnissen (Sauer 2005: 90). Insofern unterlag und unterliegt der Institutionalisierungsprozess des Jobcenters Mitte einer Pfadabhängigkeit der „institutionellen Matrizen“ (Sauer) von denjenigen Behörden und den beteiligten Akteuren, aus denen sich die neue Formation speist. Zusätzlich spielen Vorgaben der Regelungsinstanzen auf gesamtstädtischer Ebene und auf Bundesebene eine gewichtige Rolle, die mitberücksichtigt werden müssen (Lenhart 2007a).

Kontrastierend zu dieser institutionellen Sichtweise erschien es auch angesichts der unübersichtlichen Lage von besonderem Erkenntnisgewinn, nicht nur auf der Implementations- und Umsetzungsebene anzusetzen, sondern vor allem auch betroffene Frauen mit unterschiedlichen Lebensentwürfen nach ihren Erfahrungen mit der Hartz-IV-Reform zu befragen. Ziel war es, mithilfe der Fallstudie differenzierte Einsichten darüber zu gewinnen, welche Folgen Hartz IV auf das Leben von Frauen mit unterschiedlichen Lebensentwürfen hat und wie die Betroffenen mit den neuen Herausforderungen umgehen.

Es ist selbstredend, dass die auf eine begrenzte Auswahl von Betroffenen in einem Berliner Jobcenter mit einer zumal schwierigen Problemkonstellation vor Ort konzentrierte Fallstudie keine repräsentativen Ergebnisse erbringen konnte und angesichts bundesweit sehr unterschiedlicher institutioneller Arrangements und Akteurskonstellationen auch nicht pars pro toto Hinweise auf die Gesamtentwicklung geben kann. Aber gemäß der Maxime „to learn more about less" (Rogers/Eveland 1981: 294) können lokale Befunde und Anhaltspunkte dafür geliefert werden, wo die Chancen und Fallstricke der Reform genau zu verorten sind. Als „von unten" angelegte Fallstudie bietet sie einen anderen Blick als die überwiegend „top down" angelegte Evaluationsforschung zur Umsetzung von Hartz IV und versteht sich als Beitrag in der Auseinandersetzung für eine geschlechtergerechte Sozial- und Arbeitmarktpolitik.

Der Schwerpunkt der vorgelegten Darstellung liegt in der Betroffenenperspektive, die, das zeigt die Nachfrage in der wissenschaftlichen bzw. medialen Öffentlichkeit, auf besonderes Interesse stößt. So liegen verschiedene „klassische" Betroffenenbefragungen von Arbeitslosen (Jahoda 1975; Engbersen 1993; Kronauer u.a. 1993; Vogel 1999) sowie erste Befragungen Hartz IV Betroffener (Ames 2005; Hempel 2006) vor. Eine als Panel angelegte qualitative Befragung, die den Systemwechsel von Arbeitslosenhilfe und Sozialhilfe in das System des ALG II zu zwei Zeitpunkten darstellt, liegt bislang nicht vor. Besonderes Augenmerk wurde daher der Problembeschreibung des Übergangs gewidmet, die quer zu den besonderen Problemlagen von Langzeitarbeitslosigkeit entstanden sind. Die Befragung ist weder repräsentativ noch erhebt sie den Anspruch, die Wirklichkeit von langzeitarbeitslosen Menschen mit Hartz IV auch nur annähernd beschreiben zu können. Sie gibt Einblick in das Leben der befragten Frauen und liefert zwei Momentaufnahmen von aus den Fugen geratenen Lebensentwürfen und Erwerbsbiografien. Ob dieses „lokale Wissen" (Bungard/Lück 1991) zur Umsetzung von Hartz IV in Berlin-Mitte allgemeine Trends trifft, werden künftige Studien zeigen. Immerhin gibt diese Studie den Betroffenen eine Stimme und trägt damit – so die Hoffnung – zur problemorientierten Aufarbeitung der Arbeitsmarktreform nach Hartz IV bei. Sie versteht sich als Impuls zu einer Reform der „Reform", die soziale Bürgerrechte und die besondere Lebenssituation von Frauen neu gewichtet.

2 Die institutionelle Perspektive

Die Umsetzung von Hartz IV am Beispiel Berlin-Mitte

Inzwischen ist weithin bekannt, dass Hartz IV auch höchstrichterlich als „Sanierungsfall" (Hesse) zu bewerten ist und offensichtlich auf längere Sicht wohl auch bleibt. Ein schwieriger Beginn der übereilten Reform zeichnete sich früh ab und war vor allem jenen bewusst, die Hartz IV vor Ort in die Praxis umzusetzen hatten. Dass der Nachsteuerungsbedarf so nachhaltig sein würde, war politisch zumindest teilweise billigend in Kauf genommen worden, wie nicht zuletzt das ambitionierte Evaluierungsprogramm zeigt. Seine konkreten Auswirkungen auf die Position der „Kunden" und nicht zuletzt auch die Arbeitsbedingungen der Mitarbeiterinnen und Mitarbeiter der Jobcenter waren jedenfalls nicht bedacht worden.

Sich im Januar 2005 dem Forschungsgegenstand Hartz IV in institutioneller Perspektive zu nähern, gestaltete sich zunächst alles andere als selbstverständlich. Faktisch sollte die Implementierung eines neuen Gesetzes begleitend untersucht werden, ohne dass der Ort für diese Implementierung überhaupt existierte und ohne dass, auf alltägliches Verwaltungshandeln heruntergebrochene Regelungen zur Anwendung bereitstanden. Die Bürgermeisterin des Berliner Bezirks Lichtenberg Christina Emmerich, kleidete im Frühsommer 2005 auf einer öffentlichen Veranstaltung ihre ersten Erfahrungen in eine Metapher. Am 3. Januar 2005, dem ersten Wochentag des neuen Jahres, habe sich ein Orchester aus unterschiedlichen Musikern, gemeint war der neu zusammengewürfelte Mitarbeiterstab des Jobcenters, zusammengefunden, um fortan Konzerte zu geben, ohne auch nur einmal geprobt zu haben, so die Bürgermeisterin. Diese Metapher ließe sich erweitern. So haben, um im Bild zu bleiben, nicht nur keine Proben für den Dauerspielbetrieb stattgefunden, sondern es fehlten darüber hinaus wesentliche Teile der Partitur, (also Ausführungsvorschriften etc.). Auch die Instrumente, (von den Räumlichkeiten bis hin zu funktionierenden PCs), mit deren Hilfe harmonische Tonfolgen zu erzeugen waren, waren entweder noch gar nicht vorhanden oder lange nicht so „stimmig", wie es nötig gewesen wäre. Von den nicht wenigen „Musikern", die gar nicht vom Fach waren, ganz zu schweigen. Der fundamentale Unterschied zur Wirklichkeit von Hartz IV besteht freilich im Wesentlichen darin, dass sich MusikliebhaberInnen, denen die so entstehenden dissonanten Töne unerträglich sind, üblicherweise abwenden können, während Hartz IV-Betroffene gezwungen waren, diesen Zustand zuweilen über Wochen und Monate zu ertragen.

In Berlin-Mitte hatte man aufgrund eines fehlenden zentralen Standortes zunächst ein Umzugskarussell zu bewältigen. Auch das institutionelle Design der neuen Behörde sollte erst im Laufe der kommenden Monate Konturen gewinnen. Grundlegende Fragen standen im Raum. Dies betraf etwa die Gestaltung der Zusammenarbeit zwischen dem kommunalen Träger der Grundsicherung nach dem SGB II und der Agentur für Arbeit gemäß § 44b SGB II und möglichen Problemen auch aus Sicht der beiden Vertragspartner oder die Frage, wer letztlich die von beiden Seiten gewünschte Geschäftsführerschaft übernehmen sollte.

Auch stellte sich die Frage, ob und wie angesichts des unübersichtlichen Transformationsprozesses des Systems der Grundsicherung für erwerbsfähige Hilfebedürftige die zu erbringenden Dienstleistungen bezüglich der Leistungsgewährung und einer verbesserten Betreuung zeitgleich zur Umstellung sichergestellt werden konnten.

In geschlechtsspezifischer Perspektive war offen, ob und wie dem in §1 Abs. 3 des SGB II verankerten Grundsatzes einer geschlechtergerechten Umsetzung im Jobcenter Mitte entsprochen wurde. Neben der Suche nach einem entsprechenden Leitbild betrifft dies die Ausgestaltung des konkreten Verwaltungshandelns, so etwa in der Maßnahmeplanung, wo zum Ausgleich bestehender Benachteiligungen von Frauen spezielle Frauenfördermaßnahmen, die geschlechtsgebundene Soziallagen (Alleinerziehende, zu aktivierende weibliche Mitglieder einer Bedarfsgemeinschaft aus der „Stillen Reserve" etc.) mitberücksichtigen, denkbar wären. Ein weiterer Gradmesser für die Genderkompetenz des Jobcenters sollte die, im Arge-Errichtungsvertrag[18], nach § 10 vorgesehene Stelle der Beauftragten für Chancengleichheit am Arbeitsmarkt (BCA), verbunden mit der Frage nach ihrer institutionellen Verortung sein. In welcher Weise sollte und konnte die designierte, aber, wie sich später herausstellte, nie hauptamtlich bestellte BCA ihre frauenspezifische Kompetenz in das institutionelle Gefüge des Jobcenters einbringen? Nicht zuletzt galt das Augenmerk den Einstellungsmustern hinsichtlich einer geschlechtssensiblen Umsetzung des SGB II bei den maßgeblichen EntscheidungsträgerInnen sowie FallmangerInnen

Zur Einordnung der Forschungsergebnisse bedarf es zunächst eines besseren Verständnisses für den besonderen Ort und die besonderen Problemlagen,

[18] Vgl. Rahmenvereinbarung/ Musterentwurf für einen Arge-Errichtungsvertrag Bezirksamt /Agentur, Endfassung vom 15.09.04 als Grundlage für den Vertragsabschluss zwischen den 12 Berliner Bezirken und den zuständigen Agenturen für Arbeit, der vom Land Berlin und der Regionaldirektion Berlin-Brandenburg der Agentur für Arbeit vorgelegt wurde (Land Berlin/Agentur für Arbeit 2004).

um im Anschluss die Ergebnisse der institutionellen Betrachtung des Jobcenters Mitte in frauenspezifischer Perspektive zu präsentieren. Da Vorgaben der Regelungsinstanzen auf gesamtstädtischer Ebene und auf Bundesebene eine gewichtige Rolle spielen, wird am Rande auf sie verwiesen.

2.1 Der Berliner Bezirk Mitte – Hauptstadtglanz und soziale Notlagen

Der Hauptstadtbezirk Mitte vereinigt seit der Bezirksreform 2001 die Altbezirke Mitte im ehemaligen Ostberlin mit Tiergarten und Wedding im ehemaligen Westen. Während Mitte seit der Wende zum gentrifizierten Szene-Bezirk der Besserverdienenden avancierte, gelten einige Quartiere in Wedding und Tiergarten als stark problembelastet. Mittlerweile sind bezirksweit acht Quartiere als Gebiete mit „besonderem Entwicklungsbedarf" ausgewiesen und werden im Rahmen des Bund-Länder-Programms „Soziale Stadt" durch das sogenannte Quartiersmanagement betreut. In Berlin zählt Mitte neben Neukölln und Kreuzberg/Friedrichshain zu den sozialschwächsten Bezirken. 2004 erhielten 12,8 Prozent der Einwohnerinnen und Einwohner Hilfe zum Lebensunterhalt, während die Quote Gesamtberlins im gleichen Jahr bei rund 9 Prozent lag (Hagemeister 2004). Allerdings war die Verteilung der Sozialhilfequoten räumlich sehr unterschiedlich. Alle dreizehn identifizierten Armutsgebiete lagen 2004 in den Teilbezirken Tiergarten und Wedding, während der Teilbezirk Mitte mit einer durchschnittlichen Sozialhilfequote von 5 Prozent weit unterdurchschnittlich von Armutslagen betroffen war. Mitte hat einen überdurchschnittlich hohen Anteil von BewohnerInnen mit Migrationshintergrund (rund 27 %), von denen nach 2004 vorgelegten Zahlen fast jeder Zweite Hilfe zum Lebensunterhalt erhielt (Hagemeister 2004: 55). Überdurchschnittlich hoch war demnach auch die Hilfequote bei Alleinerziehenden, vor allem Frauen (Hagemeister 2004).

Die Arbeitslosenquote in Mitte lag im Dezember 2006, also zum Ende des Untersuchungszeitraums, mit 22,3 % um mehr als 6 % über dem Berliner Durchschnitt. Der Frauenanteil darunter betrug insgesamt rund 41 %. Während die Arbeitslosenquote im Land Berlin in den letzten zwölf Monaten um 1,8 % gesunken war, war sie im Bezirk Mitte noch gestiegen und lag sogar über der Arbeitslosenquote des in der Öffentlichkeit als sozial besonders problematisch geltenden Bezirks Neukölln. Während Berlin an der Spitze aller Bundesländer bei den Hilfequoten für erwerbsfähige Hilfebedürftige liegt (FIA 2006: 118), ist die Lage im Bezirk Mitte trotz inzwischen leichter Verbesserungen besonders angespannt. Rund ein Viertel der gesamten Bewohnerschaft in Mitte, Kinder eingeschlossen, bezieht Leistungen nach dem SGB II.

Während die Zahlen seit der Einführung 2005 bis Mitte 2007 stetig anstiegen, ist seitdem eine, allerdings nur sehr leichte Entspannung der Lage auf dem Arbeitsmarkt festzustellen.[19] Der Rückgang der Arbeitslosigkeit, der auch bei Langzeitarbeitslosen im Bezirk Mitte zu konstatieren ist, schlägt sich allerdings nicht in entsprechendem Maße im Rückgang der Hilfequote für erwerbsfähige Hilfebedürftige nieder. Insgesamt ist die Zahl der Bedarfsgemeinschaften im Jahresverlauf 2007 bei über 40.000 annähernd konstant geblieben. Vermutet wurde im Jobcenter, dass „die Kunden trotz Statuswechsel hilfebedürftig bleiben“, da sie sich „einerseits in Maßnahmen befinden und andererseits eine Beschäftigung aufgenommen haben, aus der kein ausreichendes Einkommen erzielt werden kann“, so ein Bereichsleiter.[20]

Der Anteil der im Jobcenter betreuten langzeitarbeitslosen Frauen lag im Untersuchungszeitraum nach vorliegenden Zahlen bis Dezember 2006 nahezu konstant bei rund 46 %.[21] Der Anteil derer, die mit Beginn der Reform aus der Sozialhilfe bzw. ergänzenden Sozialhilfe in das SGB II überwechselte, wurde, so die Einschätzung eines leitenden Beamten im Jobcenter, bei rund 80 Prozent vermutet, während nur 20 Prozent der Betroffenen aus der Arbeitslosenhilfe in das ALG II wechselten (Bereichsleiter 1, Interview 28.10.06). Dies verdeutlicht die besonderen Problemlagen in Mitte, auf die die Verantwortlichen für Arbeitsmarktpolitik vor Ort zu reagieren hatten und haben.

---

[19] Nach einer Schätzung im Jahr 2004 sollte die Zahl der Bedarfsgemeinschaften im Mitte bei rund 34.200 liegen. Tatsächlich erhielten im März 2006 69.793 Personen in 37.619 Bedarfsgemeinschaften Leistungen nach dem SGB II, im September 2006 war die Zahl auf 41.092 Bedarfsgemeinschaften angestiegen. Innerhalb dieser kurzen Zeit stieg die Zahl der als erwerbsfähig eingestuften Hilfebedürftigen (eHb) von annähernd 50.000 auf über 56.000 an (Agentur für Arbeit Berlin Mitte 2006). Von April bis einschließlich Juli 2007 stieg die Zahl gar auf mehr als 60.000 eHb, sank in den folgenden Monaten und erreichte im Dezember 2007 erstmals wieder weniger als 57.000 (interne Daten Jobcenter Mitte 2007). In Mitte leben mehr Kinder in Hartz-IV-Haushalten (im März 2007 26.217) als in jedem anderen Berliner Bezirk und auch die meisten Kinder bei Alleinerziehenden (SGK Berlin 2007: 7).

[20] Bereichsleiter 2, Email am 21.01.2008.

[21] Nach vorliegenden Zahlen änderte sich daran bis August 2007 nichts (Jobcenter Mitte 2007, Entwicklung eHb nach Geschlecht). Es wäre indes interessant zu erfahren, ob der leichte Rückgang bei den erwerbsfähigen Hilfebedürftigen (eHb), beginnend mit Juli 2007, auch proportional bei weiblichen eHb ankommt. Bezogen auf Gesamtdeutschland wissen wir, dass arbeitslose Männer überproportional vom Aufschwung am Arbeitsmarkt profitieren konnten, dabei auch die langzeitarbeitslosen Männer. Vgl. diverse statistische Berichte der Bundesagentur für Arbeit zur Analyse des Arbeitsmarktes für Frauen und Männer (BA 2006a, BA 2007, BA 2007a).

2.2 „Eigentlich sind wir nur mit uns beschäftigt“[22] – Die Umsetzung des SGB II im Jobcenter Mitte

Das Jobcenter Mitte ist mit zeitweise mehr als 70.000 Personen, die Leistungen nach dem SGB II erhalten, eines der größten in ganz Deutschland. Die Aufbauphase der neuen Großbehörde war von massiven Konflikten und Kompetenzstreitigkeiten zwischen dem kommunalen Träger[23] und der örtlichen Agentur für Arbeit geprägt. Viele der Probleme, mit denen die lokalen Akteure bis heute zu kämpfen haben, sind der überhasteten, schlecht vorbereiteten Gesetzgebungsinitiative auf Bundesebene geschuldet.

Der anhaltende Streit zwischen Bundesrat und Bundestag um die Aufgabenträgerschaft und Finanzierungsverantwortung der neuen Grundsicherung für Arbeitssuche hatte in einer nächtlichen Sitzung im Dezember 2003 zu einem Kompromiss geführt, der damals wie heute von vielen als ein, wenn nicht als der Kardinalfehler in der Umsetzung des SGB II betrachtet wird (Henneke 2004). Anstelle einer einheitlichen Trägerschaft sollten sich so unterschiedliche Institutionen wie Arbeitsagenturen und Kommunen zur Zusammenarbeit verpflichten und „auf gleicher Augenhöhe“ positionieren, ohne dass dazu ein tragfähiges Konzept vorgelegen hätte.[24] Wir wissen inzwischen, dass das Konstrukt einer Prüfung durch das Bundesverfassungsgericht nicht standhielt. Wie die laut Urteil vom Dezember 2007 bis spätestens 2010 geforderte Neuordnung des Verhältnisses der ungleichen Partner letztlich aussehen wird, ist gegenwärtig in der Diskussion.[25]

---

[22] So die Aussage eines leitenden Beamten des Jobcenter im März 2006 (Bereichsleiter 2, Interviewprotokoll 29.03. 06).

[23] Im Stadtstaat Berlin ist der kommunale Anteil an der Trägerschaft der Grundsicherung für Arbeitssuchende entsprechend der Stadtstaatenklausel (§ 6 Abs. 3) zwischen der Landesebene und den 12 Berliner Bezirken aufgeteilt. Während das Land als kommunaler Träger „die Grundsatzangelegenheiten“ regelt, um „eine landesweit einheitliche Umsetzung“ zu gewährleisten, wurde die Durchführung der kommunalen Aufgaben an die einzelnen Bezirke delegiert. Diese wurden verpflichtet, mit den örtlichen Agenturen für Arbeit Arbeitsgemeinschaften (Argen) zu bilden (vgl. § 2 Rahmenvereinbarung/Musterentwurf Land Berlin und Regionaldirektion Berlin-Brandenburg vom 15. Juli 2004).

[24] Vgl. ein Mitarbeiter des damaligen BMWA im Interview: „Die Arbeitsgemeinschaften sind ein Kompromiss. Die Arbeitsgemeinschaften sind am 19. Dezember 2003 nachts zwischen ein und drei Uhr im Vermittlungsausschuss entstanden. Das ist keine Konstruktion, die einen längeren Vorlauf hat, die abgewogen wurde. (...) In den Arbeitsgruppen war ich dabei. (...) Das Konzept der Arbeitsgemeinschaft ist ein Konzept, was doch sehr kurzfristig entwickelt wurde, auch sicherlich nicht in dem Umfang geprüft wurde, wie so was hätte geprüft werden müssen. (...) Also, wir haben die Schwierigkeiten gesehen, aber in der Massivität sicherlich nicht“ (Herr I., Interviewprotokoll, 03.06.05).

[25] Das Bundesministerium für Arbeit und Soziales (BMAS) hat im Frühjahr 2008 zusammen mit der Bundesagentur für Arbeit Eckpunkte für das sogenannte „Kooperative Jobcenter“ als neues Organisationsmodell vorgelegt. Kommunen und Agenturen sollen auf der Basis freiwilliger Kooperationsverträge in „partnerschaftlicher Zusammenarbeit“ weiterhin Leistungen unter einem Dach erbringen (vgl. Entwurf BMAS/BA vom 23.04.08). Das Modell ist allerdings heftig umstritten.

Den Verantwortlichen vor Ort war bereits damals die Dimension der nächtlichen Entscheidung schnell klar. „Ich weiß noch ganz genau, dass ich im Radio gehört habe, am 19.12. war das nämlich und habe ich zu meinem Mann gesagt, ich möchte das jetzt noch mal im Frühstücksfernsehen hören, ob ich wirklich das Richtige gehört habe. Mir war sofort klar, also wirklich in der Minute der Botschaft, was das für ein Kompromiss war und welche Probleme auf uns zurollen". Die Geschäftsführerin der Arbeitsagentur Mitte hält von der Konstruktion „gar nichts. Weil die Idee der Aufgabenzusammenlegung, die denke ich, jeder begrüßt, (...) die Kompetenzen zusammenzulegen, in so einen Organisationskompromiss zu packen, führt dazu, dass die Idee scheitert" (Frau T., Interviewprotokoll 15.08.07).

Tatsächlich war dieser Prozess, von den Optionskommunen abgesehen, bundesweit von Kompetenzgerangel und unklaren Zuständigkeitsverhältnissen geprägt, so dass sich das Bundesministerium für Wirtschaft und Arbeit genötigt sah, Anfang August 2005 eine gemeinsame Rahmenvereinbarung mit der Bundesagentur für Arbeit und den kommunalen Spitzenverbänden zu unterzeichnen. Darin war u.a. die Kompetenzerweiterung der Geschäftsführung vorgesehen. In der Trägerversammlung, dem aufsichtsführenden Gremium der Argen, sei „im Interesse klarer Verantwortlichkeiten" außerdem für „klare Mehrheitsverhältnisse" zu sorgen (BMWA 2005).

Wie wichtig diese Nachjustierung war, verdeutlicht auch der Fall Berlin-Mitte. Unterhalb der rechtlichen und institutionellen Vorgaben der höheren Ebenen mussten lokal viele gemeinsame Regeln und Routinen erst noch entwickelt werden und sich einspielen. Zugleich wurden mit dem neuen Gesetz die Handlungs- und Ermessensspielräume der BehördenmitarbeiterInnen erheblich gesteigert. Die mit der Reform einhergehende Verflüssigung tradierter Regeln bei gleichzeitig gewachsener individueller Entscheidungskompetenz im Sinne einer „integrierten Sachbearbeitung" führte nicht nur bei den einzelnen Mitarbeiterinnen und Mitarbeitern zu Verunsicherungen, sondern hatte auch negative Auswirkungen auf die Position der „Kunden", wie Arbeitslose nach der neuen Sprachregelung der Bundesagentur für Arbeit genannt werden sollen (vgl. Kap. 3). „Wir sind über jede Richtlinie froh", so eine für die Leistungsgewährung zuständige Bereichsleiterin (Bereichsleiterin 3, Interviewprotokoll 14.02.06).

Dabei war die Vorbereitungszeit zur Umsetzung der Reform äußert knapp bemessen. „Das was wir hier aufgebaut haben, ist ja sozusagen im Galopp aufgebaut worden. Wir kannten die präzisen Prämissen im Juli vergangenen Jahres. Da hat der Vermittlungsausschuss dann das letztendliche Prozedere definiert und ab dann hatten wir die Zeit, das alles vorzubereiten. So, und dann kann man sich überlegen, schult man jetzt die Mitarbeiter. Sie haben einfach keine Zeit, ausführlich zu schulen, (...) aber dann haben Sie nicht die Mitarbeiter zur Verfügung für die Dateneingabe", so die für den Bezirk zuständige Arbeitsagenturchefin (Frau T., Interviewprotokoll, 15.08.05).

Erschwerend kam in der Anfangsphase hinzu, dass die neue Behörde bei Inkrafttreten des SGB II am 1. Januar 2005 noch auf fünf Standorte verteilt[26] und die Transaktionskosten entsprechend hoch waren. Umzüge von Abteilungen mitsamt Aktenmaterial, also etwa die Anträge auf Hartz IV von ALG II-EmpfängerInnen, zwischen den diversen Standorten beim parallelen Aufbau der Personalstruktur des Jobcenters, bestehend aus MitarbeiterInnen von Agentur, Bezirksamt, befristeten Neueinstellungen und zeitlich befristet eingesetzten MitarbeiterInnen von Telekom und S-Bahn GmbH im Rahmen der „Amtshilfe", ließen ein geregeltes Verwaltungshandeln nicht zu. Erst mit dem Umzug an einen gemeinsamen Standort im August 2005 konnte der Verwaltungsaufbau im eigentlichen Sinne beginnen, wobei die unterschiedlichen Organisationskulturen konfliktträchtig nachwirkten. Vor allem in der Trägerversammlung, dem aufsichtsführenden Gremium, führte die Patt-Situation zwischen den drei Mitgliedern der Arbeitsagentur und den drei Mitgliedern aus dem Bezirksamt Mitte zu unüberbrückbar erscheinenden Gegensätzen. Wenngleich im Dezember 2004 der Errichtungsvertrag zwischen Agentur und Bezirk zur Gründung der Arge unterzeichnet werden konnte, war der Institutionalisierungsprozess des Jobcenters weiterhin von Interessengegensätzen auf den Leitungsebenen[27], teilweise wochenlangem Stillstand in wichtigen Fragen und einem „muddling through" im Tagesgeschäft bestimmt. Wohl konnte die Bezirksseite ihren Kandidaten für das Amt des Geschäftsführers in einem schwierigen Aushandlungsprozess durchsetzen, aber bis heute sind die Auffassungen, wie das SGB II in die Praxis umzusetzen sei, sehr verschieden geblieben. Fühlt sich die Agenturseite „selbstverständlich" an die Weisungen aus der Bundeszentrale in Nürnberg gebunden, prallt sie

[26] „Das ist ein Ding der Unmöglichkeit, das ist das eine Problem. Das andere Problem ist, dass wir an einzelnen Standorten zu wenig Personal haben und dort es also zu einer eindeutigen Überlastung der Mitarbeiter kommt, wir aber kaum Möglichkeiten haben, sie zu ändern", so der damalige Geschäftsführer des Jobcenters Mitte, Herr L., im Februar 2005 (Interviewprotokoll 04.02.05).

[27] Die für vier Jobcenter in Berlin zuständige Chefin der Agentur Mitte versucht zu erklären, warum die Institutionalisierung des Jobcenters in Mitte so schwierig ist: „Wir haben überall ähnliche Probleme, wo wir etwa auch gemeinsam auf der Suche sind, 'wie machen wir das jetzt eigentlich?'... und es kommt natürlich auch immer darauf an, wie ist so insgesamt die Grundchemie untereinander...Mitte ist ein schwieriges Pflaster. (...) Ich denke, in Mitte gibt es auch die komplizierteste politische Lage im Bezirk. (...) Ich denke, in den anderen drei Bezirken, mit denen wir zusammenarbeiten, gibt es einfach klarere Verhältnisse, das ist meine persönliche Wahrnehmung" (Frau T., Interviewprotokoll, 15.08.05). Tatsächliche scheinen nicht zuletzt auch persönliche Antipathien in einer Phase, in der Akteurshandeln im Vordergrund steht, eine Rolle gespielt zu haben, wenngleich der Geschäftsführer des Jobcenters bereits im Februar 2005 betonte: „Die Zusammenarbeit auf der Leitungsebene finde ich inzwischen okay" (Herr L.,Interviewprotokoll 04.02.05). Weniger diplomatisch als von den Führungsspitzen fielen die Äußerungen auf der Mitarbeiterebene im Bezirksamt aus. So wurde etwa die Agentur intern vereinzelt als „Sekte" bezeichnet und die Verhandlungen als „Strafe".

damit auf eigensinnige Vorstellungen aus dem Sozialamt Mitte[28], welches vor Einführung des SGB II seinen Ruf als innovationsfreudige und kreative Behörde pflegte, wenn es um die Beschäftigung und Qualifizierung langzeitarbeitsloser SozialhilfempfängerInnen ging[29]. Bereits in der Vorbereitungsphase klagte der damalige Sozialstadtrat über den Widerspruch zwischen dem Anspruch der „gleichen Augenhöhe" zwischen den Vertragspartnern und den realen Erfahrungen. „Das Problem ist, wenn ich Clement höre (...) oder jetzt gibt es auch so eine Kommuniqué zwischen BMWA, BA, Städtetag, Gemeindebund, wo wieder drin steht, eigentlich ‚große Freiheit, Lösung vor Ort finden'. Das sagen die da oben. Was bei uns ankommt, ist was komplett anderes, dass alles mit Nürnberg zurückgekoppelt wird und eigentlich angestrebt wird, die Struktur des Arbeitsamtes in der ganzen Bundesrepublik so durchzusetzen" (Herr I., Interviewprotokoll 21.10.04). Die Geschäftsführerin der Arbeitsagentur Mitte beschrieb das Dilemma zwischen „regionaler Freiheit des Geschäftsführers" und „der Gewährleistungsverantwortung gegenüber dem Bund als BA. (...) Im SGB II ist es wirklich kompliziert, weil wir teilweise, also nach dem Gesetz werden wir über die Agenturen für die Umsetzung verantwortlich gemacht, auf der anderen Seite steht aber drin, dass es einen Geschäftsführer gibt, und diesen Konflikt muss man einfach lösen und ich sehe das schon im Moment mit großer Sorge, ob das gelingt" (Frau T., Interviewprotokoll 15.08.05). Der damalige Stadtrat für Soziales im Bezirk Mitte beschrieb das Problem von seiner Seite. „Na, sie (von der Agentur, K.L.) haben überhaupt kein Verhandlungsmandat. Sie müssen sehen, dass ganz unterschiedliche Ebenen zusammentreffen. Nach außen hin scheint ja immer so der Eindruck zu sein, der Sozialstadtrat verhandelt mit der Direktorin des Arbeitsamtes. Aber eigentlich sind es die falschen Ebenen, weil Frau T. (Name geändert) ist ′ne Leitungskraft in einem Apparat und ich bin Politiker mit auch deutlich mehr Entscheidungsspielräumen" (Herr I., Interviewprotokoll 21.10.04).

Tatsächlich hätte sich der Bezirk Mitte, anders als die meisten Berliner Bezirke, für die Option entschieden. „Damit sind wir klar in Berlin (...) absolute Minderheit. (...) Es gibt ja auch parteitaktische Überlegungen. Weil es ist nicht ausgeschlossen, dass wir im Chaos versinken und dann kann man sagen, ‚es war die Agentur'" (Herr I., Interviewprotokoll 21.10.04). Meinungsverschiedenheiten

---

28 „Die (Agenturchefin, K.L.) hat andere Interessen als wir und das ist doch auch völlig legitim, aber mir ist das eigentlich auch völlig schnuppe. (...) Aber ihr Problem ist, dass sie offensichtlich nicht so richtig meißelt, dass wir auch unsere eigenen Interessen haben und sie offensichtlich nicht verstehen kann, dass wir unsere Interessen ihren nicht unterordnen" (Bereichsleiter 1, Interviewprotokoll 21.10.04).

29 So initiierte beispielsweise 1999 das Sozialamt Mitte das Projekt „JobverMittelung", eine kommunale Arbeitsvermittlung zur verbesserten beruflichen Integration von Sozialhilfeempfängern (vgl. Dube 1999).

gab es von Beginn an zuhauf, angefangen bei Neueinstellungen[30] und Organisationsformen[31] im Jobcenter selbst, über die Datenerhebung bis hin zum Mitteleinsatz für die Maßnahmen. Ein Geschäftsführer mit Weisungsrecht nur auf dem Papier, dem mehr als 100 MitarbeiterInnen aus der Agentur zugewiesen wurden, über die er selbst im Herbst 2006 noch keine Personalhoheit besaß[32], PC-Programme, A2LL für die Leistungsgewährung, CoArb und Compass für die Computergestützte Arbeitsvermittlung, von der Bundesagentur gestellt, für die BezirksamtsmitarbeiterInnen verspätet oder teilweise keine Schulungen erhielten und die nur leidlich funktionierten (und teilweise schon wieder mit einem entsprechend hohen Aufwand ersetzt wurden), MitarbeiterInnen, die oftmals zuwiderlaufende Handlungsanweisungen von der Agentur Mitte einerseits und dem Geschäftsführer des Jobcenters andererseits auf ihrem PC vorfanden und die sich entscheiden mussten, welcher Linie sie folgten, ließen „eine einheitliche Philosophie und eine einheitlich Zielsetzung" auch unter den Akteuren in der Behörde kaum zu (Bereichsleiter 1, Interviewprotokoll 06.09.05). Wohl hatte sich die Situation dahingehend „bereinigt", dass Agenturbeschäftigte, die mit der „anderen Kultur so ihre Schwierigkeiten haben", wie es ein Mitarbeiter ausdrückte, bis in die Leitungsebene ihre Posten im Jobcenter räumten und mit AgenturmitarbeiterInnen „ohne Altlasten" bzw. Beschäftigte aus dem Bezirksamt oder durch Neueinstellungen von außen besetzt wurden.[33] Außerdem wurde dem Jobcenter

[30] „Wir stellen immer ein...nach generell unseren Verwaltungsverfahren, also auch nach unserem Prozedere. (...) Dann gibt es klare Vorgaben, wie muss das erfolgen", so die Geschäftsführerin der Agentur Mitte, Frau T. (Interviewprotokoll 15.08.05).

[31] „Wir sind hier so organisiert, wie eine Agentur organisiert ist, die ALG I-Kunden zu betreuen hat. Nun weiß aber jeder, dass sich unser Personenkreis des ALG II sehr wesentlich vom Personenkreis der ALG I-Empfänger unterscheidet. Nun kann man darüber streiten, ob die Organisationsform, die in Nürnberg zentral für Gesamtdeutschland (...) vorgegeben wird, sinnvoll ist oder nicht. Nur als Beispiel: Was braucht man denn hier eine Eingangszone? Die bindet unten für die Bereiche Leistung und Vermittlung 50 Leute und was diese 50 Leute an Output, an Effektivität für die Bereiche produzieren, ist gleich Null. (...) Eine Anlaufstelle für die Kundensteuerung, 10, 15 Mann (...), das würde ich beibehalten, aber dieses sinnlose Rumgesitze von Leuten dort unten, 2, 3 Stunden in riesengroßen Wartesälen, nur damit da irgendwelche Daten aufgenommen werden und die dann danach in die Bereiche gehen und noch mal warten, das ist völlig sinnlos, das ist kundenunfreundlich. (...) Dadurch wird nur erreicht, dass die Flure ein bisschen leerer sind, das ist alles" (Bereichsleiter 1, Interviewprotokoll, 28.10.06).

[32] Konkret wird das Personal aus der Agentur über einen „Dienstleistungsüberlassungsvertrag" zur Verfügung gestellt. „Ich könnte rein theoretisch sagen, heute kommt der, übermorgen kommt der, machen wir nicht. Gab zwar auch Einzelfälle, wo wir Personal zurückgeholt haben. (...) Volle Hoheit liegt bei der Agentur. Also der Geschäftsführer kann im Moment über`n Urlaubsplan und über die tägliche Arbeitszeit verfügen, was anderes kann er nicht machen" (Frau T., Geschäftsführerin Agentur Mitte, Interviewprotokoll 15.08.05).

[33] Allerdings schienen die Querelen auch auf der Mitarbeiterebene zuweilen spürbar. Eine Fallmanagerin problematisierte, „dass, wie allgemein hier im Haus, dass eben das, was die BA an Wissensschatz mitbringt, nicht unbedingt so hinzugezogen wird in der täglichen Arbeit oder ein bisschen

mittlerweile die Finanzhoheit übertragen. Doch auf der Leitungsebene schwelten die Konflikte weiter. „Wir haben grundlegende differierende Auffassungen und die Fronten sind genauso verhärtet, wie sie bisher waren", so ein Mitglied aus dem Leitungsteam noch im Oktober 2006 (Bereichsleiter I, Interviewprotokoll 28.10.06).[34] Die kommunale Seite warf der Agentur eine „Tonnenideologie" vor, weil es ihr nur darum gehe, vertraglich gebundene Maßnahmen zu besetzen, um bestimmte Quoten zu erfüllen, ohne zu fragen, ob dies für die betroffenen Arbeitslosen sinnvoll sei „und ihn auch ein Stückchen weiterbringt. Darum kümmert sich niemand, weil das interessiert überhaupt keinen" (Bereichsleiter 1, Interviewprotokoll 21.10.04). Besonderen Streit gab es weiterhin um die Ausrichtung des Beschäftigungsprogramms, welches wie alle Leistungen außer Kosten der Unterkunft und für Soziale Dienste aus Bundesmitteln finanziert wird. Hieraus leitete die Agentur ihren Anspruch bzw. Verpflichtung her, trotz regionaler Verankerung an der zentralistischen Steuerung festzuhalten.[35]

Die Verantwortlichen im Jobcenter gingen indes eigensinnige Wege. Mitte besetzte im Gegensatz zu den meisten anderen Jobcentern in Berlin weit weniger Arbeitsgelegenheiten mit Mehraufwandentschädigung (MAE), also sogenannte Ein-Euro-Jobs, als es nach Auffassung der Agentur sollte und hatte in Fortentwicklung bisheriger kommunaler Beschäftigungsinitiativen u.a. das Programm „Regionale Beschäftigung Mitte (RBM)" initiiert. Dieses hielt, bundesweit einsam an der Spitze, nach inoffiziellen Angaben rund 2600 Stellen in der sozialversicherungspflichtigen Entgeltvariante[36] bereit, weit mehr als offiziell von der Agentur zugestanden, aber bestärkt durch Rückenwind aus dem Berliner Abge-

---

belächelt. (...) Das finde ich schade, dass da immer noch so ein Gegeneinander ist oder dass die Kollegen hier das nicht so wahrnehmen, dass wir alle gleichberechtigt behandelt werden" (Fallmanagerin 4, Interviewprotokoll 21.02.06).

[34] Im November 2007 erfolgte ein Wechsel an der Spitze des Jobcenters. Neuer Geschäftsführer wurde der ehemalige Leiter des Büros für Bürgeranfragen im Bezirksamt Mitte. Mitarbeiter des Jobcenters beschrieben die Situation weiterhin als „dauerhaften Krieg". Allerdings berge der Wechsel an der Spitze möglicherweise die Chance eines „Neustarts".

[35] Vgl. auch Bericht des Bundesrechnungshofs (BRH) zur Durchführung des SGB II. Darin unterstreicht der BRH die besondere Verantwortung der Bundesagentur als Leistungsträgerin, die im Sinne der Gewährleistungsverantwortung die „Rechtmäßigkeit der Leistungserbringung und die Mittelverwendung sowie das Erreichen gemeinsam vereinbarter Ziele sicherstellen" soll. Da die Argen die Umsetzungsverantwortung übertragen bekamen, verzichtet die Bundesagentur auf Weisungen zur operativen Umsetzung. Der Bundesrechnungshof fordert allerdings, „dass die Bundesagentur in ihren unmittelbaren Einflussmöglichkeiten nicht beschränkt werden" darf.(Bundesrechnungshof 2006: 7).

[36] Laut einem, vom Jobcenter Mitte vorgelegten Vergleich aller vier, zum Agenturbezirk Mitte gehörenden Jobcenter besetzte das Jobcenter Mitte (Stand 04.08.05) 1122 MAE und 992 Arbeitsgelegenheiten in der Entgeltvariante; Friedrichshain/Kreuzberg: 1357 MAE/k.A., Lichtenberg: 2443 MAEs/ 100 Entgelt, Marzahn/Hellersdorf: 2933 MAE/1 Entgelt (Jobcenter Mitte 2005a).

ordnetenhaus[37], wo bereits Ende 2004 eine entsprechende Entschließung verabschiedet wurde. Ziel war nach eigenen Angaben, möglichst viele „Menschen aus dem Leistungsbezug zu entlassen und damit mit einem ganz anderen Selbstwertgefühl (auszustatten) und trotzdem was Produktives für diese Gesellschaft zu leisten", gekoppelt „an ganz, ganz gezielte Hilfestellung innerhalb eines Beschäftigungsprogramms. (...) Das kann ich bei diesen generalisierten Verfahren (...) nicht" (Bereichsleiter 1, Interviewprotokoll 20.01.06).[38]

Die Agenturchefin hielt dem zwei Argumente entgegen. Zum einen sollte ein „Verschiebebahnhof in den SGB III–Bereich" verhindert werden „und das zweite Argument, was wir hatten, dass es ein sehr teures Instrument ist und dass es aus unserer Erfahrung integrationsorientiert in dem gesamten Spektrum günstigere Instrumente gibt" (Frau T., Interviewprotokoll 15.08.05). Im Oktober 2006 fühlte sich der für die Maßnahmeplanung zuständige Bereichsleiter bestätigt. „Wir haben Maßnahmeinstrumente verglichen, wobei sich herausgestellt hat, was nicht sehr überraschend ist, dass MAE ein ausgesprochen fragwürdiges Instrument ist, (...) da ist die Abbruchquote mit Abstand am höchsten. Die liegt bei 63 Prozent". Er forderte neben der genauen Bedarfsplanung, die von den Vermittlerteams erhoben werden („weil die kennen die Klientel wesentlich besser als wir hier am grünen Schreibtisch"), grundsätzlich ein Umdenken in Richtung dauerhafter dritter Arbeitsmarkt. „Wir haben eine Grundphilosophie, die sagt, sozialversicherungspflichtige Entgelte sind nach wie vor das Nonplusultra für unsere Klientel, weil wir haben halt 80 Prozent Betreuungskunden und da ist es illusorisch, sich darüber Gedanken zu machen, wie man die Integrationsfähigkeit auf den ersten Arbeitsmarkt verbessert durch irgendwelche Fortbildungsmaßnahmen oder Trainingsmaßnahmen. (...) Das wäre nach allen Berechnungen

---

[37] Die ehemalige Fraktionschefin von Bündnis 90/Die Grünen, Sybill Klotz, bescheinigte Mitte eine besondere Kreativität: „Der Unterschied von Mitte zu anderen Bezirken ist, die machen einfach, während aus anderen Bezirken höre ich ‚das geht nicht, das macht unser Finanzstadtrat nicht mit, das geht überhaupt nicht, wir müssen abwarten, bis die Rahmenvereinbarung unterzeichnet ist vom Land'. (...) Die machen einfach und ab und zu scheitern sie, dann knallt`s auch mal, aber die sind auch konfliktfreudig in dieser Angelegenheit, die trauen sich was. (...) Die machen nichts Illegales, die nutzen die Spielräume aus, andere...die sind da auch nicht kreativ genug" (Interviewprotokoll 11.11.05). Carola Bluhm, damalige arbeitsmarktpolitische Sprecherin der PDS im Berliner Abgeordnetenhaus, äußerte ebenfalls: „Das ist irgendwie auch sehr viel verlangt, die Verantwortung zu übernehmen für etwas, was objektiv nicht funktionieren kann. (...) Mitte traut sich das auch zu. Also, wie die da agieren und auch weil die als Team agieren und weil die als Team aus dem Bezirksamt sich da implantieren konnten" (Interviewprotokoll 24.01.06).

[38] Trotz grundlegender Kritik wurde das RBM-Programm des Jobcenters Mitte selbst von der „Berliner Kampagne gegen Hartz IV" wohlwollend zur Kenntnis genommen. Denn die letztlich von der Bundesagentur akzeptierte hohe Anzahl der Stellen in der Entgeltvariante deuteten darauf hin, „dass die im SGB II angelegten *Handlungsspielräume* für die regionale Gestaltung der Arbeitsförderung von den Jobcentern auch intensiv genutzt werden können. (Dies könnte für die Realisierung unseres Förderinstruments hilfreich sein)" (Berliner Kampagne gegen Hartz IV 2006: 21, fett bzw. Kl. i.O.).

letztendlich unwesentlich teurer als dieses sinnlose Alimentieren“ (Bereichsleiter 1, Interviewprotokoll 28.10.06).[39]

Der Geschäftsführer des Jobcenters Mitte, ehemals Sozialamtsleiter im Bezirk, hatte ob seines Eigensinns bereits mehrere Abwahlanträge von Agenturseite in der Trägervertretung überstehen müssen. Interessanterweise war selbst die Geschäftsführerin der Agentur nicht per se eine Verfechterin von MAE, um deren Zahl bei der Maßnahmevergabe zunächst viel gestritten worden war. Sie wünschte sich „noch mal zu überlegen, ob MAE in dieser Größenordnung das sinnvolle Instrument ist, das wage ich zu bezweifeln“ (Frau T., Interviewprotokoll 15.08.05). Ein Ende der Querelen war allerdings erst mit der Umsetzung der Rahmenvereinbarung vom August 2005 für Berlin und der Herstellung der, im Übrigen von beiden Seiten dringend gewünschten einheitlichen Dienstherrschaft zu erwarten. Diese wurde indes nie ganz umgesetzt.[40]

Die nur scheibchenweise Entflechtung der in der Praxis auch andernorts gescheiterten Mischverwaltung aus Bundesagentur und kommunalem Träger (Hesse 2006) ging einerseits mit einer in Mitte begrüßten Kompetenzerweiterung auf Seiten des Jobcenters einher. Dennoch bedingt dies einen steten Verwaltungsumbau und bindet entsprechend Kräfte und Zeit, „die man doch eigentlich lieber in die Arbeit am Kunden stecken würde“ (Bereichsleiter 2, Interviewprotokoll 29.03.06).

Selbst im Oktober 2006 waren im Jobcenter Mitte rund 100 Mitarbeiterstellen unbesetzt, davon rund 80 Stellen in der Vermittlung. Als Grund wurden fehlende Räumlichkeiten angegeben, bedingt durch Schadstoffbelastungen im, vor dem Einzug frisch renovierten Gebäude. Kurz- bis mittelfristige Lösungen wurden gesucht. Doch zum damaligen Zeitpunkt war ein Betreuungsschlüssel von 1 zu 450 bis 500 KundInnen pro BetreuerIn im Bereich der Menschen über 25 entgegen dem formal von der Bundesagentur angestrebten Verhältnis von 1:150 und rund 200 bei den Jugendlichen entgegen dem Soll von 1:75 die Regel (Bereichsleiter 1, Interviewprotokoll 28.10.06). Der Betreuungsschlüssel entsprach damit auch nicht den offiziell veröffentlichten Betreuungszahlen zum Jobcenter Mitte durch die Agentur, die für den September 2006 ein Betreuungsverhältnis

---

[39] Er konnte sich durch den Bundesrechnungshof bestätigt fühlen. In einem Prüfbericht zur Durchführung des SGB II an den Deutschen Bundestag von 2006 heißt es: „Unter Berücksichtigung der Maßnahmekostenpauschale und einer Mehraufwandentschädigung für den Hilfebedürftigen von durchschnittlich 180 Euro neben den übrigen Kosten der Grundsicherung waren Arbeitsgelegenheiten nicht zwingend kostengünstiger als Arbeitsbeschaffungsmaßnahmen, durch die sozialversicherungspflichtige Beschäftigungsverhältnisse geschaffen werden“ (Bundesrechnungshof 2006: 4).

[40] Zu Hinweisen für die zögerliche Umsetzung dieser Rahmenvereinbarung in Berlin vgl. 2.7. Mit dem Urteil des Bundesverfassungsgerichts vom 20. Dezember 2007, wonach die Mischverwaltung von kommunalen Trägern und der Bundesagentur nicht mit der Verfassung vereinbar ist, ist diese Rahmenvereinbarung ohnehin obsolet geworden.

bei den Erwachsenen über 25 von 1:265 auswies (Agentur für Arbeit Berlin Mitte 2006). Das Jobcenter Mitte habe damit den schlechtesten Betreuungsschlüssel in ganz Berlin, so der Bereichsleiter[41]. Dies hatte u.a. zur Folge, dass die Eingliederungstitel von 94 Millionen Euro für das Jahr 2005 und 63 Millionen Euro für 2006 nicht voll ausgeschöpft werden konnten (Bereichsleiter 1, Interviewprotokoll 28.10.06).

Der Förderaspekt komme schlicht zu kurz und sei das große Grundproblem[42], zumal vor dem Hintergrund der steigenden Betreuungszahlen, so das einhellige Fazit im Jobcenter. Allerdings werde in Vergleichen der Jobcenter untereinander weder die (besondere) Klientel noch die Personalausstattung noch die Arbeitsbedingungen berücksichtigt. "Wenn ich jetzt die vorhandenen Integrationen auf die Anzahl der vorhandenen Arbeitsvermittlerköpfe runterbreche, wären wir das zweitbeste Jobcenter in Berlin. Das wäre durchaus eine Betrachtungsweise, (...) macht man aber nicht". Die in 2005 geäußerte Erwartung, alsbald zu den 25 besten Jobcentern Deutschlands gehören zu können, war der Ernüchterung gewichen, zumindest kurzfristig weder die internen schlechten Rahmenbedingungen noch die Lage für die Betroffenen im größeren Maßstab verbessern zu können. „Verglichen zu Sozialamtszeiten haben wir durch die Federführung der Agentur einfach erst mal einen deutlichen Rückschritt gemacht. (...) Klar frustriert das, das frustriert sogar sehr, zumal man dadurch natürlich auch der Agentur eine gehörige Angriffsfläche bietet, die dann auch in feinster Regelmäßigkeit raufprügelt ohne allerdings die Gründe dafür zuzulassen. (...) Das frustriert auch die Mitarbeiter" (Bereichsleiter 1, Interviewprotokoll 28.10.06).

Ein Mitarbeiter zweifelte zuweilen an der Sinnhaftigkeit seiner eigenen Tätigkeit: „Manchmal denke ich, das ist doch großteils sinnlos, was wir hier machen, bei der Arbeitsmarktlage. Da vermitteln wir Maßnahmen und machen und tun und dann landen die doch wieder hier. Ich sage denen schon beim Schreiben eines Lebenslaufs. Schreiben Sie bloß nicht ‚Maßnahme', schreiben Sie rein ‚Tätigkeit bei dem und dem Unternehmen'. Man geht selten mit dem Gefühl nachhause, heute hast Du was Gutes geleistet. Das frustriert" (Vermittler, Interviewprotokoll 29.03.06).

Vor dem Hintergrund dieser schwierigen Gemengelage sollte der gesetzliche Anspruch einer geschlechtergerechten Umsetzung von Hartz IV erfolgen.

---

[41] Nach einer Auflistung der vier Jobcenter, die organisatorisch zum Arbeitsagenturbezirk Mitte gehören, wies das Jobcenter Mitte die größte Lücke zwischen Soll-Berechnungen und dem Ist-Zustand beim Personalbestand auf (Stand: September 2006). Während in Friedrichshain-Kreuzberg rund 25 und in Marzahn-Hellersdorf 42 MitarbeiterInnen fehlten, war das Soll im Jobcenter Lichtenberg mit drei Personen sogar übererfüllt. Im Jobcenter Mitte waren demnach noch 133 Stellen unbesetzt (Agentur für Arbeit Berlin Mitte 2006).

[42] Die schlechte Betreuungssituation wurde von den interviewten Hartz IV-betroffenen Frauen vollauf bestätigt (vgl. Kap. 3).

2.3 „Frauenfragen sind Kür“[43] – Das Jobcenter in frauenspezifischer Perspektive

Das Jobcenter Mitte blieb in frauenspezifischer Perspektive eigentümlich konturenlos.[44] Geschlecht als Kategorie kam - zumindest im Untersuchungszeit - nicht vor, weder in offiziell vorliegenden Statistiken der Arbeitsagentur noch gab es Hinweise auf den Aufbau der neuen Behörde nach Vorgaben von Gender Mainstreaming bzw. einer „geschlechtssensiblen“ Umsetzung des Hartz- IV-Gesetzes. Zwar wurde in einem im Januar 2005 von der Trägerversammlung verabschiedeten „Arbeitsmarkt- und Beschäftigungsprogramm 2005“ (Jobcenter Berlin Mitte 2005) auf „eine Zielgruppenorientierung unter besonderer Berücksichtigung von Gender Mainstreaming“ hingewiesen, doch auf die Nachfrage, wie dies konkret umzusetzen sei, reagierten zwei Vertreter der Leitungsebene mit Irritation bzw. mit einer dezidierten Absage an Gender Mainstreaming[45]. Wohl wurde das Interesse an zielgruppenorientiertem, auch frauenspezifischem Wissen über die inneren Zusammenhänge sowohl in quantitativer wie in qualitativer Hinsicht bekundet, aber darauf verwiesen, dass zum damaligen Zeitpunkt aufgrund der zentral gesteuerten Datensammlung in Nürnberg „Controlling, Steuerung und strategisches Denken“ im Gegensatz zu BSHG-Zeiten nicht angemessen möglich seien.[46] Im Gegenteil, mit Umstellung auf das neue Vermittlungsprogramm VerBIS seien eigenständige Auswertungen der Daten völlig unmöglich geworden. Außerdem wurde betont, „wir haben andere Probleme als eine geschlechtsspezifische Auswertung zu machen. Wir verwalten hier im Moment den Mangel, (...) ob das Frauen, ob das Migranten, ob das 50-jährige sind, das ist letztlich egal“ (Bereichsleiter I, Interviewprotokoll 28.10.06). Gleichzeitig war ein Modul bei der Schulung der MitarbeiterInnen zu Gender Mainstreaming nach dem damaligen Stand nicht einmal angedacht.

---

[43] Zitat eines leitenden Beamten des Jobcenters Mitte (Bereichsleiter 2, Interviewprotokoll 29.03.06).

[44] Die Geschäftsführerin der Arbeitsagentur Mitte, neben Mitte auch für die Jobcenter Lichtenberg, Friedrichshain-Kreuzberg und Marzahn-Hellersdorf zuständig, glaubte, „es gibt kein, noch nicht das Bewusstsein für Frauenfragen in den Jobcentern“ (Frau T., Interviewprotokoll 15.08.5).

[45] Vgl. Interviews Geschäftsführer: „Was verstehen Sie jetzt darunter?“ (12.09.05) und Bereichsleiter 1: „Das (Gender Mainstreaming, K.L.) ist kein Begriff, den ich benutze. (...) Er ist meines Erachtens auch auf Wunsch eines einzelnen Herrn dort eingeflossen“ (Interviewprotokoll 06.09.05: 13, vgl. auch Interviewprotokoll 20.01.05).

[46] Der Bereichsleiter 1, der zusätzlich zentrale operative Aufgaben wahrnahm, betonte: „Aber vielleicht kommen wir da mal hin, wenn sich die Zeiten soweit beruhigt haben, dass wir alle mal ein bisschen durchschnaufen können und mal an was anderes denken als an das Tagesgeschäft und wir uns selbst Möglichkeiten schaffen, auch selbst auswerten zu können. (...) Diesen Ansatz (gemeint ist die differenzierte Betrachtung auch entlang frauenspezifischer bzw. ethnischer Kategorien, K.L.) weiterzuverfolgen, ist nicht der verkehrteste, weil es mich selbst interessiert“ (Interviewprotokoll 06.09.05: 15).

Betont wurde stattdessen der Anspruch einer individuell zugeschnittenen Qualifizierung und Förderung „der Kunden" nach deren „Neigung und Interesse" (Bereichsleiter 2, Interviewprotokoll 20.01.05), was die konkrete Berücksichtigung der Lebenslage, etwa als Alleinerziehende, mit einschließe. Alleinerziehende sind in Mitte, dies zeigen Zahlen aus 2004 zum Sozialhilfebezug, überdurchschnittlich von öffentlichen Transferleistungen abhängig (Hagemeister 2004), woraus man einen möglichen Handlungs- bzw. Maßnahmebedarf schließen könnte. Doch diese seien im Moment nicht „Zielklientel". „Wir haben keinerlei Interesse daran, dass sie (die Mütter, K.L) ihren Erziehungsurlaub verkürzen, ihr Kind unterbringen und dann auch noch in den Arbeitsmarkt reindrängen" (Bereichsleiter 2, Interviewprotokoll 20.01.05).[47] Dabei schien in diversen Gesprächen die stereotype Zuweisung der sozialen Rolle entlang der Kategorie Geschlecht gerade bei Müttern auf. Einerseits sollte Rücksicht auf deren besondere Lage genommen werden, andererseits wurden Entscheidungen, etwa in der Maßnahmeplanung, getroffen, die zu einer Benachteiligung von Müttern führen konnten.[48] Spezielle Maßnahmeangebote, etwa in Teilzeit, waren selbst nach dem Auslaufen der auf 30 Wochenarbeitsstunden angelegten MAE nicht vorgesehen.

Verwiesen wurde von den kommunalen Akteuren im Jobcenter auf die Zusammenarbeit mit zwei Weiterbildungsträgern, die in der Vergangenheit auf die Qualifizierung von Frauen spezialisiert waren, aus Wettbewerbsgründen „davon aber Abstand genommen (haben), weil sie, also Zitat Herr E. (Bereichsleiter 1,

---

[47] Diese Position entspräche dann tatsächlich einer neuen(-alten) Maxime der Bundesagentur für Arbeit, die Presseberichten zufolge Telefonumfragen unter langzeitarbeitslosen Frauen mit Kindern durchführen ließ, um zu ermitteln, wer von diesen Frauen erwerbsfähig im Sinne der tatsächlichen und nicht der potentiellen Verfügbarkeit sei. Wir erinnern uns: ein wesentliches Element der Rechtfertigungsargumente für die Einführung des SGB II aus frauenspezifischer Sicht, nämlich die Eröffnung der verstärkten Förderung von bis dato sozialhilfeberechtigten, erwerbsfähigen Frauen (mit Kindern) durch arbeitsmarktpolitische Instrumente, wurde damit nur ein halbes Jahr nach Einführung wieder zurück genommen. Die betroffenen Frauen fallen damit nicht nur aus der Arbeitslosenstatistik, sondern erwerben fortan auch keine Rentenansprüche (vgl. Hannelore Buls, Femme Globale, Workshop: Die Hartz-Gesetze, 09.09.05). Nebenbei nimmt die Regelung in den Kommunen den Druck, genügend Betreuungsplätze für Kinder unter drei Jahren bereit zu stellen.

[48] So waren ab April 2006 keine Arbeitsgelegenheiten mit Mehraufwandsentschädigung (MAE/"1-Euro-Jobs") mit einer maximalen 30-stündigen Wochenarbeitszeit zu besetzen, weil der dafür vorgesehene Etat bereits ausgeschöpft war. Stattdessen lag der Schwerpunkt der Förderung bei sozialversicherungspflichtigen Arbeitsgelegenheiten in der Entgeltvariante mit Vollzeitbeschäftigung (vgl. 2.3). Bei der Betroffenenbefragung äußerten mehrere Frauen mit Kindern, dass sich eine Vollzeitstelle nicht mit der Betreuung ihrer Kinder vereinbaren ließe, sondern Teilzeitmaßnahmen gewünscht würden.

K.L.), der sagt, sie machen keine frauenspezifischen, sondern sie machen Maßnahmen für Menschen“ (Frau R., Interviewprotokoll 23.11.05).[49]

Darüber hinaus wollte Mitte seinem Ruf als arbeitsmarktpolitisch innovativer Bezirk gerecht werden, indem neben dem bereits erwähnten Programm zur Bereitstellung sozialversicherungspflichtiger Beschäftigungsverhältnisse spezielle Programme entwickelt wurden, die junge Menschen unter 25 an die Ausbildungsreife heranführen sollten, um damit das Problem der Jugendarbeitslosigkeit an der Wurzel zu packen. Auch wurden MAE in Kombination mit Deutschkursen angeboten, in die vor allem Migrantinnen aufgenommen wurden. All dies wurde vom Frauenbeirat des Bezirkes Mitte mit Wohlwollen zur Kenntnis genommen, wie die Frauenvertreterin im Beirat der Arge betonte (Frau F., Interviewprotokoll 22.09.05).

Die Stärkung frauenspezifischer Kompetenz durch die Besetzung der Position einer/s „Beauftragten für Chancengleichheit auf dem Arbeitsmarkt (BCA)“, die (nach §10, Errichtungsvertrag) besetzt werden sollte, blieb allerdings aus. Wenngleich im Februar 2006 gemeinsam von Jobcenter und Agentur eine Mitarbeiterin für diese hauptamtliche Tätigkeit ausgewählt worden war, wurde die Unterzeichnung des Arbeitsvertrages durch die Agentur Mitte verweigert. Eine zugesagte Klärung durch die Trägerversammlung ließ von Seiten der Agentur monatelang auf sich warten. „Das war ein Thema der letzten Trägerversammlung, wo auch schon eine Klärung zugesagt wurde, aber die ist bis heute nicht erfolgt“ (Bereichsleiter 1, Interviewprotokoll 28.10.06). Die Mitarbeiterin, als Vermittlerin tätig, machte zeitweise „beide Jobs. (...) Im Augenblick haben wir also Schwebezustand. Ich fungiere schon als Ansprechpartner für Leute, die mit entsprechenden Themen an uns herantreten, aber so richtig in Erscheinung treten tue ich noch nicht, darf ich eigentlich auch gar nicht“ (Frau M., Interviewprotokoll 16.05.06).[50] Es darf vermutet werden, dass das Gebot im Errichtungsvertrag zur Installierung einer BCA weiterhin stillschweigend missachtet bleibt.

Tatsächlich wurden Frauenfragen als „Kür“ behandelt, als nachrangig angesichts der unzähligen Probleme im Tagesgeschäft und dem stetigen Verwaltungssauf- bzw. umbau. Frauenkompetenz erschien als notwendiges Übel, um dass man(n) schon aus politischen Gründen nicht herum kam und war möglicherweise ein heißeres Eisen, als es den Anschein hatte. Bei der Institutionalisie-

[49] Frau R. ist Geschäftsführerin eines, vor Hartz IV auf die Bereitstellung von Maßnahmen für Frauen spezialisierten Maßnahmeträgers. Um im Rahmen der vom Jobcenter initiierten Trägerauswahlverfahren konkurrenzfähig zu sein, wurde diese Spezialisierung aufgegeben.

[50] Eine Tätigkeitsbeschreibung sollte verschiedene Schwerpunkte verfolgen: Einfluss auf die Maßnahmeplanung, Statistik und Networking im Inneren als auch Ansprechpartnerin für die KundInnen, etwa um „vereinfachte Verfahrensabläufe“ zu ermöglichen. „Wir haben schon zusammengesessen mit Frauenhäusern und Zufluchtswohnprojekten, die (sind) alle so wahnsinnig daran interessiert“ (Frau M., Interviewprotokoll 16.05.06).

rung des beratenden Beirats der Arge war die Besetzung der Position der Frauenvertreterin (als auch die Position des Ausländervertreters) wohl nicht grundsätzlich infrage gestellt, die Auswahl der konkreten Personen boten aber Anlass zu Debatten. Ob es nur widrigen Umständen geschuldet war, dass die Frauenvertreterin aufgrund einer „merkwürdigen Einladungspraxis" – „die war so schlecht, dass ich als schon bestelltes Beiratsmitglied weder eine schriftliche Einladung bekam noch irgendein Protokoll" - erst an den monatlichen Sitzungen teilnehmen konnte, als die Geschäftsordnung längst verabschiedet war, muss offen bleiben. Sicher ist, dass damit eine Debatte innerhalb des Gremiums, im Verhältnis 60 zu 40 zugunsten von Männern besetzt, um genderpolitische Aspekte, etwa die Forderung nach Verankerung der entsprechenden Aufbereitung der Statistiken, unterblieb. Der Versuch, noch nachträglich genderpolitische Duftmarken zu setzen, scheiterte an der Indifferenz der Mehrzahl der anderen Beiratsmitglieder, darunter auch Frauen.[51]

„Es ist niemand frauenfeindlich, aber Mitte", so die Geschäftsführerin eines ehemaligen Frauenträgers, „sei von Klischees geprägt, also nicht der Stadtrat, aber bei den Mitarbeitern" (Frau R., Interviewprotokoll 23.11.05). Ob sich diese Lage im Zeitverlauf tatsächlich verbessert hat, muss indes offen bleiben.

2.4 Fallmanagement als neue Kernkompetenz des Jobcenters?

Bei Betrachtung des Fallmanagements zeigte sich die gleiche geschlechterpolitische Indifferenz wie auf der Leitungsebene. Angelegt als umfassende Unterstützungsinstanz von Langzeitarbeitslosen mit „multiplen Vermittlungshemmnissen", sollen die FallmanagerInnen Lösungswege für die diversen zu identifizierenden individuellen Problemlagen aufzeigen. Am Ende der „Hilfeplanung" steht das Fernziel der beruflichen Eingliederung, so die Theorie. Doch „im Prinzip steht ja nicht mehr Integration, wie bei einem Vermittler, im Vordergrund, sondern einfach versuchen, gemeinsam mit dem Kunden die Hemmnisse, die behebbar sind, anzugehen" (Fallmanagerin 4, Interviewprotokoll 21.02.06). In Mitte sollen dereinst zumindest theoretisch bis zu 45 FallmanagerInnen ihre Arbeit aufnehmen, um bis zu 5000 Personen intensiv betreuen zu können. Ob in der Praxis dieser Bedarf tatsächlich angemeldet werden wird, war zum Ende des Untersuchungszeitraums fraglich. Denn die zum Stand Oktober 2006 17 aktiven FallmanagerInnen betreuten mit 20 bis 30 „Fällen" faktisch viel zu wenige KundInnen und bemühten sich händeringend um zu betreuende Personen. Ihnen wurde schlicht zu wenig „Kundschaft" von Seiten der „normalen" VermittlerIn-

[51] So die Frauenvertreterin im Beirat der Arge Berlin-Mitte (Frau F., Interviewprotokoll 22.09.05).

nen zugewiesen.[52] Vor dem Hintergrund einer extrem hohen Betreuungsquote von immer noch bis zu 500 Personen pro BetreuerIn in der Vermittlung des Jobcenters ist dies erstaunlich. Denn wäre es nicht im Interesse der ArbeitsvermittlerInnen gewesen, die schwierigere Klientel ins Fallmanagement zu überweisen, um sich besser um diejenigen kümmern zu können, die leichter integrierbar scheinen? Ein Fallmanager dazu: „Bloß da ist noch ein bisschen Ego mit bei. War ja auch mal Vermittler und hab' gesagt, ‚den Fall kann ich selber lösen'. Das ist das Problem. Und die andere Seite ist natürlich, sie erkennen es nicht, dass es ein Fall ist, weil sie eben die Zeit nicht haben oder weil sie andere Aufgaben haben" (Fallmanager 1, Interviewprotokoll 09.02.06).

Die FallmangerInnen wurden zwischenzeitlich den einzelnen Vermittlungsteams zugeordnet. Allerdings berichteten sie von unterschiedlichen Erfahrungen im Hinblick auf ihre Integration in diese Teams und damit ihre Mitsprachemöglichkeiten. Während eine Befragte den Kontakt zu ihrem Team als sehr positiv beschrieb („Wir haben einmal die Woche die sogenannten Teammeetings, wo eben die Dinge, die jetzt aktuell anliegen, besprochen werden" (Fallmanagerin 3, Interviewprotokoll 21.02.06), berichteten zwei ihrer Kolleginnen, noch nie bei Teamsitzungen ihrer eigenen Teams dabei gewesen zu sein. „Ich selber bin auch zu meinem eigenen Team, zum Teamleiter, hab' gesagt, ‚ich würde mich mal gerne vorstellen', damit unsere Bindungsängste weg sind und so, dass ich die mal gesehen habe und auch die Ängste weg sind, ‚ja, wen kann ich denn eigentlich vorschlagen fürs Fallmanagement'. Da hatte ich dann endlich eine Einladung und bin leider krank geworden. (...) Kam nie wieder eine Einladung, so dass ich beschlossen habe, ich habe mich mehrfach angeboten, auch an alle Mitglieder meines Teams Emails rumgeschickt, hab' gesagt, so und so, schickt mir Fälle. Ab und zu kam mal was. Aber es ist eben nicht das, was ich erwarte, also keine Zusammenarbeit. (...) Frau xy, die hat schon andere Erfahrungen. Die ist gut aufgenommen worden von ihrem Team, war dort auch schon wirklich gewesen. Sie bekommt schon einige Fälle. Also das ist sehr unterschiedlich, aber die Mehrzahl von uns ist nicht ausgelastet" (Fallmanagerin 2, Interviewprotokoll 09.02.06). Durchgängig wurde von den befragten FallmanagerInnen mehr Unterstützung durch die Leitungsebene gewünscht. „Aus meiner Sicht müsste da doch ein größerer Schwerpunkt drauf gelegt werden, auch um die Teamleiter entsprechend anzuhalten, ihre Vermittler immer wieder zu erinnern. Aus meiner Sicht kann es eben nicht sein, dass ich mich immer wieder an das Team wende und sage ‚hallo, hier bin ich, denkt dran, ihr müsst mir bitte Kunden schicken'. Also,

[52] Eine Fallmanagerin beschrieb eine Strategie, den Kundenkreis im Fallmanagement zu erhöhen: „Es gibt einen großen Teil von Kunden, die seit 2004 nicht mehr eingeladen wurden. Die haben wir uns eingeladen und da stellt sich halt dann in den Gesprächen raus, ob da bestimmte Punkte sind, die eben Anlass geben für ein Fallmanagement" (Fallmanagerin 4, Interviewprotokoll 21.02.06).

das soll ja ein gegenseitiges Zusammenarbeiten sein. Es ist ja nicht so, dass ich denen was wegnehmen will, sondern alle haben da ja eigentlich dasselbe Ziel" (Fallmanagerin 4, Interviewprotokoll 21.02.06).

Die fünf befragten aktiven FallmanagerInnen waren aus der Agentur für Arbeit abgestellte bisherige ArbeitsvermittlerInnen bzw. -beraterInnen, die sich freiwillig für die neue Tätigkeit gemeldet hatten. In einem Fall wurde die befragte Fallmanagerin im Rahmen einer sogenannten Ermächtigung neu eingestellt. Eine der Befragten war für Jugendliche unter 25 zuständig, alle anderen für die Betreuung Langzeitarbeitsloser über 25. Die FallmanagerInnen erhielten nach eigenen Aussagen einwöchige Schulungen durch die Arbeitsagentur, im Einzelfall gab es bis zum Zeitpunkt der Interviews eine zweite Schulungswoche. Im Mittelpunkt standen demnach Informationen für die Aufstellung eines Hilfeplanes nach einem Schema des Deutschen Vereins für private und öffentliche Fürsorge in Frankfurt am Main. Allerdings blieben die Schulungen hinter den Erwartungen und Wünschen der befragten FallmanagerInnen zurück. „Genug lernt man nie, aber ich sage mal, das reicht nicht aus" (Fallmanager 1, Interviewprotokoll 09.02.06). Eine Fallmanagerin betonte: „Es gab eine einwöchige Schulung über`s Fallmanagement, die war aber sehr allgemein. Und letztendlich sagte der Dozent auch ganz ehrlich, er hat auch keine Erfahrungen und kann uns da wenig weiterhelfen. Wir können uns austauschen. Das Gute war eben, dass von der Kommune Mitarbeiter dort waren, die ja schon einen anderen Blickwinkel hatten als wir von der BA. (...) Es war eigentlich nur eine schöne Woche. Weihnachtsmarkt war dort. Vom Erholungswert war es sehr schön" (Fallmanagerin 2, Interviewprotokoll 09.02.06). Vor allem die fehlende pädagogische Schulung wurde bemängelt. Genderspezifische Fragestellungen wurden nicht diskutiert, von den Befragten allerdings auch nicht vermisst. („Das ist in der Ausbildung nicht thematisiert worden"/ „Nein, da wurde eigentlich die allgemeine Problematik aufgeführt".) Auch hier wurde nach dem Muster einer passgenauen Betreuung des Individuums und nicht einer speziellen Zielgruppe verfahren. „Es geht ja immer ums Individuum, ob Mann oder Frau, das ist egal" (Fallmanagerin 4, Interviewprotokoll 21.02.06).

Gearbeitet wurde nach der Devise „learning by doing". Sogenannte Fälle besprach man untereinander, aber jede/r suchte sich einen eigenen Weg zwischen Distanz und Nähe in der Beziehung zu den KundInnen, Druck bzw. Sanktionen und Hilfestellungen. Dabei spielte die stereotype Zuschreibung von sozialen Rollen entlang der Kategorie Geschlecht durchaus dann eine Rolle, wenn Kinder zu betreuen waren. Vor allem bei den beiden befragten Männern war das eher die Aufgabe der Frau, was die Fallmanager andererseits nicht daran hinderte, gerade der Frau eine Maßnahme, etwa zum Spracherwerb, anzudienen und nicht dem Ehemann. „Die Frau wird ja immer mit dem Kind in Verbindung gebracht. Frau und Familie. Der Mann gar nicht mal so. Da müssen wir schon drauf achten, was Arbeitszeiten betrifft und Befindlichkeiten“ (Fallmanager 1, Interviewprotokoll 16.02.06).

Grundsätzlich wurde zum Zeitpunkt der Befragung von den FallmanagerInnen im Bereich der über 25-jährigen bemängelt, dass sie Maßnahmen nicht mehr eigenständig besetzen konnten, sondern nur noch das Team, dem der oder die FallmanagerIn zugewiesen war. „Früher war alles offen und man konnte überall zugreifen, jetzt nicht mehr. Wir haben keinen eigenen Träger, damit auch keine Maßnahmen mehr. (...) Wenn jetzt jemand `ne Maßnahme will, ich könnte zu meinem Team gehen und sagen, ‚ich habe für dich jemand, der ist geeignet‘“ (Fallmanagerin 2, Interviewprotokoll 09.02.06). Eine Kollegin betonte: „Das ist ja sehr zurückgegangen. Also da muss man sich teilweise einen Platz erbetteln“ (Fallmanagerin 4, Interviewprotokoll 21.02.06). Die Fallmanagerin im Bereich der unter 25-jährigen hatte andere Möglichkeiten. „Ich kann aktuell, wenn jemand möchte, jedem was anbieten. Was mich sehr glücklich macht, im Gegensatz zu den Leuten, die für die über 25-jährigen arbeiten“ (Fallmanagerin 3, Interviewprotokoll 21.02.06).

Bis dato betreuten die befragten FallmanagerInnen nach eigenen Angaben rund zwei Drittel Männer und ein Drittel Frauen. Die Probleme, vor allem bei den Männern, waren häufig Suchterkrankungen und (drohende) Obdachlosigkeit einhergehend mit Verschuldung, bei den Frauen waren es neben Verschuldung vielfach mangelnde Deutschkenntnisse bei Migrantinnen, die die Betreuung durch Fallmanagement nahe legten.

Hieraus ergeben sich mehr Fragen als Antworten. Wurden in der „normalen“ Arbeitsvermittlung oftmals die besonderen Problemlagen bei potentiellen KundInnen des Fallmanagements nicht erkannt? Dies würde auf Probleme im Prozess des „Profiling“, also dem Erkennen der Bedarfslagen, hindeuten, wobei neben fehlender Zeitressourcen mangelhafte Qualifikationen und Kompetenzen bei den VermittlerInnen als Erklärungsansatz in Frage käme. Der für das Fallmanagement zuständige Bereichsleiter zeigte sich problembewusst und betonte, dass das Erkennen spezieller Problemlagen bei der schlechten Betreuungsquote momentan gar nicht zu leisten sei. Zwischenzeitlich habe man wenigstens den bürokratischen Aufwand, der für den Übergang von KundInnen ins Fallmanagement von den VermittlerInnen zu betreiben war, weitgehend reduziert (Bereichsleiter 2, Interviewprotokoll 29.03.06). Oder war das zeitintensive, teure Instrument Fallmanagement nicht sonderlich gewünscht, weil die beschränkten Ressourcen anderweitig eingesetzt werden sollten? Auch dazu gibt es Hinweise. Fallmanagement wurde im Jobcenter offen als „Luxus“ (Bereichsleiter 1, Interviewprotokoll 28.10.06) beschrieben, den man nicht auf die Mehrzahl ausdehnen könne, „obwohl ja fast alle irgendwie schwierig sind, sonst wären Sie nicht im

Jobcenter gelandet“ (Fallmanager 1, Interviewprotokoll 16.02.06). Beispielsweise alleinerziehend zu sein, galt noch lange nicht als Grund, in die besondere Förderung des Fallmanagements aufgenommen zu werden.[53] Vieles war schlicht dem Zufall geschuldet. Ob jemand trotz „multipler Vermittlungshemmnisse“ im Fallmanagement landete oder nicht, ob dort ein passendes Maßnahmeangebot unterbreitet werden konnte, ob oder wie schnell Sanktionen ausgesprochen wurden, war nicht zuletzt davon abhängig , bei welchem/r MitarbeiterIn in welchem Team mit welchem Maßnahmeangebot und mit welchem Kontakt zu den eigenen FallmanagerInnen der oder die Hilfebedürftige betreut wurde.

Warum es zumindest zum Zeitpunkt der Interviews offensichtlich mehr Männer als Frauen waren, die von FallmanagerInnen betreut wurden, bleibt unklar. Haben Frauen weniger Probleme, haben sie eine höhere Problemlösungskompetenz oder sind ihre Probleme, etwa Depressionen, einfach weniger offensichtlich und fallen durch das entsprechende Profilingraster[54], so drei Erklärungsansätze.

2.5 Maßnahmedaten

Bei Betrachtung der Maßnahmedaten ergibt sich ein interessantes Bild. Mitte 2005 lag laut interner Berechnungen bei Berücksichtung aller Maßnahmeangebote das Verhältnis 60 zu 40 zugunsten von Männern. „Frauen sind ja zu großen Teilen ein bisschen eingeschränkter als Männer, was die Vermittelbarkeit und was die Möglichkeiten anbelangt, (...) wenn sie Kinder haben“, so der Verantwortliche für die Maßnahmeplanung. Ansatz sei, „für jeden, der vorspricht, (...) auch das Optimum zu finden, denn ich muss ja natürlich auch den Mitarbeitern so viele Möglichkeiten geben zu sagen, okay, (...) zu diesem Zeitpunkt ist das nicht das Optimum. Ich glaube nicht, dass dieses Verhältnis so ist, weil man hier nicht gewillt ist, was für Frauen zu tun“ (Bereichsleiter 1, Interviewprotokoll 06.09.05). Auch mehr als ein Jahr später glaubte er, dass „mehr Männer in Maßnahmen“ seien als Frauen. „Das war schon immer so“ (Interviewprotokoll 28.10.06). Wohl stimmte diese Einschätzung in absoluten Zahlen. Im Hinblick auf das Verhältnis zwischen Anzahl der Maßnahmen und dem Arbeitslosenanteil

---

[53] Vgl. im Gegensatz dazu die Ankündigungen aus dem Bundesfamilienministerium (BMFSFJ 2004), vgl. Fn. 14

[54] Das von der Agentur vorgegebene Profiling stieß auch in der Leitungsebene auf offene Kritik. „Das, was bisher an Profilingdaten erhoben wird, was vorgegeben ist, bietet gar keinen Aufschluss darüber, mit wem man es zu tun hat. Sie finden dort Angaben zu Schulden, da können Sie ankreuzen ‚Handlungsbedarf, ein bisschen Handlungsbedarf, keinen Handlungsbedarf‘. Damit kann kein Mensch arbeiten“ (Bereichsleiter 2, Interviewprotokoll 20.01.05).

von Frauen, der sich im Laufe der Jahre 2005 und 2006 zwischen 40 und 41 Prozent bewegte, waren Frauen nicht per se schlechter gestellt als Männer. Differenziert nach Art der Maßnahme ist allerdings das Muster erkennbar, wonach Frauen überproportional in den Maßnahmearten beschäftigt wurden, die die geringste Chance in den Übertritt in den ersten Arbeitsmarkt haben (v.a. MAE und Trainingsmaßnahmen), während Männer den überproportionalen Anteil in den Maßnahmetypen mit den besten Eingliederungsquoten stellten, nämlich sozialversicherungspflichtige Maßnahmen der Entgeltvariante [55] In diesem Maßnahmetyp waren Frauen, auch im Zeitverlauf der Jahre 2005 und 2006, unterdurchschnittlich vertreten. Nun wiesen diese Maßnahmen nach Aussagen aus dem Jobcenter mit rund 15 Prozent die beste Eingliederungsquote auf, wogegen diese bei MAE mit 4 Prozent sehr niedrig war (Bereichleiter 1, Interviewprotokoll 28.10.06).

In Berlin-Mitte wurden seit dem Frühjahr 2006 keine MAE mehr neu besetzt. Man setzte stattdessen auf sozialversicherungspflichtige Jobs in der Entgeltvariante und forderte einen dauerhaften dritten Arbeitsmarkt. Diese Stellen sind Vollzeitstellen, MAE sind auf maximal 30 Wochenarbeitsstunden angelegt. Sonstige Teilzeitmaßnahmen waren, wie bereits erwähnt, in Mitte nicht vorgesehen. Frauen mit Kindern, das zeigen etwa Beispiele aus der Betroffenenbefragung (vgl. Kap 3), stehen Vollzeitstellen meist negativ gegenüber und lehnen sie eher ab. Dem Argument, Frauen mit „care“-Aufgaben würden mangels Angeboten möglicherweise von Maßnahmen fern gehalten und damit von der Möglichkeit, etwa durch eine MAE-Maßnahme 180 Euro dazu zu verdienen, wurde indes entgegengehalten, die Betreuungssituation sei in Berlin so gut, dass eine Vereinbarkeit gegeben sei (Bereichsleiter 1, Interviewprotokoll 28.10.06). Nun mag die Betreuungssituation in Berlin tatsächlich besser als im Bundesdurchschnitt sein. Ob allerdings dadurch die besondere, vor allem systematische Berücksichtigung der „familienspezifischen Lebensverhältnisse“ nach §1, Abs. 4 SGB II gegeben ist, sei dahingestellt.

---

[55] Nach vorgelegten internen Berechnungen des Jobcenters betrug der Anteil von Frauen an Arbeitsgelegenheiten in der Entgeltvariante im September 2005 34,7 % und im April 2006 34.8 %. Im Jahresdurchschnitt wurde für 2005 und 2006 ein Wert von je 35, 2 % errechnet . Der Frauenanteil an MAE betrug im September 2005 46,2 % und im April 2006, also zum Zeitpunkt des Auslaufens dieser Stellen, noch 41,5 %. Im Jahresdurchschnitt 2006 wurde ein Frauenanteil von 39,1 % errechnet. Der Anteil von Frauen an ABM-Maßnahmen lag 2005 bei 43,3 % und in 2006 bei 39,6%. Überdurchschnittlich war der Anteil von Frauen an Trainingsmaßnahmen und FbW (Förderung beruflicher Bildung).

2.6 Hartz IV geschlechtergerecht gestalten – in Berlin ein leeres Versprechen?

Der Bezirk Mitte steht mit den vielen Schwierigkeiten nicht alleine da. Auch das Land übt sich „in seiner Gesamtheit (als) ... kommunaler Träger“[56] in vornehmer Zurückhaltung, was die geschlechtsspezifischen Auswirkungen anbelangt, wie sich insgesamt der Senat von Berlin nicht besonders entscheidungsfreudig beim Thema Hartz IV zeigte. So stellte sich die Frage, warum die Umsetzung der Rahmenvereinbarung vom August 2005 auf Landesebene, mit der die größten Hindernisse für ein geordnetes und damit effizientes, effektives und nicht zuletzt kundenfreundliches Verwaltungshandeln beseitigt werden sollten, nur teilweise erfolgte (und angesichts des Neuregelungsauftrags durch das Bundesverfassungsgericht wohl auch nicht weiter verfolgt wird).

Der Berliner Senat hatte beschlossen, zunächst die Voten der einzelnen Bezirke einzuholen, um die Zustimmung derer zu erhalten, die schließlich die Verantwortung übernehmen sollten. Vorsicht sei geboten, so die ehemalige arbeitsmarktpolitische Sprecherin der PDS im Berliner Abgeordnetenhaus, Carola Bluhm, mittlerweile Fraktionsvorsitzende ihrer Partei Die Linke. Denn „wir (als Land Berlin, K.L.) lassen uns nicht einfach alle Probleme überantworten und dann sagen die (die Agentur, K.L.), ‚aber die Geldzuweisung bestimmen wir‘. Die Agenturseite schiebt einfach alle Probleme erst mal auf die kommunale Seite und erhöht dann aber die Restriktionen bei der Verteilung der Mittel“ (Bluhm, Interviewprotokoll 24.01.06). „Merkwürdige“ Töne seien aus der Regionaldirektion zu vernehmen, die „verdächtig“ seien, so die Politikerin.[57] Zunächst müssten wichtige Punkte geregelt sein wie die Erfüllung des Personalschlüssels und dessen Finanzierung oder auch die Bereitstellung einer „wirklich einsatzfähigen und abrufbaren Software“ (ebd.), so ihr Standpunkt im Januar 2006. Diese Argumente klingen einleuchtend.

Aber auch im Hinblick auf die geschlechtsspezifischen Auswirkungen von Hartz IV hielt sich die Landesebene bedeckt. Obwohl man sich bereits während der Einführungsphase des SGB II beim PDS-geführten Senat für Wirtschaft und Arbeit eine Stabsstelle zu Gender Mainstreaming leistete, sah man dort keine

---

[56] Vgl. Rahmenvereinbarung Land Berlin/Agentur für Arbeit Berlin-Brandenburg (2004)

[57] Sie berichtete von einem Gespräch in der Regionaldirektion wenige Wochen vor dem Interview. „Sagte der Vertreter von der Regionaldirektion, ‚wir sind zuständig für das Sozialgesetzbuch III, das ist unsere Aufgabe als Agentur. Wir wollen nicht, auch nicht nur in Ansätzen, Verantwortung übernehmen für das Sozialgesetzbuch II. Diese Verantwortung sollen die Bezirke übernehmen‘“ (Bluhm, Interviewprotokoll 24.01.06).

Notwendigkeit der Intervention. Das Thema sei im Übrigen einfach zu groß, so die Geschäftsführerin.[58]

Im Berliner Abgeordnetenhaus stand die geschlechtergerechte Umsetzung von Hartz IV immer wieder auf der Tagesordnung. Neben Mitgliedern aus der Regierungskoalition von SPD und PDS waren es vor allem die Grünen, die an den gesetzlichen Auftrag erinnerten und konkrete Forderungen formulierten.[59] Allerdings wurde in den PDS-geführten Senatsverwaltungen, die für die Einführung und Umsetzung des SGB II zuständig waren, die Meinung vertreten, es sei keine direkte politische Steuerung in die Jobcenter hinein möglich. Darüber hinaus seien viele Forderungen nur auf Bundesebene umzusetzen. [60] Einen Antrag der Grünen auf Einrichtung einer Hartz IV-Ombudsstelle in Berlin lehnte die Regierungskoalition aus SPD und PDS im Januar 2006 mit Verweis auf den Ombudsrat auf Bundesebene ab.

Auf welch tönernen Füßen etwa das Versprechen der intensiveren Förderung von arbeitslosen Müttern stand, die selbst in Partnerbeziehungen nach wie vor den Hauptanteil der Kinderbetreuung leisten, zeigt exemplarisch ein Vorgang im Jugendausschuss des Berliner Abgeordnetenhauses Ende Mai 2005. Ganz im Sinne der Kostenersparnis und in Anlehnung an die Regelungen anderer Bundesländer sollten nach einem Entwurf aus der Schulsenatsverwaltung zum neuen „Kitareformgesetz" Kinder von Arbeitslosen ihren Anspruch auf eine Hortbetreuung verlieren. Eltern von Kindern im Kindergartenalter sollten fortan jährlich ihren Betreuungsbedarf nachweisen und hätten bei Arbeitslosigkeit damit rechnen müssen, nur noch die gesetzlich festgeschriebene Halbtagsbetreuung in Anspruch nehmen zu können (Tagesspiegel 31.05.05). Zwar sah sich der damalige Verantwortliche Senator Klaus Böger (SPD) gezwungen, nach heftigen Protesten auch aus der eigenen rot-roten Koalition zurückzurudern, doch zeigt der Vorgang, wie dünn das Eis ist, auf dem sich arbeitslose Mütter, die sich bekanntermaßen vorbehaltlos dem Arbeitsmarkt zur Verfügung stellen sollen, bewegen. Ob sie das dann tatsächlich tun müssen, wird vor Ort von den einzelnen VermittlerInnen und FallmanagerInnen entschieden, auch in Mitte. Nur noch dunkel erinnert man sich heute an Forderungen aus Zeiten des Vermittlungsver-

---

[58] Hartz IV und Gender Mainstreaming hätten nun gar nichts miteinander zu tun, so die Geschäftsfüh rerin der Geschäftstelle, die sich mit diesem Hinweis einem Interviewtermin verweigerte (Telefongespräch 08.03.05) Zur fehlenden Institutionellen Rückkoppelung und dem schwierigen Verhältnis zwischen der Geschäftsstelle für Gender Mainstreaming und der Abteilung für Frauenpolitik in Berlin vgl. Lang 2005: 195.

[59] Vgl. beispielsweise Antrag der Fraktionen von SPD und PDS „Gleichstellung von Frauen und Männern bei der Umsetzung des SGB II sichern" vom 22.02.05 oder Antrag von Bündnis 90/Die Grünen vom 26.10.05, „Chancen für NichtleistungsempfängerInnen nach dem SGB II verbessern".

[60] Sodie PDS-Politikerin Dr. Pia Maier auf der öffentlichen Veranstaltung „Arbeitslos=Wohnungslos?" am 08.09.05 im Berliner Abgeordnetenhaus.

fahrens zwischen Bundesrat und Bundestag, wonach die erwarteten Mehreinnahmen der Kommunen durch den anteiligen Bundeszuschuss bei den Kosten der Unterkunft einer verbesserten Betreuung von Kindern unter drei Jahren zugute kommen sollte.

Nun sind Institutionen das Ergebnis von Akteurshandeln und von sozialen Verhältnissen (Sauer 2005: 90). Insofern unterliegt der Institutionalisierungsprozess des Jobcenters Mitte einer Pfadabhängigkeit der „institutionellen Matrizen“ (Sauer) von denjenigen Behörden und den beteiligten Akteuren, aus dem sich die neue Formation speist. Zusätzlich spielen Vorgaben der Regelungsinstanzen auf gesamtstädtischer Ebene als auch auf Bundesebene eine gewichtige Rolle. Es sei, so ein Sprecher im Bundesarbeitsministerium, ohne weiteres möglich, bestimmte Ziele für die Umsetzung vor Ort zu definieren, die mittels ausformulierter „Zielvereinbarungen“ zwischen den Trägern der Grundsicherung für Arbeitssuchende verbindlichen Charakter bekommen (Herr I., Interviewprotokoll 03.06.05). Dass so etwas funktioniert, zeigen die Vereinbarungen zur besonderen Förderung von Jugendlichen, die vor Ort auch ernst genommen werden. Spezielle Zielvereinbarungen zu Gender Mainstreaming sucht man indes ebenso vergebens wie den Auftrag an die Bundesagentur für Arbeit, differenzierte geschlechtsspezifische Daten auszuwerten und der Öffentlichkeit zur Verfügung zu stellen.

2.7 Fazit

Aufgezeigt wurden vielfältige Probleme bei der beschleunigten Implementation des SGB II in die Praxis im Berliner Bezirk Mitte, die angesichts der hohen Fallzahlen von Hartz IV-Betroffenen in diesem großstädtischen Bezirk mit zumal einer Reihe besonders problembelasteter Quartiere umso mehr ins Gewicht fallen. Die Unvereinbarkeit zwischen den zentralen Vorgaben und dem kommunalen Eigensinn in Mitte war schon vor Einführung des SGB II deutlich. Als ein „entscheidender Erfolgsfaktor“ für die Frage, ob eine Arbeitsgemeinschaft funktioniert oder nicht, ist nach Auffassung eines Ministerialbeamten, der im Bundesarbeitsministerium für die „Angelegenheiten Agentur und Kommunale Träger“ zuständig war, das „Klima (...), dass einfach der Draht zwischen den Kommunalvertretern und den Agenturvertretern da ist, dass da ein guter Draht ist“ (Herr I., Interviewprotokoll 03.06.05). Berlin-Mitte ist demnach kein Einzelfall, wie der gleiche Gesprächspartner berichtete. Auch anderswo „spürte man förmlich das Knistern in der Luft“ (ders.). Transformationsprozessen eigen ist immer die Stärkung von Akteurshandeln, vor allem dann, wenn rahmensetzende institutionelle Strukturen, wie im Falle des Aufbaus der Jobcenter, erst geschaffen werden müssen. Gerade deshalb war die Aufnahme des Grundsatzes Gender

Mainstreaming in den Gesetzestext so wichtig als stete Aufforderung an die verantwortlichen Akteure auf allen Umsetzungsebenen, sich daran zu halten.

Geholfen hat es, wie man sieht, dennoch wenig. Frauenspezifische Fragen haben im Jobcenter Mitte keine besondere Priorität und fallen angesichts der vielfältigen Schwierigkeiten durch den Rost der Prioritäten. Frauenfragen sind eben „Kür“ und zählen damit nicht zum Pflichtprogramm. Sie sind Luxus, genauso wie das Fallmanagement. Bestätigt durch die Nichtberücksichtigung einer geschlechtersensiblen Umsetzung bei den übergeordneten staatlichen Ebenen und der Bundesagentur, dient die problematische Gemengelage aus internen und externen Faktoren letztlich als Alibi, um den gesetzlichen Auftrag einer geschlechtergerechten Umsetzung von Hartz IV zu ignorieren.

Großer Druck war indes nicht zu erwarten. Die Geschäftsstelle „Gender Mainstreaming“ bei der Senatsverwaltung für Wirtschaft und Arbeit beschäftigte sich in den Jahren der Einführung von Hartz IV vor allem mit den Planungen zur Platzgestaltung beim Umbau des Berliner Alexanderplatzes. Wer sollte Gender Mainstreaming bei Hartz IV ernst nehmen, wenn es die eigens dafür zuständige Einrichtung nicht tut?

Es ist angesichts des offensichtlich nur symbolischen Anspruchs von Gender Mainstreaming, dies gilt für die Leitungsebenen beider Behörden in Mitte als auch bei den übergeordneten Ebenen Land und Bund, nicht zu erwarten, dass noch in naher Zukunft das Gelegenheitsfenster für eine geschlechtersensible Umsetzung aufgestoßen werden wird, um mit einem entsprechenden „wind of change“ tradierte Muster des Verwaltungshandelns durchzuwirbeln.

Berlin-Mitte ist ein Beispiel dafür, wie der Anspruch auf Geschlechtergerechtigkeit beim Umbau eines wesentlichen Pfeilers unseres Sozialsystems, dem der sozialen Absicherung bei Arbeitslosigkeit, Papier bleibt. Und das ist bekanntermaßen geduldig.

3 Die individuelle Perspektive

Die Befragung von Hartz IV betroffenen Frauen in Berlin-Mitte

Die Betroffenenperspektive, zumal in frauenspezifischer Sicht, blieb bei der Ausgestaltung der Grundsicherung für Arbeitssuchende unterbelichtet. Daher gewinnt die Frage danach, wie betroffene Frauen die Neuordnung der Regelungen für Langzeitarbeitslose und erwerbsfähige Hilfebedürftige erfahren haben, besondere Relevanz. Zum einen bezieht sich dies auf die konkreten Folgen des Übergangs zum ALG II in wirtschaftlicher, sozialer, psychischer, räumlicher und politischer Dimension aus Sicht betroffener Frauen. Welche konkreten Probleme erzeugte die beschleunigte und sozialpolitisch umstrittene Umsetzung des SGB II in dieser Phase aus individueller Sicht?

Zum zweiten steht die Frage im Mittelpunkt, ob und in welcher Weise (während des Untersuchungszeitraums) der zentrale Anspruch des SGB II nach verbesserter Förderung Langzeitarbeitsloser in Richtung Integration in den ersten Arbeitsmarkt im speziellen Fall von Berlin-Mitte aus individueller Sicht erfüllt wurde. Fühlten sich die Befragten in ihren verschiedenen Lebensentwürfen ganz im Sinne des gesetzlichen Anspruchs einer geschlechtergerechten bzw. geschlechtssensiblen Umsetzung der Reform besonders gefördert? Ein besonderer Blick galt den alleinerziehenden Frauen mit ehemaligem (ergänzendem) Anspruch auf Hilfe zum Lebensunterhalt, galten doch sie als eine, gerade von offizieller politischer Seite in den Mittelpunkt gestellte Referenzgruppe, wenn es um die Betonung der Chancen für die Betroffenen ging, die mit der Hartz IV-Reform einhergehen sollten. In welcher Weise erfuhren Mütter eine spezielle, die besonderen Betreuungsnotwendigkeiten einbeziehende Förderung mit dem Ziel eines Wiedereintritts in existenzsichernde Arbeit auf dem ersten Arbeitsmarkt? Nicht zuletzt galt ein Augenmerk den sogenannten Nichtleistungsempfängerinnen, die als „Ausgesteuerte" formal von den Agenturen für Arbeit weiter betreut werden sollen. Konnten sie, nachdem die Agenturen die langzeitarbeitslosen „Kunden" an die Jobcenter abgegeben hatten, mit einer Förderung rechnen, die als „kann-„ Bestimmung im nun für sie geltenden SGB III weiterhin vorgesehen ist?

Die als Panel angelegte zweifache Befragung der Betroffenen 2005 und 2006 lässt ergänzende Hinweise zu, inwiefern die aus individueller Sicht wahrgenommenen institutionellen Probleme als solche des Übergangs zu identifizieren sind oder auf strukturelle Mängel einer auf Dauer gestellten Mangelverwaltung von Langzeitarbeitslosigkeit hindeuten.

3.1 Das methodische Vorgehen

3.1.1 Die Befragung und die Durchführung der Interviews

Im Zeitraum von April bis September 2005 konnten mit 30, von Hartz IV betroffenen Frauen leitfadengestützte narrative Interviews[61] durchgeführt werden. Eine zweite Befragungswelle mit 25 dieser Frauen wurde im Frühjahr/ Sommer 2006 realisiert. Alle 55 Interviews liegen als Tonbandaufzeichnungen und in transkribierter Fassung vor.

Zur Gewinnung der Interviewpartnerinnen wurden in mehreren Wellen Anzeigen in Bezirksblättern (Berliner Wochenblatt, Berliner Abendblatt, Scheinschlag) geschaltet. In zwei Fällen wurde in Tageszeitungen einmalig auf das Projekt verwiesen (Berliner Zeitung; BZ), nachdem die Frauenbeauftragte von Mitte eine entsprechende Pressemitteilung über ihren Presseverteiler herausgegeben hatte. Darüber hinaus wurden 500 Handzettel in Bürgerämtern, Bibliotheken, diversen Standorten des Jobcenters, bei Vereinen, Selbsthilfeinitiativen, Weiterbildungsträgern sowie in Kneipen und Geschäften ausgelegt bzw. ausgehängt.[62]

Es haben sich während des gesamten Projektverlaufs 61 Frauen (59 per Telefon, zwei per Email) gemeldet, davon eine ganze Reihe von Frauen, die nicht in Mitte wohnten, aber „einfach" reden wollten, den speziellen Hinweis zu Mitte übersehen hatten oder im Falle von zwei nicht-deutschen Frauen glaubten, es handele sich um eine Beratungsstelle, ein Interview dann aber ablehnten. Schließlich waren auch sechs Meldungen darunter, die allesamt in die Zeit nach der Befragung fielen und nicht mehr berücksichtigt werden konnten. Zuweilen meldete sich eine der nicht befragten Frauen erneut, um über ihren „Fall", den sie im Rahmen des vorliegenden Projekts nicht dokumentieren konnte, weiter zu berichten.

Als Motive, weswegen sich die Frauen an der Befragung beteiligen wollten, wurden zwei Aspekte deutlich.

- Zum Ersten hatten die Gespräche eine *Ventilfunktion*. Die Frauen wollten ihrer Empörung Luft machen und ihre Erfahrungen mit der Umstellung

[61] Vgl. Leitfaden im Anhang

[62] Dies geschah teilweise mithilfe der Frauenbeauftragten des Bezirks Mitte. Sie hat gerade in dieser Phase das Projekt intensiv unterstützt, wofür ihr Dank gebührt.

schildern, die man als besonders krasses Negativbeispiel wahrgenommen hat. Telefongespräche begannen ganz häufig mit einem Satz wie: „Sie glauben ja gar nicht, was ich da erlebe".

- Zum Zweiten wurde häufig betont, wie wichtig eine wissenschaftliche Aufarbeitung sei, verbunden mit der Hoffnung, ein Öffentlichmachen trage zur *Skandalisierung* der als untragbar empfundenen Zustände bei. Insofern kann man alleine den Akt, sich für ein Gespräch zur Verfügung zu stellen, als einen Akt des Aufbegehrens betrachten und als Versuch des Verarbeitens der Erfahrungen.

Tatsächlich gestaltete sich das im Forschungsantrag angekündigte breite Sampling als schwierig in die Praxis umzusetzen. Laut Forschungsdesign war die Befragung von Hartz IV-betroffenen Frauen in sechs Untersuchungsdimensionen (Ost-West/Jung-Alt/Sozialhilfe-Arbeitslosenhilfebezug/Bedarfsgemeinschaft ja-nein/Migrationshintergrund ja-nein/gut bezahlte-schlecht bezahlte Arbeit vor der Arbeitslosigkeit) angestrebt (vgl. Lenhart 2004: 16ff.). Einer solchermaßen breit angelegten Untersuchungsgruppenkonstellation konnte nicht in allen Dimensionen zufriedenstellend entsprochen werden. Personelle bzw. zeitliche Zwänge ließen einen weiteren Suchprozess in den unterrepräsentierten Dimensionen Migrationshintergrund und Frauen unter 25 Jahren nicht zu. So liegt dieses Desiderat mithin in der speziellen Strategie zur Gewinnung von Interviewpartnerinnen begründet, die auf die Befragung von Frauen setzte, die sich aus eigener Motivation heraus und nicht aufgrund der Vermittlung durch institutionelle Akteure zum Gespräch bereit erklärten. Besondere Schwierigkeiten machte die Suche nach Frauen unter 25 Jahren. Diese fühlten sich, anders als ältere Frauen, von den Aufrufen offenbar nicht angesprochen (vgl. 3.2). Da ein direkter und auf Dauer sichergestellter Zugang zum Jobcenter gegeben war, konnten junge Frauen verstärkt im Jobcenter bzw. vor dem Eingangbereich persönlich angesprochen werden. Dabei kam es zu informellen Gesprächen, aber ausführliche Interviews wurden mit einer Ausnahme von einer jungen Frau mit gerade erworbenem Abitur verweigert. Als Motive für die Ablehnung wurden Unsicherheit, einer Interviewsituation nicht gewachsen zu sein, Desinteresse („kein Bock") sowie Angst vor Kontrolle bzw. Misstrauen, was die Anonymisierung und Verwendung der Daten anbelangt, genannt. Besondere Barrieren wurden bei zwei jungen Frauen mit Migrationshintergrund sichtbar: In einem Fall verbot der begleitende Vater ein Interview mit der persönlich interessierten jungen Frau, im zweiten Fall zeigte der begleitende Ehemann Interesse an einem Gespräch, die potentielle Probandin lehnte jedoch ab. Diese geringe Resonanz bei jungen Frauen war nicht zufriedenstellend, zumal die verstärkte Betreuungsaktivität der sogenannten U 25 ein zentrales Anliegen innerhalb der arbeitsmarktpolitischen Initiativen im Kontext von Hartz IV auch innerhalb des Jobcenters Mitte darstellte. Ebenso schwierig gestaltete sich die gewünschte Befragung von Frauen mit Migrationshintergrund. Selbst das persönliche Vorsprechen bei Beratungsstellen und Vereinen mit ethnischer Ausrichtung wie S.U.S.I, Interkulturelles Frauenzentrum, Ban-Ying e.V. oder Bacim, Treffpunkt für Frauen aus der Türkei, führten nur zu einem Interview. Im September 2005 wurden entsprechende Bemühungen, das Sample in seiner ganzen Breite darstellen zu können, aus Zeitgründen aufgegeben. Wohl wurde damit ein anderer Zugang zur Untersuchungsgruppe gewählt als in anderen Betroffenenbefragungen, wie sie etwa zur Zeit im Rahmen der offiziellen Evaluierungen zu Hartz IV durchgeführt werden und in denen die Vorauswahl der Befragten nach Untersuchungsmerkmalen zuweilen durch Agenturen bzw. Jobcenter sowie Träger vorgenommen wird. Gleichwohl hatte diese Vorgehensweise den Vorteil, nur Frauen zu befragen, die aus eigener Motivation und nicht aufgrund der institutionellen Anbindung an der Untersuchung teilnehmen wollten.[63] Auch spielten finanzielle Anreize, also die Auszahlung einer Aufwandsentschädigung, keine Rolle.

Bei der direkten Kontaktaufnahme mit den potentiellen Interviewpartnerinnen per Telefon wurden meist schon sehr ausführliche Gespräche geführt und im üblichen Fall ein Interviewtermin in der Wohnung der Interviewpartnerin vereinbart, wie es von den meisten Frauen auch gewünscht wurde. Nicht zuletzt aufgrund dieser langen Vorgespräche fanden die Interviews in allen Fällen in einer freundlichen, entspannten und vertrauensvollen Atmosphäre statt, anfängliche Unsicherheiten in wenigen Einzelfällen ob des Aufnahmegeräts verschwanden schnell. Entsprechend ihrer Motivation, an der Befragung teilzunehmen, hatten die Frauen ein großes Mitteilungsbedürfnis über ihre bisherige Erwerbsbiografie, ihre Probleme mit ihrer gegenwärtigen sozialen und finanziellen Situation sowie vor allem über ihre speziellen Erfahrungen mit den Behörden seit Einführung von Hartz IV, einhergehend mit Einschätzungen über die politische Lage. Der entwickelte Leitfaden hatte lediglich eine Orientierungsfunktion und diente der Gedächtniskontrolle für die Interviewführung. Die Interviews hatten eher den Charakter von Gesprächen denn von Frage-Antwort-Situationen, um

[63] Diese Vorgehensweise bei der Gewinnung der Untersuchungsgruppe mit dem nicht beabsichtigten, gleichwohl zu konstatierenden Mittelschichtsbias (vgl. 3.2) brachte zuweilen den Einwand ein, „die falschen Frauen" befragt zu haben bzw. nur die Unzufriedenen. Wohl wissend, dass die Ergebnisse in keiner Weise repräsentativ sein können, dies im Übrigen auch nicht vorgaben, ist eine bei den großen Evaluationsstudien übliche Auswahl der Untersuchungsgruppe durch die Jobcenter und Träger methodisch ebenso wenig unproblematisch. Zum einen ist eine mögliche „Positiv- bzw. Negativauswahl" von Seiten der institutionellen Akteure, für die die Befragung eine indirekte Kontrolle darstellt, dies gilt v.a. für die Träger, nicht auszuschließen. Zum Zweiten ist die Befangenheit der Befragten und mögliche Ängste hinsichtlich der Anonymisierung der Aussagen ein mögliches Problem, welches zu „verzerrten" Aussagen führen kann.

den Erzählfluss der Befragten nicht zu gefährden oder unnötige Barrieren der Befangenheit in der Interviewsituation aufzubauen. Je nach dem Mitteilungsbedürfnis bewegte sich die Gesprächsdauer zwischen 60 und 150 Minuten.

Alle Interviewten füllten entweder zu Beginn oder nach dem Interview einen Personenbogen aus und unterzeichneten eine Erklärung, in der sie der Verwendung der aufgezeichneten Interviews im Rahmen des Forschungsprojekts zustimmten. Alle Frauen waren nach eigenen Angaben zu einem weiteren Gespräch im Frühjahr/Sommer 2006 bereit, um zu klären, ob und wie sich ihre berufliche, finanzielle und soziale Situation im Zeitverlauf verändert, gegebenenfalls verbessert hat.

Von den 30, im Jahr 2005 befragten Frauen stellten sich schließlich 25 Frauen im Zeitraum von April bis Anfang September 2006 erneut für ein Interview zur Verfügung. Es wurde möglichst versucht, eine Einjahresfrist zwischen dem jeweils ersten und zweiten Gespräch einzuhalten. Zwei der fünf nicht erneut interviewten Frauen zählten bezeichnenderweise zu den „Nichtleistungsempfängerinnen". Beide lehnten das Interview mit dem Hinweis auf ihre unveränderte Lage ab, was ein persönliches weiteres Gespräch erübrigen würde. Beim Versuch darzustellen, dass auch diese Situation ein wichtiger Befund sei, wurde sehr schnell die Frustration offenbar, mit der beide Frauen offensichtlich zu kämpfen hatten.[64] Beide Frauen gaben an, ihres Wissens bei der Agentur für Arbeit nicht mehr arbeitslos gemeldet zu sein.

Eine in 2005 Befragte entschuldigte ihre Weigerung mit ihrer psychischen Instabilität und Angstschüben. Bereits die Befragung im Jahr 2005 hatte bei ihr, einem ehemaligen Stasi-Opfer, anschließend die Sorge ausgelöst, die gesammelten Daten könnten zu ihrer Überwachung missbraucht werden. Eine Frau ließ zwei Termine platzen und ließ sich dann endgültig mit Verweis auf die mangelnde Zeit entschuldigen. Die Beweggründe für ihre Weigerung waren nicht in Erfahrung zu bringen. Eine im Jahr 2005 Befragte war 2006 telefonisch nicht mehr erreichbar und reagierte weder auf ein postalisches Anschreiben noch auf Emails.

Alle übrigen Gespräche verliefen in einer sehr positiven und freundlichen Atmosphäre. Wie schon im Jahr 2005 fanden die Gespräche überwiegend in der häuslichen Umgebung der Befragten statt. In zwei Fällen wurden die Gespräche am Maßnahmeort der Befragten durchgeführt. Auch diese zweite Befragungsrunde war sehr intensiv und instruktiv. Die Erwartung, die Gespräche könnten im Vergleich zur ersten Interviewrunde von kürzerer Dauer sein, da die Gespräche eher aktualisierenden Charakter haben sollten, bestätigte sich nicht, eher im Ge-

---

[64] So äußerte eine der beiden Nichtleistungsempfängerinnen beim Telefongespräch: „Was soll das für einen Sinn machen? Für die existiere ich nicht mehr, für die bin ich tot. Und wenn ich mit Ihnen rede, kommt mir das nur wieder hoch. Nee, das tut mir gar nicht gut" (Elfriede H., Telefonprotokoll, 25.04.06).

genteil. Mehrere Frauen gaben an, offener und freier als während der Vorjahresbefragung reden zu können. Auf erkennbare Widersprüche zwischen dem ersten und dem zweiten Interview angesprochen, betonte eine Befragte: „Damals kannte ich Sie ja noch nicht. Da konnte ich das einfach noch nicht so sagen. Ich erzähle doch nicht wildfremden Menschen solche Sachen“ (Karin H.). Die Treffen hatten in der Tat Wiedersehenscharakter. Die meisten Frauen zeigten auch Interesse an den bisherigen Ergebnissen des Forschungsprojektes, die dann dargestellt wurden.

Einige Frauen hatten sich gar zwischenzeitlich gemeldet, um Fragen zu stellen bzw. von Situationen und Erlebnissen im Jobcenter, aber auch im persönlichen Leben zu berichten. Eine Befragte meldete ihren Umzug in einen anderen Berliner Bezirk zum Sommer 2006[65] mit der Nachfrage, wann denn das zweite Interview stattfinden sollte. Auch andere Frauen hatten einen Anruf bereits erwartet, da das zweite Gespräch bei der ersten Befragung angekündigt worden war. Das Interesse, sich und die Probleme mit Langzeitarbeitslosigkeit und Hartz IV darzustellen, war nach wie vor groß, auch wenn eine der Intentionen aus dem Vorjahr, der großen Empörung Luft zu machen, bei einigen einer resignativen Grundstimmung gewichen war.

Eine Befragte äußerte: „Ich war ganz unsicher vor unserem Termin, habe gedacht, was soll ich denn da noch erzählen. Hab doch schon alles erzählt. Tut sich ja doch nix. (...) Es ist schon erstaunlich, was mir so alles einfällt, das ist ja eine ganze Menge. Aber das hat auch mit Ihnen zu tun. (...) Früher hab ich gedacht, das ist alles ganz streng bei der Wissenschaft, aber Sie kommen hier rein, sind ganz locker und geben mir ein gutes Gefühl. Da trau ich mich auch was zu sagen“ (Heidi G., 50, II[66]).

3.1.2 Die Auswertung der Interviews

Mit dem Einverständnis der Befragten wurden die Interviews auf Tonband aufgezeichnet, anonymisiert transkribiert und anschließend ausgewertet. Die ersten fünf Interviews im April 2005 dienten als Pre-Test. Die von den Befragten zur Beschreibung der relevanten Phänomene verwendeten Begriffe (Codes) wurden mit den vorgegebenen Kategorien verglichen und flossen gegebenenfalls in die Erweiterung des Interviewleitfadens bzw. zuweilen bei der Modifikation der Fragestellung ein. Aus den gesamten Codes wurden Kernkategorien herausgear-

---

[65] Das Gespräch erfolgte fast zeitgleich zum Umzug, sodass die Angaben auch der zweiten Befragung in die Auswertung aufgenommen werden konnten.

[66] Im folgenden steht „I“ für das erste Interview im Frühjahr/Sommer 2005, „II“ für das zweite Interview in 2006.

beitet, die schließlich in einem Kodierleitfaden zusammengefasst wurden.[67] Dieser 29 Kategorien umfassende Kodierleitfaden diente der Strukturierung zur Erleichterung der Auswertung. Die einzelnen Kategorien wurden, nach Oberbegriffen geordnet, zusammengefasst beschrieben.

Quer zu dieser inhaltlichen Kategorisierung erfolgte die Auswertung der zweiten Interviewwelle entlang den Merkmalen einer möglichen Veränderung im Zeitverlauf von der ersten zur zweiten Befragung. Dies betrifft sowohl mögliche Veränderungen in der konkreten Lebenssituation der Betroffenen im Kontext der Hartz IV-Reform als auch mögliche veränderte, teilweise im Kontext dieser realen Veränderungen stehende Einstellungsmuster (vgl. 3.2).

3.2 Sozialstrukturelle Daten und arbeitsmarktbezogene Merkmale

Aufgrund des Umstandes, dass fünf der 2005 befragten Frauen im Jahr 2006 nicht mehr befragt werden konnten (s.o.), ergibt sich bezogen auf die sozialstrukturellen Daten und arbeitsmarktbezogenen Merkmale folgendes Bild:

Tabelle 1: Persönliche Daten:

	Befragte in 2005:	Befragte in 2006:
Alter :		
Unter 25:	1	1
25 bis 55:	25	21
Über 55:	4	3
Wohnort:		
Tiergarten:	10	9
Mitte:	9	7
Wedding:	11	9
Herkunft:		
Ost:	10	6
West:	20, davon ohne deutschen Pass: 2	19, davon ohne deutschen Pass: 1

[67] Vgl. Anhang

Familienstand:		
Ledig:	10, davon alleinerziehend: 3	9, davon alleinerziehend: 3
Verheiratet:	7, davon Bedarfsgemeinschaft: 3 davon kein ALG-II-Bezug wegen Partnereinkommen: 4	5, davon Bedarfsgemeinschaft.: 3 davon kein ALG-II-Bezug wegen Partnereinkommen: 2
Geschieden:	11, davon alleinerziehend: 6	9, davon alleinerziehend: 5
In Trennung lebend:	1, davon alleinerziehend: 1	1, davon alleinerziehend: 1
Verwitwet:	1	1
Höchster Bildungsabschluss:		
Ohne Schul bzw. Bildungabschluss:	2	1
Nach Schulabschluss bzw. in Ausbildung:	1	1
Mittlerer Bildungsabschluss:	16	13
Akademische Ausbildung:	11	10

Tabelle 2: Bezugsarten (vor Hartz IV):

	Befragte in 2005:	Befragte in 2006:
Aus Sozialhilfe:	4	2
Aus Arbeitslosenhilfe:	14	12
Aus Arbeitslosenhilfe und ergänzender Sozialhilfe:	7	6
Aus Arbeitslosengeld:	1	1
Aus Arbeitslosengeld und ergänzender Sozialhilfe:	1	1
Verdienst Ehemann:	1	1

Eigener Verdienst und ergänzend Alhi:	1	1
Witwenrente plus ergänzend Sozialhilfe:	1	1

Tabelle 3: Dauer der Arbeitslosigkeit zum Zeitpunkt der Einführung von Hartz IV (01.01.2005)[68]:

Unter 2 Jahren:	8
Unter 5 Jahren:	*7,* davon in dieser Zeit in öffentlicher Beschäftigung (ABM, Weiterbildung, Praktikum): 2
Länger als 5 Jahre:	*8,* davon in dieser Zeit in öffentlicher Beschäftigung: 5
	(eine Befragte ist „Aufstockerin“, eine Befragte war Schülerin)

Tabelle 4: In Maßnahme zum Zeitpunkt der Befragung:

	2005	2006	Im Jahresverlauf begonnene und bereits abgeschlossene Maßnahme:
MAE:	4	1	1
ABM:	3	2	
Weiterbildung:	2	1	
(Schulische) Ausbildung:	1	1	
Minijob:	1	2	
Sonstige offizielle Tätigkeit:	3	3	

[68] Relevant ist die Zeitdauer der Arbeitslosigkeit auf dem ersten Arbeitsmarkt, die von einer, durch den zeitlich befristeten Übertritt in eine öffentlich geförderte Tätigkeit statistisch „versteckten Arbeitslosigkeit“ zu trennen ist.

3.3 Veränderungen der Lebenssituation im Jahresverlauf

Von den 2006 befragten 25 Frauen waren vier zum Zeitpunkt des zweiten Gesprächs nicht mehr im Hartz IV-Bezug. Eine Frau, die einzige der unter 25-Jährigen, die hatte befragt werden können, hatte zwischenzeitlich mit einer schulischen Ausbildung begonnen und stockte die Unterstützung durch die Eltern mit einem angemeldeten Minijob auf 400 Euro-Basis auf. Zwei Frauen hatten eine reguläre Beschäftigung auf dem ersten Arbeitsmarkt gefunden, allerdings ohne Zutun und Hilfe des Jobcenters bzw. der Arbeitsagentur. Eine der Frauen war zum Zeitpunkt der ersten Befragung im ALG I-Bezug mit ergänzendem ALG-II-Bezug gewesen, d.h. noch im ersten Jahr ihrer Arbeitslosigkeit. Hier scheint sich zu bestätigen, dass eine möglichst kurze Dauer der Arbeitslosigkeit in Relation steht zur Chance, wieder in reguläre Arbeit zu kommen. Allerdings bereute sie im zweiten Gespräch diesen Schritt, da sie kaum mehr verdiene als mit Hartz-IV und die Arbeitsbedingungen extrem schlecht seien. Eine Befragte konnte aus ihrem langjährigen parteipolitischen Engagement Kapital schlagen und in der Verwaltung dieser Partei eine wenngleich befristete Stelle antreten. Bei der vierten Befragten ohne Hartz IV-Bezug handelte es sich um eine Teilzeitbeschäftigte mit unregulärer Arbeitszeit. Je nach Beschäftigungsumfang hatte sie Anspruch auf ergänzende Leistungen nach dem SGB II oder eben nicht. Insofern war dieser Abgang aus Hartz IV nicht von Dauer.

Mit der beschriebenen Ausnahme waren alle anderen froh, den Hartz-IV-Bezug hinter sich gelassen zu haben. So äußerte die einzige unter-25-jährige Befragte: „Gott sei Dank habe ich keinen Stress mehr mit diesem Amt. Das war eine sehr unangenehme Erfahrung" (Jessica F., 20, II, in Ausbildung). Eine andere Befragte konnte nach drei Jahren Arbeitslosigkeit eine befristete Stelle antreten: „Ich bin wieder in Lohn und Brot. Aber der Schock sitzt dennoch tief, als dieses eine Jahr Arbeitslosengeld II mir vor Augen geführt hat, was droht, wenn es wieder vorbei ist. Dann bin ich wieder älter und habe dann erst recht keine Chance auf dem Arbeitsmarkt. (...) Das ändert nichts daran, dass ich jetzt glücklich bin, wirklich glücklich bin, diese Arbeit zu haben. (...) Hartz IV war der Absturz ins Bodenlose. Kein Mensch kann mit € 345,- auskommen, wirklich auskommen" (Karin H., 51, II).

Zwei der befragten Frauen hatten die Hoffnung, in nächster Zeit eine Arbeit auf dem ersten Arbeitsmarkt aufnehmen zu können, und zwar nur aufgrund eigener Initiative. Im einen Fall wurde die Befragte von einer alten Bekannten aus ihrer westdeutschen Heimat angesprochen, im zweiten Fall akquirierte die Befragte intensiv ein für sie neues Arbeitsfeld, in dem sie ihre Fremdsprachenkenntnisse unterbringen könnte. Zum Zeitpunkt des zweiten Interviews „schulte" sie sich theoretisch auf eigene Kosten und nahm die Arbeit bei einem möglichen Arbeitgeber im Sinne eines Praktikums auf. „Ich bin dabei, einen neuen Beruf zu lernen. (...) Alles auf meine Kosten und Initiative. Ich meine, das ist verdammt anstrengend. (...) Er hat gesagt, dass er bereit wäre, mich für 900 Euro netto, das sind 1100 brutto einzustellen. Und da habe ich gesagt, okay, das ist ungefähr so viel, wie ich bei der ABM verdient habe. Wäre doch ein Fortschritt, nicht zu diesem Amt zu müssen“ (Sibylle S., 52, II, ehemalige Spitzenverdienerin).

Zwei der Befragten waren seit dem ersten Interview schwer erkrankt, beide an Brustkrebs, und damit zum Zeitpunkt des Gesprächstermins nicht vermittlungsfähig. Eine der Frauen, eine „Nichtleistungsempfängerin“, die zwischenzeitlich eine ICH-AG gründen konnte, war aufgrund ihrer Krankheit finanziell zunächst besser gestellt als zum Zeitpunkt der Befragung in 2005, da die Agentur für Arbeit die Krankenkassenbeiträge finanzierte. Aufgrund einer privaten Zusatzversicherung erhielt sie zudem Krankentagegeld. In einem Telefongespräch im Dezember 2006 teilte die Befragte jedoch mit, aufgrund ihrer noch anhaltenden Arbeitsunfähigkeit, die sie nach eigenen Angaben dem Amt mitgeteilt hatte, habe das Jobcenter mit Rückwirkung zum Mai 2006 den Existenzgründungszuschuss entzogen und fordere nun die Rückzahlung von rund 2600 Euro.

Die zweite (besonders schwer) erkrankte Befragte musste die Erfahrung machen, trotz vorliegender ärztlicher Diagnosen und Krankenhausberichte dem, für sie zuständigen Vermittler zunächst nicht glaubhaft versichern zu können, dass sie zum gegebenen Zeitpunkt nicht arbeitsfähig und damit nicht vermittlungsfähig sei. Erst die durch die Autorin vermittelte Kontaktaufnahme mit der kommissarisch tätigen Beauftragten für Chancengleichheit am Arbeitsmarkt (BCA) wurde die bis dahin vom Jobcenter ausgesprochene Aufforderung, sich auf ausgeschriebene Stellen zu bewerben, zurückgenommen.

Eine der Nichtleistungsempfängerinnen, die zum Zeitpunkt des zweiten Gesprächs nach eigener Einschätzung nicht arbeitslos gemeldet war, erhielt nach der Geburt ihres fünften Kindes Erziehungsgeld.

Eine der Befragten ist im Sommer 2006 in einen anderen Berliner Bezirk umgezogen. Sie bekam den Umzug vom Jobcenter Mitte finanziert, wenngleich die neue Wohnung über den Vorgaben der Ausführungsvorschriften Wohnen (AV Wohnen) lag.

3.4 Der Übergang in die Grundsicherung aus Betroffenensicht

Mit der Hartz IV-Reform wurde das Segment der auf Dauer gestellten Arbeitslosigkeit völlig neu justiert. Die Zusammenlegung der bisher statussichernden Arbeitslosenhilfe und der Hilfe zum Lebensunterhalt zur Grundsicherung für Arbeitssuchende hat die Grundstrukturen, in denen sich die Betroffenen in der auf Dauer gestellten Arbeitslosigkeit bewegt hatten, durcheinander gewirbelt. Die Lebensführung, in der sich die Frauen üblicherweise seit mehreren Jahren eingerichtet hatten, wurde in wesentlichen Dimensionen zunächst ebenso in Frage gestellt wie die individuellen Bewältigungsstrategien, mittels derer man sich in der Vergangenheit an den Ausschluss aus der Erwerbsgesellschaft „angepasst" hatte. Die beschleunigte Programm- und Organisationsreform hatte gravierende Auswirkungen auf die Betroffenen. Auf der formalen Ebene ergaben sich unterschiedliche Neujustierungen durch die Gleichstellung ehemaliger ArbeitslosenhilfeempfängerInnen und SozialhilfeempfängerInnen. Einerseits hatten Betroffene aus der Arbeitslosenhilfe teilweise gravierende finanzielle Einbußen hinzunehmen, während andere finanziell zunächst besser gestellt schienen. Ging diese Gleichstellung aller Arbeitslosengeld II-EmpfängerInnen mit einem Statusverlust etwa für bisher in speziellen Akademikeretagen der Arbeitsagenturen betreute Arbeitslosenhilfeempfängerinnen einher, sollten zumindest formal Betroffene aus der Sozialhilfe eine bessere und gezielte Förderung in Richtung existenzsichernder Arbeit erwarten können. Außerdem sollten alle Langzeitarbeitslosen stärker als bisher in die individuelle Verantwortung genommen werden, die persönliche Lage in Richtung Erwerbsarbeit zu verbessern. Wie stellten sich diese Neujustierungen aus individueller Betroffenensicht dar? Wie folgenreich war für die Betroffenen das institutionelle Chaos? Wie ging man mit dem angekündigten Aktivierungsdruck um? Welche Auswirkungen hatten die Unsicherheiten der Transformationsphase auf das psychische Wohlbefinden der Befragten? Diese zentralen Aspekte bezüglich des Übergangs werden aus individueller Sicht beschrieben und die Entwicklung im Zeitverlauf kurz dargestellt.

Als zentrale Elemente des Übergangs in Hartz IV sollen im Folgenden fünf Aspekte näher betrachtet werden, erstens die institutionellen Zumutungen in der Frühphase von Hartz IV, zweitens die finanzielle Lage bzw. die Veränderung der finanziellen Lage durch den Hartz IV-Bezug, drittens Fragen nach Status bzw. Statusveränderungen in der Wahrnehmung der Betroffenen, viertens Erfahrungen mit der Aktivierung, die mit Hartz IV einher gehen sollte, und fünftens die psychische Befindlichkeit.

3.4.1 Institutionelle Zumutungen in der Frühphase

„Ja, Hauptmann von Köpenick 2005 in Berlin" (Charlotte S., I).

Wie von bezirklichen Verantwortlichen, die von kommunaler Seite für die Umsetzung der Reform zuständig sein sollten, bereits im Vorfeld befürchtet[69], führte

[69] So entsprechende Äußerungen mit dem späteren Bereichsleiter 1 am 21.10.04, damals noch Leiter der HzA-Stelle beim Sozialamt Mitte, sowie dem späteren Geschäftsführer der Arge am 30.09.04, damals noch Sozialamtsleiter in Mitte.

die Einführung in Mitte schon aufgrund der großen Zahl der AntragstellerInnen zu teilweise chaotischen Zuständen. Zwei Drittel der Frauen schilderten tatsächlich Probleme mit der Antragstellung.

„Ich habe den neuen Antrag im neuen Arbeitsamt abgegeben. (...) War in der Kochstraße. Tja, und das war ein echtes Erlebnis! Tja, das ist ganz toll, wenn man da aussteigt und erst mal am Checkpoint Charly in die Touristengruppe gerät. Dann hatte ich eine bestimmte Adresse, zu der bin ich gegangen. Da war eine Riesenhalle und da standen Massen von Menschen an einem Tresen an und ein ganz großes Plakat sagte dann, Hartz IV-Empfänger da und da hin. Und da stand dann eine lange Schlange auf der Straße vor dem Arbeitsamt zwanziger Jahre-mäßig. Das war wirklich bizarr, so was hatte ich noch nicht gesehen. (...) Ich bin dann erst mal wieder nachhause“ (Susanne F., 43, I).

Alleine herauszufinden, welcher der am Ende fünf Standorte für die eigene Antragstellung zuständig war, erwies sich als schwieriges Unterfangen, zumal die BehördenmitarbeiterInnen oft selbst überfordert waren, den Überblick zu behalten.

„Wissen Sie, wie viele Leute das erste Mal vor mir dran waren? 45, und da waren nur drei Mitarbeiter. Und die hatten schon den Kanal voll. Da kam eine raus und hat gesehen, dass ich eine Nummer ziehe. Sagt die in einem Ton, ‚hat schon wieder eene ne Nummer gezogen. Da werden wir jar nich fertig‘. So kommst Du schon in das Zimmer rein und wirst wie der letzte Dreck behandelt! Und als Antwort habe ich nur gekriegt, ja, wir sind nicht zuständig. Sie müssen zu den Osramhöfen. Und die haben gesagt, ‚hat die Müllerstraße ’ne Macke. Wir koordinieren hier nur‘. Das muss man sich vorstellen, und schicken die Akten in die Müllerstraße, die ohnehin schon überlastet ist“ (Bärbel S., 50, I).

Eine weitere Befragte konnte erst am fünften Standort ihren Antrag auf Hartz IV-Leistungen einreichen.

„Das war eine interessante Odyssee. Ich wusste gar nicht, wo ich den Antrag abgeben musste. Erst Gotlindestraße. Da saßen die Akademiker. (...) Dann habe ich gehört, die sind in die Charlottenstraße umgezogen, dort war eine ein kilometerlange Schlange. Und dann stand da ein Schild, dass Hartz IV-Empfänger in die Kochstraße sollen. Da war eine ebenso lange Schlange. Dann habe ich gesagt, jetzt geh ich erst mal wieder nachhause und erkundige mich, wo ich wirklich hinmuss. Dann habe ich diese Service-Nummer angerufen, war ziemlich lange in der Warteschleife (...), da wurde ich dreimal verbunden, bis ich wusste, wo ich meinen Antrag abgeben musste. Das war dann in der Müllerstraße 16. Weil ich auch einen Ein-Euro-Job beantragen wollte, war nach einigem Hin und Her klar, ich muss in die Müllerstraße 146. Da war es wieder schwer, das Zimmer zu finden. Es gibt keine Wegweiser“ (Herlinde P., 44, I) Auch andere Frauen umschrieben ihre Erfahrungen im Jobcenter mit Begriffen wie „absolutes Chaos“ oder „da war wirklich Anarchie“ (Kerstin L.,I). Eine Befragte, die im Übergang zu Hartz IV einem Ein-Euro-Job nachging, bekam nicht nur zunächst kein Geld mehr, sondern „wusste gar nicht, wo ich meine Stundenliste abgeben musste. Keiner war mehr zuständig. Dann wartete ich zwei Stunden und ging dann von Zimmer zu Zimmer. Ich habe gesagt, ich muss doch auch wissen, wer für mich zuständig ist, auch wenn ich mal krank bin oder so. ‚Ja, das hat sich geändert‘. Und eine andere, ‚Nein, ich bin nicht mehr zuständig für Sie‘. Ging ich zurück zu meinen früheren Betreuer. ‚Also, ich habe keine Akten mehr da‘. (...) Ich brauchte ja auch neue Belege, um weiter arbeiten zu können“ (Sarah O., 44, I).

Aus individueller Sicht besonders kritisch war das institutionelle Chaos im Hinblick auf die Leistungsgewährung nach Hartz IV und deren pünktliche Auszahlung. In nur drei Fällen von 30 funktionierte diese in der Frühphase nach Angaben der Befragten fehlerfrei, d.h., nach Erhalt des Bescheides erfolgte eine termingerechte Überweisung des Geldes. In zwei weiteren Fällen erhielten die Befragten nach eigenen Angaben einen als realistisch eingeschätzten Bescheid, nur blieben die Geldzahlungen aus. In fünf Fällen berichteten die Frauen vom vergeblichen Warten auf den Bescheid und damit vom Ausbleiben der Geldleistungen. Der Umgang damit war sehr unterschiedlich. Zwei Frauen berichteten, bereits im Januar (2005) vorstellig geworden zu sein und mit dem Mut der Verzweiflung hartnäckig um die Bearbeitung gekämpft zu haben. „Ich also hin – durch Umzug meine Akte verschwunden, sagte die mir. Die war anfangs überfordert, weil meine Akte nicht da war und dann hat sie aber doch in den Computer gekuckt. (…) Ja, dann wurde ich von einem zum anderen geschickt, da hätte die Akte sein müssen. Und die haben gesagt, sie ist nicht da. Dann habe ich gesagt: ‚Das kann nicht sein. Gucken Sie doch mal in den Computer.‘ ‚Ach ja, tatsächlich, wir sind zuständig, steht hier.‘ Dann hat sie einen Zettel gefunden mit einer ganzen Liste von Akten, die nicht auffindbar waren. (…) Ich bin einfach dageblieben. Ich habe gesagt: ‚Ich muss meine Miete zahlen, tut mir leid‘ (…) Ich war den ganzen Tag da, vier Stunden und dann noch mal vier Stunden. Ich hatte wirklich kein Geld, nicht mal mehr fürs BVG-Ticket, um nachhause zu kommen“ (Gisela S., I). Eine andere Betroffene betonte: „Ich habe denen gesagt, ‚ihr könnt mich mit der Polizei abholen lassen. Ich bleibe, bis ich Geld sehe. Wovon soll ich leben?‘“ (Nina S., 57, I).

Andere haben sich geduldet, bis sich ihre finanzielle Situation immer mehr zuspitzte. „Man sagt, man soll vier Wochen die Füße still halten, aber länger konnte ich sie nicht still halten. Es ging um meine Existenz, ich bin krank geworden. Ich habe nur unter Druck gestanden. Ich hatte pure Existenzangst, ich hatte kein Geld mehr gehabt!“ (Bärbel S., 50, I)

Eine Betroffene wartete annähernd vier Monate auf ihr Geld. „Das war auch so eine Odyssee, das war im März, ich bin durchs ganze Haus geschickt worden, in zehn Zimmern war ich und keiner zuständig. (...) Da war ich einfach fertig auf der Bereifung. (...) Da sagte der Nette zu mir, natürlich ist der Antrag da, nur nicht bearbeitet. Da sagte der, das machen wir jetzt auf die Schnelle. (...) Meinen Leistungsbescheid habe ich dann schließlich am 26. April bekommen.“ Frage: „Wovon haben Sie in der ganzen Zeit gelebt?“ „Ich habe gelernt, ich konnte noch von meinen Reserven zehren, die auch bald aufgebraucht waren. Ich konnte noch eine Flockensuppe essen oder eine Konserve aufmachen und Brot oder wenn es mal ein Geld gab, mir wirklich was gönnen. Meinen Bruder konnte ich überreden, mir Essensgeld zu geben und meine Tochter steckte mir auch ab und zu was zu“ (Charlotte S., 57, I).

In all diesen Fällen waren nach Bekunden der Betroffenen entweder die Anträge auf Gewährung der Grundsicherung nach Hartz IV nicht mehr auffindbar. Hätten die Betroffenen keinen Nachweis über die Antragstellung vorweisen können, wären ihnen die Leistungen auch nicht rückwirkend gewährt worden, wie zwei Befragte betonten. Oder die Akten stellten sich als „verschwunden“ heraus, während zum Glück für die Betroffenen das PC-Programm einen Hinweis auf eine Antragstellung auswies. Das Umzugskarussell hatte dafür gesorgt, dass die Akten in Umzugskisten zwischen den verschiedenen Standorten unterwegs waren oder auf Stapeln auf die Bearbeitung warteten. Eine Betroffene, die im Sommer 2005 eine ABM beenden sollte, hatte sich rechtzeitig um die Beantragung von Hartz IV gekümmert. Trotzdem blieb sie wochenlang ohne Bescheid. „Ich habe jetzt weder einen Bescheid noch Geld, ich habe gar nix. Ich kann noch nicht mal einen Termin machen, um persönlich noch mal was zu klären, solange ich keinen Bescheid habe. Und jetzt hänge ich ziemlich in der Luft. Ich kann nicht mal eine Sozialkarte für die BVG beantragen ohne Bescheid“ (Heidi G., 49, I).

Alle anderen Befragten berichteten im Sommer 2005 von, der eigenen Einschätzung zufolge, fehlerhaften Bescheiden und dementsprechend falsch angesetzten Geldzuweisungen. Ein Antrag auf Widerspruch, mit dessen Hilfe die Ansprüche der Betroffenen juristisch geprüft werden können, erwies sich indes im üblichen Fall als schwieriges Unterfangen. Denn ebenso wie Antragsakten waren diese nach Erfahrungen der Betroffenen zuweilen nicht mehr auffindbar und mussten neu gestellt werden. „Habe ich gesagt, ‚ich habe seit Januar drei Widersprüche bei Ihnen in den Kasten gelegt‘. Meine Nachbarin und ich haben uns das bestätigt und wechselseitig unterschrieben. (...) Bis heute haben wir nichts gehört“ (Mirella S., I).

In kritischen Fällen erwiesen sich Widerspruchsverfahren in den ersten Monaten der Arbeitsmarktreform als besondere Krisenverstärker. Widersprüche wurden zentral in der Nürnberger Zentrale der Arbeitsagentur bearbeitet. Damit waren die gesamten Akten der Betroffenen für mehrere Wochen schlicht nicht zugänglich, was dazu führte, dass selbst im Härtefall nicht einmal Abschlagszahlungen an die Hartz IV-EmpfängerInnen möglich waren. In Berlin-Mitte wurde der ohnehin erhebliche Verwaltungsaufwand noch weiter gesteigert durch die räumliche Aufteilung des Jobcenters an mehrere Standorte. „Wenn Sie Widerspruch einlegen in Ihrer Leistungsabteilung, wird das zu den Osramhöfen (ein Standort des Jobcenters, K.L.) geschickt. Da sitzen zwei Frauen, die sortieren aus und dann wird das irgendwie nach Nürnberg geschickt zentral, wo ganz Deutschland erfasst wird. Da sitzen die dann und bearbeiten das. Den Wahnsinn müssen Sie sich mal vorstellen. Dann geht das wieder zurück zu den Osramhöfen, die sortieren das wieder in die Akte ein, so hirnrissig, und dann schicken sie das wieder zur Leistungsabteilung. (...) Ich habe ja angefangen zu heulen, meine Nerven haben mich verlassen. (...) ‚Ja, wir können Ihnen nicht helfen.‘ War denen peinlich“ (Bärbel S., 50, I).

Andere berichteten davon, sich für jeden Behördenakt persönlich einen Eingangsstempel zu sichern. „Ich habe bis heute, immerhin, nur die Nachricht bekommen, der Widerspruch ist eingegangen, aber bis heute nichts, dass er bearbeitet wurde. (...) Das wären tausendfünfhundert Euro und dann noch mal ein ganzer Monat. Das ist richtig viel Geld“ (Brigitte S., 37, I).

Inhaltlich befassten sich diese Widersprüche in erster Linie mit Fragen zur Miete bzw. Mieterhöhung, Strom- und Heizkosten, darüber hinaus mit der falschen Anrechnung von sonstigen Einnahmen wie Einkünfte aus Arbeit oder Unterhaltsleistungen des Kindsvaters sowie Unklarheiten bei Berechnungen der Ansprüche der Kinder.

War es großteils möglich, die Versorgung mit Nahrungsmitteln durch die Unterstützung von Familienmitgliedern oder Freunden, zuweilen auch Schwarzarbeit sicherzustellen, gaben fünf Frauen an, Mietschulden angehäuft zu haben.

„Ich musste bei der Vermieterin im Haus um Aufschub bitten. Die stand jeden Tag zweimal an der Tür. Ich habe der gesagt, ‚Sie können gerne mit aufs Arbeitsamt kommen. Wissen Sie, wie peinlich mir das ist?‘ (...) Dann habe ich das Geld gekriegt, da habe ich drauf geschrieben ‚Miete für Februar und März, weil Arbeitsamt erst jetzt zahlt.‘ Das war mir wichtig niederzuschreiben, warum ich das nicht bezahlen konnte“ (Charlotte S., 55, I).

Eine weitere Befragte schilderte: „Ich habe dann mit dem Vermieter gesprochen und gesagt, ‚Leute, ich kann im Moment die Miete so nicht zahlen, wie ihr das erwartet, tut mir leid, ihr müsst warten.‘ Sagten die ‚ok, aber sehen Sie zu, dass sie im laufenden Monat irgendwie bezahlen.‘ Ich also wieder hin. (...) Sagt die, ‚tut mir leid, ich muss Sie zur Chefin schicken, zur Bereichsleiterin.‘ Da lag seit dem 20.1. der erste Widerspruch, dem stattgegeben wurde, dass es falsch berechnet war, plus mein zweiter Widerspruch, den ich per Einschreiben Rückschein geschickt habe, unbearbeitet. Hat sich entschuldigt, die tat mir richtig leid. (...) Ich kriegte dann so'n Chip, ,Sie können sich in zwei Tagen unten Geld abholen'" (Bärbel S., 50, I).

Aber auch die verzögerte Auszahlung des ALG II führte zu Problemen bei der Mietzahlung.

„Aber der Januar, da wurde mir erst mal das Geld gestrichen. Die haben mir beim Arbeitsamt den Ein-Euro-Job als Vollzeit angerechnet. (...) Ich hatte große Probleme mit dem Vermieter, weil das Geld vom Amt nie zum ersten da war, wenn er es abgezogen hat. Dann habe ich es ein paar Tage später selbst überwiesen. Ich habe versucht, es ihm zu erklären. ,Sie kriegen ihr Geld, wenn ich Ende des Monats meine Zahlung bekomme.' Das war eine Katastrophe. Mein Kindergeld ist auch irgendwie flöten gegangen. (...) Da musste ich bis nach Lichtenberg. Eigentlich soll ich mich um Arbeit kümmern. Stattdessen renne ich meinem Geld hinterher" (Sarah O., 44, I).

Besonders folgenreich waren die vom Jobcenter verursachten Pannen bei der Leistungsgewährung vor allem für diejenigen, die nicht die Durchsetzungsfähigkeit besaßen oder/und aufgrund psychischer Instabilität unfähig waren, auf einer Geldzahlung bzw. Bearbeitung ihrer Anträge zu bestehen.

„Das ist auch so eine Sache mit den Depressionen. Ich habe von Januar bis März kein Geld bekommen. Ich konnte zwei Monate meine Miete nicht zahlen. Der Antrag war im Oktober abgegeben, aber die Akte war verschwunden. (...) Dann ist wieder der Computer ausgefallen, da mussten alle nachhause gehen. Dann hatte ich wieder so eine depressive Phase, dass ich keine Kraft hatte hinzugehen. (...) Es waren vier Anläufe. Ich muss darüber lachen, sonst kriege ich das große Heulen" (Charlotte S., 55, I).

In einem Fall dauerte dieser Zustand bis Oktober 2005, weil die Betroffene aufgrund einer psychischen Erkrankung und einer Gehbehinderung nicht die Kraft für einen Besuch im Jobcenter fand. Sie hatte in den ersten drei Monaten einen reduzierten Hartz- IV-Satz, was sie sich beim ersten Interviewtermin nicht erklären konnte. Im zweiten Interview berichtete sie dann vom gänzlichen Ausbleiben der Geldzahlungen im Jahr davor. „Ich bin ja schwer depressiv. Ich kann solche Sachen immer nicht machen, das ist mein Problem. Ich hatte mich da ja hingewendet, hingegangen bin ich nicht, aber brieflich und auch mal angerufen, und es passierte überhaupt nichts." Erst in Begleitung eines Bekannten, den sie wiederholt um Geld gebeten hatte und der so auf ihre Not aufmerksam wurde, konnte sie die Ursache aufklären. Man hatte ihr schlicht vergessen mitzuteilen, dass der erste Bescheid nur für drei Monate gelten sollte und sie einen Folgeantrag stellen musste. Eine Nachzahlung hat sie nicht erhalten, die Kraft, zum Sozialgericht zu gehen, fehlte ihr. Wie sie ihre Schulden bei dem Bekannten begleichen sollte, war ihr ein Rätsel. „Ich kann nicht mehr. Ich habe die Schnauze voll.

Und immer wieder Einspruch erheben und Einspruch, für was denn? Bringt doch sowieso nichts“ (Martina R., 43, II).

Auch die Neubeantragung von Hartz IV meist nach sechs Monaten, in zwei Fällen hatte die Neubeantragung bereits nach drei Monaten zu erfolgen, erwies sich als weiterer Unsicherheitsfaktor. Auch dann blieben zuweilen Geldzahlungen, die zuvor erfolgt waren, aus oder die Bescheide waren nicht nachvollziehbar, so dass Widerspruch eingelegt wurde.

Alle Befragten hatten kurzzeitig oder dauerhaft größere oder kleinere Probleme mit der Leistungsgewährung. Das galt in mehreren Fällen auch noch zum Zeitpunkt der zweiten Befragung. „Als ich am 16.3. (2006, K.L.) noch kein Geld hatte, bin ich wieder hingegangen. Da sagt die zu mir, ‚ja Nürnberg hatte Zahlungsschwierigkeiten.‘ Da ging drei Tage lang die Datenbahn nicht. Alle haben kein Geld gekriegt, also viele. Ich habe mit Kontoauszug am 21.3., 21 Tage nach dem Anfang des Monats mein Geld auf dem Konto gehabt. Meine Kontoführerin bei der Bank, die rief extra an. (...) Ich sage Ihnen, ich bin innerlich fertig“ (Charlotte S., 56, II).

Als eines der Hauptprobleme in der Frühphase schilderten die Befragten den Umstand, keine festen AnsprechpartnerInnen in der Leistungsabteilung zu haben.

„Ich habe Anfang des Jahres den Versuch gemacht, zum Arbeitsamt zu gehen. (...) Ich muss Ihnen sagen, da blickt keiner mehr durch. Früher dauerte es in der Leistungsabteilung zehn Minuten. Wenn man heute dahin kommt, da geht gar nichts mehr, überall lange Schlangen, keiner blickt mehr durch. (...) Dieses Jobcenter ist so was von unkoordiniert“ (Simone R., 42, I).

Gewachsene Kontakte zu MitarbeiterInnen von Sozialbehörde oder Arbeitsamt waren aufgelöst worden.

„All die Nummern, die ich hatte. Müllerstraße (Sitz der Arbeitsagentur, K.L.) gibt es nicht mehr. Jetzt fangen wir von vorne an“ (Petra F., 61, I). Stattdessen wurden die Betroffenen in einem Vakuum aus Nichtzuständigkeit und Überforderung von Seiten der neuen BehördenmitarbeiterInnen alleingelassen. „Ich hatte im November eine Sachbearbeiterin, die meinte, sie ist jetzt für mich zuständig. Daraufhin hat sie mir ihre Zimmernummer gegeben und eine Durchwahl und die Frau ist seit Januar nicht mehr zu erreichen. Und wenn ich hingehe ins Amt und sage, ich möchte bitte Frau xy, sprechen. ‚Nein und Sie sind jetzt im Zimmer so und so.‘ Also ich lande wieder jedes Mal bei einem anderen“ (Brigitte S., 38, II).

Eine Befragte, die jeden Vorgang mit dem Jobcenter genau dokumentierte, berichtete im Sommer 2006, seit der Einführung von Hartz IV mit insgesamt 28, für sie zuständigen verschiedenen Personen alleine in der Leistungsabteilung des Jobcenters Kontakte gehabt zu haben. „Das Muster ist, wenn man sich nicht auskennt, ist man ganz schön geküsst“ (Mirella S., 38, I).

Zuweilen war der Leistungsbezug auch zum Zeitpunkt des zweiten Interviews nicht geklärt. Im Einzelfall bekamen die Frauen dauerhaft offensichtlich nicht das Geld, das ihnen ihrer Meinung nach zustand, ohne dass ihnen dies jemand schlüssig erklären konnte. „Das müsste mehr sein, einfach am Ende des Berechnungsbogens steht eine Summe, die mir zusteht, mit den Kindern und wenn ich, davon geht der Unterhalt ab für die Kinder, Kindergeld und das, was Hartz IV mir zahlt, und wenn ich das abziehe, bleibt für mich ein Minus“ (Brigitte S., 38, II).

Im August 2005 zog das Jobcenter mit seinen bis dahin fünf Standorten an den Standort Sickingenstraße in der Nähe einer S-Bahnstation um. Damit war die Odyssee durch die verschiedenen Standorte vorbei. Befragt nach ihren grundsätzlichen Erfahrungen mit dem neuen Standort, äußerten mehrere Frauen, dieser sei viel schlechter als die bisher betreuende Behörde zu erreichen und man habe nun Fahrtkosten aufzubringen.

„Waren Sie in der Sickingenstraße in dem Haus? Ist das nicht traumhaft negativ? Lange Gänge und keine Klimaanlage. Ich stand kurz vor meinem zweiten Herzinfarkt, ich konnte nicht mehr, erst mal die Aufregung innerlich“ (Charlotte S., 56, II).

Besondere Kritik äußerten alle Frauen, die vom Jobcenter betreut wurden, an der Situation im Eingangsbereich.

„In der Sickingenstaße ist es eben ein riesiges Gebäude mit Massen von Leuten und man wird vorne am Empfang, sage ich mal, gerne abgewimmelt, richtig abgewimmelt und sagt, man möchte zu einem Sachbearbeiter. ‚Na, was möchten Sie denn?‘ ‚Na, ich würde gerne diesen Widerspruch abgeben und mit dem Herrn reden.‘ ‚Das kommt sowieso nicht über die Sachbearbeiter, das muss in die Widerspruchsstelle, hier haben Sie einen Eingangsstempel‘ und das war es“ (Brigitte S., 38, II).

Kritisiert wurden die teilweise langen Wartezeiten im Jahr 2005, die wohl eher die Regel denn die Ausnahme waren.

„Ich habe schon manchmal drei Stunden unten gestanden. Wir haben bis zum S-Bahnhof Beusselstraße gestanden (was einer Entfernung von rund 350 Metern entspricht, K.L.). Bis da vorne hin. Dreimal haben wir da insgesamt so lange gestanden, also einmal nicht ganz bis zur S-Bahn. Das ist nicht normal, tut mir leid.“ Frage: „Wann war das, im letzten Jahr, direkt nach dem Umzug?“ „Na, auch später noch, im November“ (Brigitte S., 38, II).

Diese Situation hatte sich augenscheinlich sehr verbessert. Zuweilen machten die Frauen gleichwohl absurd anmutende Erfahrungen auch noch im Frühsommer 2006: „Ich wollte mich eigentlich nur zurückmelden aus dem Urlaub Ende Mai. (...) Da stand ich erst in der Schlange an der Rezeption. Die konnte das irgendwie nicht in Empfang nehmen. Also, ich sollte die Leistungsabteilung

(...) und dann, also es war wirklich etwas chaotisch. Ich habe wirklich drei Stunden da gesessen oder erst gestanden und dann gesessen und dann war es mittlerweile nach eins, wo dann außen geschlossen ist. (...) Dann haben die an der Rezeption die Funktion der Leistungsabteilung übernommen. (...) Dann wurde ich aufgerufen und kam nicht zu derselben, aber zu der daneben und dann ging das plötzlich. Natürlich sind die Computer vernetzt. Die Rückmeldung dauerte fünfzehn Sekunden oder dreißig. Und dafür habe ich drei Stunden gewartet" (Herlinde P., 44, II).

Kritisiert wurde häufig die zufällige Zuweisung an eine Sachbearbeiterin oder einen Sachbearbeiter in der Leistungsabteilung durch das Rezeptionspersonal. Typisch ist die Aussage: „Du hast in der Leistungsabteilung jedes Mal einen anderen sitzen" (Bärbel S., 50, I). Gesprächswünsche mit bestimmten MitarbeiterInnen wurden nicht akzeptiert.

„Und wenn man dann wirklich hingeht, ‚ich möchte mit Frau xy sprechen'. ‚Nein, Sie sind jemand anders zugeteilt.' Das finde ich einfach blöd, auch dass auf meinem Schreiben immer nur die gleiche Nummer drauf steht, ja, nur eine Nummer, keine Durchwahl, kein Sachbearbeiter. Man kann sich auf niemanden berufen. Man kann nicht sagen, ‚ich habe mit dem und dem Herrn oder Frau gesprochen und würde deswegen mit dem wieder sprechen, damit der meinen Fall, damit der sich vielleicht an den erinnert und dann entscheidet'. Das findet nicht statt" (Brigitte S., 38,II).

Ganz offensichtlich schienen Klärungen in Detailfragen auch 2006 immer noch schwierig.

„Da gibt es ein Riesenproblem. (...) Ich sage, ich kriege kein Hartz IV für Mai, weil meine letzte Abrechnung von der ABM Ende des Monats kam. Da bin ich zum Arbeitsamt gegangen und habe gesagt, ‚Kinder, wie ist es mit der Krankenversicherung?' ‚Ja, die Krankenkasse ist verpflichtet, Sie für einen Monat zu übernehmen'. Ich sage ‚ok, und was ist mit der Rente?' (...) Dann habe ich 30 Tage minus, ich meine, ich kriege heute schon nicht viel Rente, ich will wissen, was Sache ist. (...) Ja, ich war dreimal da wegen der gleichen Frage, einmal mit Termin, einmal ohne, einmal noch mit Termin, weil die nicht antworten konnte und sagte, sie macht sich sachkundig. Dann haben die mir irgendwas geschrieben, ‚Sie sind nicht bedürftig im Mai und darum kriegen Sie keine Kohle. Erst ab 1. 6. sind Sie im Hartz IV-Bezug.' Das war überhaupt nicht meine Frage" (Sybille S., 52, II).

In einem besonders kritischen Fall hatte eine Betroffene Ersparnisse ihrer Kinder, die der geschiedene Vater angespart hatte, nicht angegeben. „Ich hätte die angeben müssen, aber die waren nicht in meinem Kopf. Ich bin doch nicht blöd. Wenn ich die im Kopf gehabt hätte, hätte ich gedacht, okay, das geben wir zum Leben aus. Dass ich meinen Söhnen mal hätte irgendwas bezahlen können.

(...) Weil ich bin wirklich manchmal zum Blutspenden gegangen, weil ich 20 Euro brauchte, weil das Geld nicht da war. (...) Jetzt sagen die, ‚Sie haben mutwillig verschwiegen.' Klar muss ich das zurückzahlen. Wissen Sie, was das Schlimmste ist, ich werde mit Briefen überschüttet, ständig, da steht immer was anderes drin. Ich komme auf drei verschiedene Zahlen (bezüglich der Rückforderungen durch das Jobcenter, K.L.). Das sind drei unterschiedliche Frauen, die können mir das nicht mal erklären. Sagte mein Anwalt, ‚bitten Sie die um eine korrekte Berechnung.' Der konnte mir das auch nicht erklären. (...) Es ist inzwischen so, dass ich nicht mehr zur Post gehe, nur noch, wenn jemand den Brief für mich aufmacht wegen diese Schweißausbrüche, wegen dieser Angstzustände" (Kerstin L., 49, II).

Doch auch bei offensichtlichen Fehlern der JobcentermitarbeiterInnen wurden schlicht die Betroffenen verantwortlich gemacht. Bereits im Vorjahr hatte man der gleichen Befragten während einer ABM-Beschäftigung rund 150 Euro monatlich zuviel gezahlt. Obwohl ihre Angaben bei der Berechnung des Bescheides vollständig vorgelegen hatten, wurde ihr in einem Bescheid im September 2005 erklärt, sie habe „die Überzahlung zwar nicht verursacht. Sie hätten jedoch erkennen können, dass die Voraussetzung für die Leistung in dieser Höhe nicht vorlagen" (Bescheid des Jobcenters an Frau L.).

Zwei Befragten, beide in einer Bedarfsgemeinschaft mit Kindern, war zuviel gezahlt worden.

„Die hatten zu viel gezahlt. (...) Anfang Februar kriegte ich Bescheid, „‚April, April'". Dann hieß es: ‚Das wird zurzeit einbehalten in Höhe von 41 Euro und ein paar Cents', einfach so. Das ist auch etwas, was ich von früher nicht kannte. Da gab es eine Anhörung und da wurde gefragt, ‚wie machen wir das mit dem Zurückzahlen?'" (Simone R., 42, II). Im anderen Fall war die Befragte bei der Antragstellung offensichtlich falsch informiert worden und hatte für den Sohn keinen eigenen Hartz-IV-Antrag gestellt. Nun sollte sie dessen Anteil an den Wohnkosten, rund € 1300, zurückzahlen. „Wissen Sie, ich bin wirklich ein friedliebender und ganz ruhiger Mensch, bevor ich aus der Haut fahre, aber ich bin so wütend gewesen. (...) Das Kind war aufgeführt. Das hätte er doch sehen müssen. (...) Die haben mir gleich den Vorschlag gemacht, wie ich es zurückzahle. Die wollen mir den Regelsatz um 30% streichen" (Nina S., 57, I).

Zusammenfassend ist zu konstatieren, dass die institutionellen Zumutungen vor allem in der Frühphase der Einführung von Hartz IV immens waren. Besonders problematisch war die Leistungsgewährung. Zuweilen war selbst die Versorgung mit lebenswichtigen Gütern, also Nahrung, oder die Sicherstellung der Mietzahlungen in Frage gestellt.

3.4.2 *Veränderungen der finanziellen Lage durch Hartz IV*

Besondere Verliererinnen von Hartz IV in finanzieller Hinsicht waren zum einen die ehemals gut verdienenden Arbeitslosenhilfeempfängerinnen unter den Befragten sowie die vier Nichtleistungsempfängerinnen, die aufgrund von Partnereinkommen „ausgesteuert" wurden. Soweit konkrete Angaben gemacht wurden, bewegten sich die finanziellen Einbußen in Größenordnungen von 100 bis 500 Euro, in einem Fall belief sich der Verlust auf 700 Euro monatlich. Eine weitere Befragte, deren Arbeitslosengeld I mit Beginn der Reform auslief, musste als Nichtleistungsempfängerin fortan auf rund 1100 Euro verzichten. „Wenn mein Mann mir kein Geld geben würde, könnte ich mir nicht mal eine Tafel Schokolade leisten" (Ulrike S., 52, I). „Ich konnte es nicht fassen und bin da hingegangen. Wir leben jetzt auf Sozialhilfeniveau im Prinzip", so eine weitere Nichtleistungsempfängerin (Irene W., 45, I). Insgesamt 14 Frauen gaben bei der Befragung in 2005 an, weniger Geld (bzw. kein eigenes Geld mehr) zur Verfügung zu haben. Vor allem ehemals gut verdienende Frauen hatten große Einbußen. „Ich weiß noch nicht, wie ich im Juni klarkomme, weil Hartz IV, das ist ein Lacher. Ich habe knapp 100.000 Mark verdient im Jahr und ich bekomme jetzt 345 Euro. Ich habe in manchen Monaten kein Geld, um einzukaufen. Das ist schlimm" (Sybille S., 51, I, Akademikerin, aus Arbeitslosenhilfe). „Durch die MAE trifft mich die Härte von Hartz IV noch nicht voll. Ich bin ein sehr disziplinierter Mensch, aber das macht mich fast krank. So wenig Geld wie jetzt habe ich in meinem ganzen Leben noch nicht gehabt. Verstehen Sie, es kommt nichts dazu. Und für meine Rente wird praktisch auch nichts getan", so eine weitere Betroffene (Magdalena H., 57, I, Akademikerin aus Arbeitslosenhilfe).

Doch es traf auch Frauen, die nicht zu den Großverdienerinnen zählten. „Letzter Monat war schon schwierig und dieser Monat ist noch schwieriger, weil ich schon Anfang des Monats kein Geld mehr habe. Ich habe noch nicht mal meine Miete bezahlt. (...) Ich kann von dem Hartz-IV-Geld nicht leben, auf keinen Fall, das geht nicht. Ich müsste die Wohnung wechseln. Ich müsste zweihundert Euro weniger Kosten haben. Das kann ich nicht" (Susanna W., 46, II).

Sechs Frauen gaben an, Hartz IV mache finanziell keinen Unterschied. Eine Befragte war vor Hartz IV Schülerin. Neun Frauen gaben an, mehr Geld zur Verfügung zu haben, wobei sich dies laut Angaben in Größenordnungen von 10 bis 56 Euro bewegte, in einem Fall erhielt die Befragte rund 200 Euro monatlich mehr. Damit schien sich zunächst die offizielle Version zu bestätigen, wonach gerade Personen aus der Sozialhilfe oder einer niedrigen Arbeitslosenhilfe mit dem Übergang in die Grundsicherung finanziell besser gestellt würden. Tatsächlich wurde diese finanzielle Besserstellung im Einzelfall während der ersten Befragung als positive Veränderung begriffen. Doch die teilweise bereits 2005 formulierte Befürchtung, wonach mit dem Wegfalls von Einzelleistungen letztlich eine Schlechterstellung einhergehen könnte, bestätigte die Befragung 2006.

„Finanziell hieß es ja, da gibt es mehr. Nee, das hat sich verschlechtert, weil eben die Bekleidungsbeihilfe nicht mehr kommt, weil ich die Versicherung kündigen muss“ (Kerstin L. 49, I, Alleinerziehende).

„Ich habe zusätzlich zu der Arbeitslosenhilfe noch Kohlengeld gekriegt, vor Hartz IV. Und diesen Winter haben die mir eine Pauschale bezahlt von 72 Euro, aber ausgegeben habe ich 120, 130, nun war das lange so kalt, habe ich denen alles vorgelegt. (...) Und ich habe zweimal im Jahr, da konnte ich Kleidergeld beantragen und mir Klamotten kaufen. (...) Ich brauche dringend einen neuen Kühlschrank, das habe ich früher alles vom Sozialamt gekriegt, das kriege ich jetzt nicht mehr. Und ich habe davor noch (im Herbst 2004, K.L.) ein neues Bett beantragt. Das alte spottet jeder Beschreibung, da kucken überall die Sprungfedern raus. Ich habe nichts mehr bekommen. (...) Das einzige, was sich vielleicht verbessert hat, ist, dass ich nicht mehr alle viertel Jahre hingehen muss. Das ist das Einzige“ (Martina R., 43, II).

2006 konnten sieben der Frauen befragt werden, die 2005 angegeben hatten, mit Hartz IV mehr Geld in der Tasche zu haben. Sie alle gaben an, dass sie durch die Streichung der Einmalhilfen aktuell faktisch schlechter gestellt oder auf längere Sicht, sobald größere Anschaffungen fällig würden, weit weniger gut abgesichert seien als vor Hartz IV.[70] Eine allein erziehende Mutter, die 2005 noch angegeben hatte, unwesentlich mehr Geld zu bekommen, beschrieb 2006 ihre Not etwa durch den Wegfall der Kleiderbeihilfe:

„Das fällt alles weg. Das ist ziemlich übel. Mein Sohn, ich krieg grad’ die Krise, dem passen sämtliche Hosen nicht mehr. Es gab im April und Oktober (vor Hartz IV, K.L) immer Geld, 220 allein für mich. Das war schon ganz gut. (...) Jetzt braucht er neue Schuhe. Bin schon rumgerannt wie eine Blöde. (...) Wenn meine Waschmaschine kaputtginge, dann hätte ich ein Problem“ (Simone R., 42, II, Alleinerziehende). Das Wissen um den Wegfall des sozialen Netzes in Notlagen wurde als große Belastung wahrgenommen, auch wenn rund zwei Drittel der Frauen glaubten, in Notsituationen auf die Hilfe von Verwandten, hier zunächst Eltern, Kinder oder Geschwister, oder Freunden zurückgreifen zu können. „Es darf nichts kaputt gehen, denn ich kann es nicht so schnell ersetzen. Doch ich kann es ersetzen, weil mir meine Tochter aushilft oder meine Schwes-

---

[70] Vgl. 20 SGB II. Die früheren einmaligen Beihilfen wurden „ganz *überwiegend gestrichen*“ und ***„pauschalisiert“*** in die Regelleistung (345 Euro) aufgenommen, die um ca.16 % über der bisherigen Sozialhilfe liegt. (Münder 2005: 245, fett i. O.) Ausnahmen von den Regelleistungen sind in § 23 SGB II (Abweichende Erbringung von Leistungen), geregelt. Viele Leistungen werden demnach in vielen Fällen nur noch in Form von Darlehen gewährt. Vgl. die ausführliche Kommentierung von Münder 2005: 287ff.

ter würde mir helfen. Aber das will ich eigentlich nicht. Das deprimiert mich. Ich habe dreißig Arbeitsjahre und dass ich es nicht schaffe durch eine Arbeitslosigkeit, die ich nicht verschuldet habe“ (Magdalena H., 57, I).

„Fördern und Fordern. Also da ist nichts angekommen. Finanziell verbessert jetzt, das ja. Vor Einführung von Hartz IV hatte ich Arbeitslosenhilfe und das war weniger als Hartz. Ich habe mich da um dreißig, vierzig Euro verbessert, was jetzt nicht spürbar ist. (...) Wenn irgendwas Größeres kommt, Waschmaschine oder so, dann weiß ich, dass ich nicht aus dem Netz falle. Dann kann ich meine Tante anrufen und kann sagen, ‚kannst Du mir mal?‘ Aber was ist mit anderen, die das nicht können. Das ist schlimm, wenn man das als Darlehen bekommt und muss das dann zurückzahlen“ (Herlinde P., 43, I, MAE). Im zweiten Jahr, nach dem Wegfall des Verdienstes aus dem Ein-Euro-Job, äußerte sie „Das Niveau (der Grundsicherung, K.L) ist viel zu niedrig“ (diess., II).

Neben den direkten Kürzungen und Einschränkungen der Sozialleistungen fielen bei einigen Frauen noch Einnahmeausfälle ins Gewicht, die mit der damaligen Verschärfung der Zuverdienstmöglichkeiten einhergingen. Der Wegfall dieser finanziellen Mittel wurde zuweilen als Grenze beschrieben zwischen gesellschaftlicher Teilhabe und Ausgrenzung.

„Vorher war es so, ich bekam Arbeitslosenhilfe – die war nicht schlecht – und ich habe ab und zu Aufträge gehabt, um die ich mich bemüht habe. (...) Dann habe ich mich von der Arbeitslosenhilfe abgemeldet, habe mein Honorar auf Stundenbasis umgerechnet und konnte mit dem Nebenhonorar wunderbar zwei Monate leben. (...) Ich konnte mich auf einen Milchkaffee treffen, ich konnte ins Kino gehen, ich konnte mit meinem Fahrrad nach Brandenburg fahren. (...) Und das ist exakt der Sprung, der jetzt nicht geht. Es ist nun mal ein Unterschied, ob Du mit 345 Euro auskommen musst oder mit – ich sage mal, wenig Geld, wo aber Kino und Milchkaffee nicht das Thema ist“ (Gisela S., 49, I, Akademikerin, Alleinerziehende).

Teilweise wählten die Frauen illegale Strategien, den Zuverdienst doch behalten zu können.

„Ich habe im Februar ein Honorar über meinen Sohn laufen lassen, weil ich von diesen wunderbaren 1000 Euro nur hätte 100 behalten dürfen“ (Gisela S., 49, I). Die gleiche Befragte erklärte im zweiten Interview ein Jahr später, Nebentätigkeiten ganz eingestellt zu haben und allenfalls um „Aufwandsentschädigungen“ für Fahrtkosten etc. zu bitten. „Nein, ich verdiene nichts nebenbei. (...) Ich finde blöd, dass ich nur 15 % behalten darf“.

Offiziell gemeldete Zuverdienste schützten zuweilen illegale Beschäftigungen, frei nach der Devise „damit beruhigt man jeden Sachbearbeiter“ (Gesa M., 37, I).

„Bis Dezember (2004, K.L.) durfte ich 160 Euro dazu verdienen, das ist jetzt vorbei. Und ich hatte ja auch noch fast 900 Euro Arbeitslosenhilfe. (...) Jetzt habe ich die 200 Euro gemeldet und davon hat man mir 60 Euro abgezogen. (...) Und den Rest machen wir anders“ (Bärbel S., 51 II, Minijobberin).

Diese Verschärfung der Rahmenbedingungen traf allerdings auch Befragte aus der Sozialhilfe. Auf die Frage, was sich mit Hartz IV finanziell verändert habe, antwortete eine ehemalige Sozialhilfeempfängerin mit offiziell angemeldetem Zuverdienst und illegaler Beschäftigung:

„Ich darf weniger verdienen. Verändert hat sich aber vor allem: Der Druck ist massiv höher geworden. Dass ich für jeden Fuzzel einen Nachweis bringen muss. Man darf sich keine Fehler erlauben und man muss hochgradig manipulativ arbeiten, um seine Schäfchen ins Trockene zu kriegen. Und was mir aufgefallen ist, es gibt ganz viele Reportagen, wo gezeigt wird, wie die Sozialdetektive arbeiten, die unterwegs sind und die Leute überprüfen. Da ist massiv Angst geschürt worden“ (Gesa M., 37, I).

Allerdings gaben andere Frauen 2005 an, von der früheren Strategie, mittels Schwarzarbeit ihr monatliches Einkommen zu erhöhen, Abstand genommen zu haben.

„Durch Hartz IV, klar, noch mal weniger Geld. Ich sehe gar keine Möglichkeit mehr, noch mal schwarz zu arbeiten“ (Susanne F., 43, Akademikerin, I), was die Befragte nach eigenen Angaben noch 2004 getan hat. Eine andere erklärte: „Als ich allein war, da habe ich halt auch schwarz gearbeitet. (...) Also wenn mir jetzt was passiert, dann gibt's Ärger ohne Ende. Also ich kann es mir gar nicht leisten“ (Sabine F., 46, I).[71]

Zusammenfassend ist zu konstatieren, dass die Umstellung auf Hartz IV direkt oder indirekt mit finanziellen Verlusten einherging. Durch den Wegfall einmaliger Leistungen wie Kleiderbeihilfe, Weihnachtsgeld, die Übernahme der realen Kosten für Versicherungen oder auch das Wissen um den Wegfall von Hilfe im unmittelbaren Notfall bzw. der Umstellung dieser Leistungen auf Darlehen, die anschließend aus den monatlichen Regelleistungen getilgt werden müssen, sahen sich alle im Ergebnis schlechter gestellt als früher. Das galt nach Aussagen der befragten Betroffenen auch für Alleinerziehende mit bisherigem (ergänzendem) Sozialhilfebezug.

3.4.3 Statusveränderungen in der Wahrnehmung der Betroffenen

Neben den bereits beschriebenen möglichen finanziellen Veränderungen wurden bisherige Statusunterschiede zwischen ArbeitslosenhilfeempfängerInnen und SozialhilfeempfängerInnen mit Hartz IV per Gesetz aufgehoben. Ehemals mehr

[71] Vgl. dazu auch Kap. 3.4.4.

oder weniger gut situierte EmpfängerInnen von Arbeitslosenhilfe wurden mit SozialhilfempfängerInnen gleichgestellt, was vor allem im Zusammenhang mit teilweise gravierenden finanziellen Einbußen als Statusverlust empfunden wurde. Für bisherige EmpfängerInnen von Hilfe zum Lebensunterhalt sollte der Systemwechsel formal eine Aufwertung mit sich bringen, indem neben den angekündigten möglichen finanziellen Besserstellungen der Förderaspekt mit dem Ziel des Übertritts in existenzsichernde Arbeit auf dem ersten Arbeitsmarkt gestärkt werden sollte. Wie die betroffenen Frauen in ihren unterschiedlichen Lebenssituationen den Übergang diesbezüglich wahrnahmen, darum soll es im Folgenden gehen.

In der Befragung 2005 gaben insgesamt 19 der 30 befragten Frauen an, Hartz IV als Abstieg zu begreifen. Besonders betroffen fühlten sie ehemalige Arbeitslosenhilfeempfängerinnen mit ehemals gut dotierten Stellen. „Ich habe nicht geahnt, was das tatsächlich bedeutet. Also erstens spielt meine gesamte Arbeitsleistung keine Rolle mehr. Das ist natürlich nicht nur finanziell, sondern auch mental ein Problem“ (Gisela S., 49, I, Akademikerin).

Teilweise empfanden die Befragten den Übergang in Hartz IV als Stigmatisierung.

„Hartz IV, das ist auch noch mal eine andere Bewertung. Ja, ein Stigma: Hartz IV, na toll. Da wird sich auch lustig gemacht, in der Öffentlichkeit. Ich kucke vielleicht die falschen Sendungen, aber dass man sich noch mehr abgrenzt als früher. Da sprach man über Arbeitslose und jetzt spricht man über Hartz IV-Empfänger und dass irgendwie ein verblödeter Alkoholiker, der nichts hinkriegt. So (...)“ (Susanne F., 43, I, Akademikerin, ehemalige Arbeitslosenhilfeempfängerin). Solcherlei Einschätzungen sind nur bedingt abhängig von finanziellen Einbußen durch Hartz IV. Sechs Frauen in dieser Gruppe gaben im Sommer 2005 an, finanziell gleich oder etwas besser gestellt zu sein und empfanden trotzdem einen Statusverlust.

Dies galt auch für eine ehemalige Sozialhilfeempfängerin. „Für mich war das so mit Sozialhilfe, man gehört zum Rand der Gesellschaft. Trotz Abitur, trotz Studium. (...) Man ist auf einmal nichts mehr wert. Und das ist mit Hartz IV noch sehr viel stärker geworden“ (Gesa M., 37, I).

Besondere Probleme hatten diejenigen, die als Nichleistungsempfängerinnen aus dem System ausgesteuert wurden und nun vom Partner finanziell abhängig sind. „Also, ja, das Gefühl, du bist nichts mehr wert, das ist ganz schlimm. Wenn mich einer fragt, was bin ich? Ja, was bin ich eigentlich, Hausfrau? Nee, Ich will doch arbeiten!“ (Elfriede H., 42, I).

Als Muster ist erkennbar, dass je höher der bisherige Status und die habituellen Ansprüche in Bezug auf die eigene Leistungsfähigkeit in der Erwerbsgesellschaft waren, desto größer war die Empörung , nun SozialhilfeempfängerInnen gleichgestellt zu sein. Entsprechend erfolgten Abgrenzungen gegenüber Hartz IV-Betroffenen aus der Sozialhilfe. Mehrere Frauen schilderten Situationen im Jobcenter in Bezug auf die veränderte Klientel. „Dort sind Hinz und Kunz. Das heißt jetzt nicht, dass ich arrogant bin aufgrund meiner höheren Qualifikation, aber die Art des Umgangs ist schon ein anderer" (Karin H., I, Akademikerin). Besonders Akademikerinnen mit direkten Erfahrungen im Jobcenter bzw. zunächst dessen verschiedenen Standorten vermissten die „Akademikeretage" der Agentur für Arbeit, bei der sie bis dato betreut wurden. „Gotlindestraße, das war ein richtiges Servicecenter, absolut professionell. (...) Dann kam ich auf die allgemeine Etage (im Jobcenter, K.L.), das war schon interessant, die türkischsprachigen Großfamilien (...)" (Gisela S., 49, I). Eine weitere Befragte äußerte: „Die Akademiker wurden ja hier in der Gotlindestraße verwaltet. Der Umgang war schon ein anderer. Jetzt gibt es das nicht mehr. Jeder wird gleich gemacht" (Magdalena H., 59, II).

Mehrere Frauen mit ehemaligem Arbeitslosenhilfebezug in der Nähe der Sozialhilfe oder ergänzender Sozialhilfe schilderten den Übergang von Arbeitslosengeld in Arbeitslosenhilfe in der Vergangenheit als den eigentlichen Abstieg. „Der Übergang in die Arbeitslosenhilfe, das war der eigentliche Knick. Von meinem Arbeitslosengeld, das war Geld, was ich vorher eingezahlt habe, was ich vorher selbst erarbeitet habe und mit der Arbeitslosenhilfe, wenn man die Rechnung so akzeptiert, wie der Staat sie aufmachen will, dann kriegt man das halt geschenkt, ein Almosen. Es ist ein anderer Zugang. Das war für mich nicht einfach. Und dann hatte ich noch weniger Geld" (Herlinde P., 44, I). Sie bestätigte diese Position im zweiten Interview. „Ich finde die Stigmatisierung Arbeitslosenhilfe und Hartz IV war fast identisch. (...) Ich habe den Übergang vom Arbeitslosengeld zur Arbeitslosenhilfe sowohl finanziell, aber wichtiger vom Status her als schwierig und gravierend empfunden, auch jetzt von der persönlichen Situation noch mal her. Ich hatte so ein inneres Vertrauen, dass ich nach einem Jahr eine neue Stelle habe und da ist also mehreres eingebrochen, nicht nur dieses Vertrauen, sondern dann eben auch weniger Geld und noch Statusprobleme" (Herlinde P., 45, II).

Für drei Frauen kam der eigentliche Abstieg in der Vergangenheit mit der Ehescheidung, in einem Fall war der Tod des Partners Auslöser für das Leben an der Armutsgrenze.

„Waschmaschine und so, das habe ich vorher (vor Hartz IV, K.L.) gemacht. Ich habe mich geschämt, muss ich ehrlich sagen. Eine Freundin hat den Termin gemacht. Das muss man sich vorstellen, von der Selbstständigkeit (mit dem Ehemann, K.L.) in die Sozialhilfe. Ob Jobcenter oder Sozialamt, das klingt zwar anders, ist aber das Gleiche. (...) Das ist beschämend, den langen Gang da runter zu gehen, egal wie es heißt" (Sarah O., 49, I).

Drei Frauen mit einer Ostbiographie beschrieben die Wende als den Beginn des Abstiegs, der allerdings durch den aktuellen Verlust des Status als Arbeitslosenhilfeempfängerin erst richtig zum Tragen kam. „Eine Freundin sagte dann zu mir, ich finde das so beeindruckend, dass Du nicht in der Depression gelandet bist. Da fällt mir immer auf, ich hab die Angst vorm Abstieg schon hinter mir. Ich glaube, das ist diese Ostgeschichte, die Ostbiographie“ (Gisela S., 49, I). Während sie allerdings aufgrund einer postmaterialistischen Werthaltung darin einen positiven Gewöhnungseffekt sah, bezogen die beiden anderen den Niedergang der DDR ganz direkt auf den Verlust ihres Arbeitsplatzes und ihre heutige Lage. „Ich hätte meine Arbeit noch, ganz klar, bis zur Rente. Jetzt habe ich nichts mehr, null“ (Irene W., 45, I, Nichtleistungsempfängerin).

Allerdings sahen sich auch zwei Frauen mit Westbiografie als Wendeverliererinnen. „Die Politiker haben es uns auch eingebrockt mit ihren Gesetzen, dass wir so schlecht dastehen und die Firma hat mir gekündigt mit dem Satz, Frau xy, Sie dürfen gehen, Sie sind uns zu teuer, wir stellen zwei Frauen aus dem Osten ein“ (Charlotte S, 56, II). „Ich passe in keine Schublade. Ich bin Künstler, ich bin Querdenker. Berlin war so eine Stadt, da fand jeder seinen Platz. (...) Wenn wir uns treffen, sagen wir in dem Kontext, ‚ach, könnten wir die Mauer wieder zurückhaben‘, was natürlich abscheulich ist. Aber wir konnten überleben, es gab immer irgendwie Möglichkeiten“ (Susanna I., 46, I).

Andererseits betonten im letzten Jahr vor allem diejenigen Frauen, die sich ihr gesamtes Erwerbsleben oder zumindest lange Phasen, etwa seit der Wende, in prekärer Beschäftigung befunden hatten bzw. in Maßnahmekarriere waren, den Umstand, wie gut es ihnen tat, dass jetzt alle Langzeitarbeitslosen gleich gestellt und gleich betroffen seien von den institutionellen Zumutungen und dem Leben in Armut. „Ich freue mich über jeden neuen Akademiker, der aus einem gestandenen Beruf kommt und jetzt endlich erfährt, wie das ist, arbeitslos zu sein. Weil es wurde ja so getan, als seien wir minderbemittelt und nicht willig“ (Gesa M., 37, I, abgebrochenes Studium).

Vor allem diejenigen, die neben den Ängsten, was Hartz IV bringen würde, Erwartungen an eine verbesserte Förderung hatten, fühlten sich zunächst aufgewertet. Dies konnte offensichtlich zunächst die Stigmatisierungserfahrungen im persönlichen Umfeld reduzieren. „Ich glaube, was jetzt passiert, und das ist auch das, was mir an der Situation gefällt, dass alles immer drastischer wird, dass Leute wie du und ich begreifen, was Arbeitslosigkeit bedeutet. Dass meine Mutter seit zwei Jahren nicht mehr zu mir sagt, ‚Du willst ja gar nicht‘ und mich beschimpft, sondern dass sie sagt, ‚das tut mir leid, das ist ja traurig‘. (...) Es wird klarer, es ist ein gesellschaftliches Problem“ (Susanne I., 45, I, Akademikerin, Maßnahmenkarriere). Im zweiten Interview äußerte sich die Befragte indes weitaus resignativer, den Kontakt zur Mutter hatte sie abgebrochen.

Gleichwohl reagierten alle Frauen sehr sensibel auf die öffentlich geführten Debatten um „Sozialschmarotzer“, Missbrauch etc., d.h. die Diskussionen in Politik und Teilen der Medienöffentlichkeit wurden von den Betroffenen mit Empörung aufgenommen und als Diffamierungen wahrgenommen. „Dass jeder denkt, diese Leute, ja, die wollen sowieso nicht arbeiten. Das ist meine Einschätzung. Das ist sehr belastend“ (Sarah O, 45, I).

Entsprechende Erfahrungen wurden unterschiedlich, in einem Spannungsfeld zwischen Selbstzuschreibung und gesamtgesellschaftlicher Problemsicht verarbeitet. Letztlich bedeutete die Tatsache, Hartz-IV- Empfängerin zu sein, eine Stigmatisierung *vor allem in Kombination* mit der zumutungs- und pleitenreichen institutionellen Umstellung. „Mein Selbstwertgefühl hat extrem gelitten. So ein Typ bin ich nicht, dass ich sage, ich bin was Besseres, weil ich 30 Jahre gearbeitet habe. (...) Es ist ein komisches Gefühl, da zu sitzen, aber nicht, weil da Sozialhilfeempfänger noch mit sitzen, sondern weil du da sitzt und wirst behandelt wie das Letzte. Und die Frauen da drin (...), darum geht es mir“ (Bärbel S., 50, I).

Stundenlang irgendwo in der Schlange stehen zu müssen, nur um zu erfahren, dass ein anderer Standort zuständig sei, das Wegbrechen jeglicher institutioneller Strukturen, zum Beispiel des Persönlichen Ansprechpartners oder das Ausbleiben von Leistungen führte zu Äußerungen wie „Wir werden wie der letzte Dreck behandelt“, „Ich fühlte mich wie ein Stück Scheiße“, „Wir sind doch nur noch Menschen dritter Klasse“ oder „Wir werden behandelt wie Vieh“.

Hier ließ sich kein Unterschied entlang soziodemografischer Merkmale feststellen.

Im Zeitverlauf (zwischen dem ersten und zweiten Interview) ergibt sich hinsichtlich der Statusveränderung folgendes Bild: Die Empörung der ehemaligen Arbeitslosenhilfeempfängerinnen mit starker Erwerbsorientierung und guter Arbeitslosenhilfe war geblieben, was nicht verwundert. „Es ist eine Zumutung, dass alle Menschen, die jetzt keine Arbeit haben, egal wie qualifiziert oder auch nicht, in einen Topf geworfen werden. Es wird nicht berücksichtigt, dass jemand schon wie ich über 30 Arbeitsjahre hinter sich hat und jetzt in die Situation kommt, wie jemand, der keinen Beruf hat. Alle Leute kriegen das gleiche Geld und alle Leute müssen sich auf dieses Niveau, was irgendjemand bestimmt, begeben. (...) Dieser Frust ist eigentlich aus dem Grunde so groß, weil wir alle gleich gemacht werden und wir werden über die Medien letztendlich so dargestellt, als wenn diejenigen, die arbeitslos sind, alle Schmarotzer und ungebildet sind und nicht arbeiten wollen“ (Magdalena H., 59, II).

Währendessen hatte offensichtlich ein Gewöhnungsprozess bei denjenigen eingesetzt, die bereits vor Hartz IV wenig Geld und einen niedrigeren Status hatten. Die formale Aufwertung hat sich in Luft aufgelöst. Besondere Erwartungen an Hartz IV, wenn sie denn überhaupt geäußert wurden, zerstoben[72], zumal sich auch die scheinbare finanzielle Besserstellung, wenn sie denn gegeben war, angesichts des Wegfalls einmaliger Hilfen aus Sicht der Betroffenen als Täuschung herausstellte.

3.4.4 Erfahrungen mit der Aktivierung

Die meisten Frauen sahen sich bereits im Vorfeld der Einführung von Hartz IV durch die Ankündigungen von Arbeitszwang und erhöhtem Sanktionsrepertoire unter erhöhtem Druck, was sich mit der Einführung noch verstärkte. „Ich bin sehr viel umtriebiger. Ich habe nicht mehr diese Gelassenheit, obwohl man die mit Sozialhilfe auch nicht hat, aber es ist so, dass die Anspannung sehr viel größer ist. Weil dieser Existenzkampf. (...) Dann gibt es immer diese Neuerungen. Dann hört man immer diese Geschichten" (Gesa M., 37, I). Von den 25, zweifach befragten Frauen gaben 2005 19 Betroffene an, sich in der letzten Zeit beworben zu haben, von „ab und zu" bis „sehr intensiv". Fünf Frauen betonten 2005, vor allem aufgrund der Ankündigung von Hartz IV ihre Bewerbungsaktivitäten massiv verstärkt zu haben und sich auch auf Stellen zu bewerben, die ihnen früher undenkbar schienen. „Ich bewerbe mich natürlich pausenlos. Gestern hatte ich ein Bewerbungsgespräch für eine Stelle als Projektleiterin für MAE-Jobs. Ich meine, da ist man dem Jobcenter nachgeordnet, ja! Muss man sich vorstellen. Das ist ein Projekt, das ich sehr schätze, und das wäre interessant und wäre außerdem finanzierte Arbeit. Aber das hätte ich vor einem Jahr nie in Erwägung gezogen." Frage: „Haben Sie Ihre Anstrengungen noch mal verschärft?" „Total! Bezahlte Arbeit. Ja, das haben sie geschafft" (Gisela S, 49, Akademikerin, I).

Gleichwohl zogen die Frauen, wenn sie denn die Wahl hatten, unterschiedliche Konsequenzen.

„Als Hartz IV so auf mich zurollte im Sommer letzten Jahres, da war ich in einer hippen Agentur (Schwarzarbeit, entstanden aus Praktikum, K.L.) und hatte eben auch das Gefühl, das könnte klappen. Mir war wahrscheinlich mehr an dem Job gelegen, weil dieses Hartz IV auf mich zurollte. Ich wollte mich aber nicht soweit unterkriegen lassen, dass ich sagte, für 7 Euro die Stunde, sag mir, was Du willst und ich tue alles, was du sagst. So weit wollte ich nicht gehen. Aber ich weiß noch, ich habe gesagt, ich will kein verschissenes Hartz IV-Opfer werden. So, ich bin jetzt ein verschissenes Hartz-IV-Opfer und ich weiß noch, ich habe das lange ignoriert und bin mal zu einer Info-Veranstaltung ins Eva (Berli-

[72] Entsprechende Hinweise hinsichtlich des Förderaspekts vgl. 3.5.

ner Frauenzentrum, K.L) gegangen zu Hartz IV ... Habe ich gedacht, boa, puh, also das hat mich schon (...)“ (Susanne F., 43, I, Akademikerin mit Maßnahmekarriere, aus Arbeitslosenhilfe.).

Eine Befragte, die beim ersten Interviewtermin Arbeitslosengeld I und ergänzendes Arbeitslosengeld II erhalten hatte, bewarb sich nur aufgrund ihrer Erfahrungen mit Hartz IV intensiv. „Das ist doch eine Bedrohung, nur noch von denen abhängig zu sein. Da läuft ja so viel schief“ (Marlene S., 51, I). Zum Zeitpunkt des zweiten Interviews hatte sie tatsächlich eine Stelle auf dem ersten Arbeitsmarkt antreten können. „Ich habe gedacht, du hast das Arbeitsamt im Nacken, greif zu. Aber ich muss ehrlich sagen, das Geld ist in etwa das gleiche und das ist Ausbeutung pur. Die Arbeitsbedingungen sind so dermaßen schlecht“ (Marlene S., 52, II).

Mehrere Frauen beschrieben den Zwang, Bewerbungen vorweisen zu müssen, als Problem. Häufig gebe es die Stellen gar nicht, auf die man sich bewerben könne. „Wir sammeln jetzt stapelweise die Morgenpost, dann soll der (gemeint ist der Vermittler, d.A.) selber nachgucken im Notfall und sehen, dass da nichts drin war“ (Sabine F, 46, I).

Vier Befragte hatten sich im Vorfeld bzw. mit Beginn der Hartz IV-Reform um öffentlich geförderte Stellen bemüht und erhalten, in drei Fällen MAE, in einem Fall eine ABM, um sich einerseits finanziell etwas besser zu stellen. Gleichzeitig war damit mehr oder weniger stark die Hoffnung verbunden, aus der Beschäftigung heraus eine Arbeit auf dem ersten Arbeitsmarkt zu finden.

„Was soll ich machen. Ich meine, wenn dieses scheiß Hartz IV nicht wäre, dann hätte ich bestimmt heute nicht 345 Euro, sondern das Drei- oder Vierfache. Und ich könnte in Ruhe was suchen. Okay, man hat mehr Druck, einen Job zu finden, weil man so wenig Geld hat“ (Sibylle S. 52, II, Akademikerin).

Diese Aktivierung nahm je nach Arbeitmarktorientierung (vgl. 3.8) im Zeitverlauf zwischen erster und zweiter Befragung deutlich ab. Die Wellen der Verunsicherung durch das unter dem Slogan Fördern und Fordern angekündigte verschärfte Sanktionsrepertoire hatten sich im Zeitverlauf offenbar wieder geglättet, nicht zuletzt aufgrund der Erfahrungen, die die Betroffenen mit dem Jobcenter machten bzw. besser gesagt, nicht machten. Da die wenigsten tatsächlich vom Jobcenter intensiver betreut wurden, kehrte das Groß der Frauen zum bisherigen Maß der Bewerbungs- bzw. Selbstvermarktungsaktivitäten zurück. Gingen 2005 nach eigenen Angaben nur sechs der doppelt befragten 25 Frauen überhaupt keinen Bewerbungsaktivitäten nach, äußerten 2006 zwölf Frauen, sich aktuell nicht mehr zu bewerben, darunter die beiden Brustkrebserkrankten, von denen zumindest eine 2005 sehr viele Bewerbungsbemühungen unternommen hatte, bzw. diejenigen, die eine Erwerbsarbeit aufgenommen haben. Typisch ist die Aussage einer Akademikerin mit einer langjährigen Maßnahmekarriere. „Das mache ich nicht mehr. Ich habe auch gar keine Ahnung, wo meine Bewerbungsunterlagen sind, ich habe das Thema total abgeschrieben“ (Susanna W., 46, II).

Eine Befragte, die sich durch Hartz IV zunächst stark aktiviert gefühlt hatte, äußerte 2006: „Bewerben, nein, das hat sich geändert. Ich habe dann, nach der ersten Phase, wo ich so dachte, alles schwierig, das doch noch mehr gesehen als okay, das ist eigentlich auch noch mal so ein Potential, asketische Lebensweise, was bedeutet das eigentlich?“ (Gisela S., 51, II, ehrenamtlich aktiv).

Drei Frauen gaben an, sich nur noch mündlich oder informell zu bewerben, wie eine Befragte, die sich 2005 noch regulär beworben hatte und im Sommer 2006 äußerte, „Das mache ich jetzt mündlich als Hobby, um zu sehen, ob dann vielleicht doch mal was funktioniert“ (Sabine F., 47, II). Zwei Frauen gaben an, sich in der jüngsten Zeit wenige Male schriftlich im Sinne ritualisierter Bewerbungsnachweise beworben zu haben. In einem Fall war die Aufforderung dazu durch das Jobcenter erfolgt, im zweiten Fall begründete die Befragte ihre Bewerbungsaktivitäten mit der Vermutung, bei einem Termin in der Vermittlungsabteilung des Jobcenters (der im Sommer 2006 noch nicht erfolgt war), möglicherweise Bewerbungsnachweise vorlegen zu müssen.

Sieben Frauen hatten ihre Bewerbungsaktivitäten in 2006 auf gleich bleibend hohem Niveau fortgesetzt oder im Vergleich zum Vorjahr sogar verstärkt. Zum einen wurden die Frauen vom Jobcenter aktiviert. „Mein Arbeitsberater, der will die Bewerbungen natürlich sehen“ (Simone S, 43, II). „Der Herr xy, der hat mir jetzt aufgedonnert, dass ich mich bitte doch ab jetzt fünf Mal pro Monat bewerbe. (...) Das sind dann wie viele Bewerbungen im Jahr? 60 Bewerbungen und sie bekommen aber nur 52 erstattet. Das haut hinten und vorne nicht hin“ (Mirella S., 46, II). Zum zweiten handelte es sich um diejenigen Frauen mit der stärksten Erwerbsorientierung. Die Bewerbungs- bzw. Selbstvermarktungsaktivitäten blieben auf gleich bleibend hohem Niveau bzw. wurden weiter verstärkt in der Hoffnung, den ALG II- Bezug aufgrund eigener Initiative beenden zu können. Gleich drei Frauen betonten, Hartz IV sei im Hinblick auf ihre eigene Aktivierung „positiv“ für sie. Denn, so ein Zitat, “jetzt weiß ich wenigstens, dass mir keiner hilft. Das kann ich nur selber, ich ganz allein“ (Sarah O., 45, II).

Eine Befragte suchte sich selbstständig ganz gezielt eine ABM-Stelle. „Ich war so ganz, ganz fest entschlossen, auf jeden Fall keine MAE zu machen und da habe ich mich beworben“ (Susanne F., 41, II., nie Kontakt in die Vermittlungsabteilung des Jobcenters). Andere Frauen hatten zwischenzeitlich oder auf Dauer einen Minijob oder eine sonstige Tätigkeit angemeldet, um einen Zuverdienst zu haben. In einem Fall ging die Betroffene zum Zeitpunkt der zweiten Befragung in dessen Windschatten illegaler Beschäftigung nach.

Schwarzarbeit war zumindest unter den Befragten weniger weit verbreitet als es die wiederkehrenden Diffamierungskampagnen von Teilen der Medienöffentlichkeit und von politischer Seite suggerieren. 2005 gaben 11 Frauen an, in der Vergangenheit illegaler Beschäftigung nachgegangen zu sein. Zum Zeitpunkt des ersten Interviews äußerten fünf Frauen, dass sie aktuell einer Schwarzarbeit nachgingen. Mehrere Frauen hatten die Schwarzarbeit mit Einführung des ALG II aufgegeben. „Ich sehe gar keine Möglichkeit mehr, schwarz zu arbeiten" (Susanne F., 43, I). Ein Jahr später ging nur eine der zweifach befragten Frauen einer illegalen Beschäftigung nach, 12 Frauen äußerten indes, sie würden dies tun, so ihnen ein Angebot gemacht würde oder auf Dauer keine Alternative auf dem Arbeitsmarkt aufscheine. Schwarzarbeit wurde aber auch von 12 Frauen abgelehnt. Die Begründungen reichten dabei von der geäußerten Angst vor Repressalien bis hin zu Aussagen wie „das ist politisch nicht vertretbar" oder „ das zerstört Arbeitsplätze. Man sollte auf jeden Fall dagegen vorgehen."

Zwei Befragte gaben 2005 an, sich aktuell oder in der Vergangenheit zu prostituieren. Eine der beiden konnte auch in 2006 befragt werden und sie schilderte eine Männerbeziehung wie folgt:

> „Wir treffen uns in der Regel einmal die Woche. (...) Ich frage dann, ‚kannste mir hundert Euro geben'. (...) Eine Freundin von mir sagt, wenn der ins Puff gehen würde, dann würde er jeden Monat 1000 Euro ausgeben, das kann er dir doch so geben. Ja, ich verkaufe das sozusagen. Das fühlt sich nicht gut an. Ich muss ehrlich sagen, ich brauche das Geld dringend. In der letzten Woche vom Monat habe ich manchmal nichts mehr" (Susanna W, 46, II).

Der mit der Hartz-IV-Reform angekündigte Aktivierungsdruck hat in der Frühphase ganz offensichtlich zur Aktivierung beigetragen, motiviert durch Angst vor dem Sanktionsrepertoire einerseits sowie dem Statusverlust als Arbeitslosenhilfeempfängerin, einhergehend mit finanziellen Einbußen, andererseits. Im Zeitverlauf kehrte das Groß der Befragten zum Maß der Bewerbungs- und Selbstvermarktungsaktivitäten vor Hartz IV zurück. Stark aktiviert waren, zumindest im Hinblick auf den Nachweis formeller Bewerbungen, neben den Befragten mit hoher Arbeitsmarktorientierung einige wenige Frauen, die vom Jobcenter dazu aufgefordert wurden.

3.4.5 Psychische Befindlichkeit

Die psychische Befindlichkeit der Frauen hat in der Mehrzahl durch die Einführung von Hartz IV mehr oder weniger stark Schaden genommen. Der im Gesetz fixierte und über die Medienöffentlichkeit transportierte Anspruch des Forderns mitsamt Verschärfungsdebatten der Hartz IV-Regelungen wirkte als Drohkulisse und setzte die Frauen unter psychischen Druck. „Ich meine, die Zeiten beim Arbeitsamt sind immer schon hart gewesen. Die müssen nicht so tun, als wären die Forderungen durch Hartz IV erst erfunden worden. Und der Druck ist immer da. Was ich jetzt aber erlebe, da denke ich manchmal, du hast so viel Therapie gemacht und so viel gearbeitet an dir, aber von außen, du hast gar keinen Wert mehr. Entweder kannst du was leisten und du bringst Geld oder du bist ein Nichts. Es gibt nichts dazwischen. (...) Ich muss sagen, es gibt manchmal so Tage, da gibt es eine innere Müdigkeit, wo ich sage, ich habe gar keine Lust" (Heidi G., 49, I).

Das Lebensgefühl vor allem im ersten Jahr der Einführung war dominiert von starker Verunsicherung und Angstschüben, zuweilen auch von Wut und Ohnmacht. „Aber was für mich viel, viel schlimmer war, ist dieser psychische Teil. Ich habe so eine Wut gehabt, weil er (ein Mitarbeiter des Jobcenters, K.L.) mir so quasi vermittelt hat, es gibt gar keine Rechtssicherheit. Ich muss sagen, von meinem Rechtsbewusstsein und den Sachen, die ich mir angelesen habe. (...) Ich kann da anlesen noch und nöcher und die handhaben das, wie sie wollen. (...) Es läuft immer darauf hinaus, der Mensch ist nix wert. Und diese Verunsicherung, die dadurch entsteht. Ich habe keine Angst mehr, heutzutage, wirtschaftlich nicht klar zu kommen. Aber diese Ungerechtigkeit und wie man mit den Menschen umgeht. (...) Ich kann mich darauf einstellen. Aber wenn ich bedenke, so Leute, die sich nicht wehren können, die wirklich Hilfe (...) Die gehen in die Depression, in die Isolation und kriegen von außen immer nur bestätigt, dass sie nichts wert sind. Das macht auch was mit mir, auch politisch" (Heidi G., 49, I).

Eine weitere Befragte betonte: „Das, was sich bei mir festgesetzt hat, waren wahnsinnige Existenzängste, weil ich nicht wusste. Man ist ja auch hilflos, weil man nicht weiß, was sind das für Leute und man weiß ja auch nicht, wie können die mit der Macht, die sie in ihren Händen haben, umgehen. Man ist da einer gewissen Willkür ausgesetzt. Man muss sich alles gefallen lassen" (Nina S., 57, I).

Teilweise berichteten die Frauen von Panikattacken, weil die Überweisungen des ALG II ausblieben. „Die Sicherheit ist mit Hartz IV völlig weggebrochen. Ich konnte auch vorher keine großen Sprünge machen, aber es ging eben. Ich wusste, dass ich jeden Monat mein Geld habe. Und jetzt weiß ich nicht mal, was ich morgen essen soll geschweige denn wie ich meine Miete zahlen kann" (Martina R., 42, I).

Allein drei der vier 2005 befragten Nichtleistungsempfängerinnen äußerten 2005, sich psychisch angeschlagen zu fühlen. „Da hab ich immer wieder so eine Phase, wo ich Depressionen kriege. Dass ich mich nicht selbst refinanzieren kann, ist eine psychische Katastrophe für mich" (Ulrike S., 52, I).

Von den 30, in 2005 befragten Frauen gaben 20 an, in den letzten Jahren oder akut unter depressiven Verstimmungen oder Depressionen gelitten zu haben bzw. zu leiden, sechs davon mit klinischem Befund. (Wie im Einzelnen Ursache und Wirkung zusammenhängen, lässt sich hieraus nicht erschließen). „Dass ich jetzt noch nicht völlig verrückt geworden bin, das bewundere ich dann manchmal schon, und noch nicht total depressiv. Ich habe auch richtige depressive Phasen, aber ich nehme keine Medikamente“ (Susanne F., 43, I).

„Ich bin auf dem Weg dahin, depressiv zu werden, sehr resigniert und langsam auch total frustriert, total am Ende. Ich versuche, meinen Tagesablauf so zu organisieren. (...) Die festen Termine sind wirklich, wenn mein Sohn um 15 Uhr nachhause kommt. Ansonsten schlage ich die Zeit tot. Das ist kein sinnvolles Leben, nee“ (Simone R., 42, I).

Auch unter den in 2006 befragten 25 Frauen litten nach eigenen Angaben mehr als die Hälfte (13) immer noch oder wieder unter psychischen Beeinträchtigungen bis hin zur Erkrankung. Vor allem die Beendigung einer Maßnahme schien bei allen zunächst positiven Effekten (vgl. 3.5.2) eine besondere Krisenzeit zu sein.

„Also seitdem die MAE zu Ende ist, das Geld weniger wurde und dann noch die Informationen da immer in den Medien, also mir geht es seit April (Beendigung der Maßnahme im März, K.L) gar nicht gut. (...) Ich habe einen Psychologen aufgesucht. (...) Ich individualisiere es sehr, was mir passiert. Ich habe meine spezielle Biographie und aufgrund der Biographie ist sehr viel erklärbar. Was für Dispositionen schaffe ich oder habe ich geschaffen in grauer Vorzeit, dass es mir so geht heute, dass ich keine Arbeit finde, (...) einsehen zu müssen, das Konzept ist nicht aufgegangen“ (Herlinde P., 45, II).

Ging der abrupte Wechsel aus einer letztlich sehr erfolgreichen Tätigkeit in einer Maßnahme („Ich habe sehr viel Bestätigung bekommen. Zum offiziellen Abschied haben sie mir eine Ganzkörpermassage geschenkt, das war wirklich toll“, Mirella S., II) zurück in die Arbeitslosigkeit mit Behördenproblemen einher, verstärkten sich die Krisensymptome zuweilen stark. „Ich bin depressiv, das kommt immer wieder durch, gerade jetzt. (...) Ich versuche mich mit Bachblüten irgendwie über den Plan zu bringen, aber es ist ein großes Gefühl von Scheitern. Und, es ist so, also ich habe am Montag, als ich festgestellt habe, es ist schon wieder kein Geld da, da habe ich gedacht, ich nehme mir jetzt ein Messer, gehe zum Arbeitsamt und sage ‚Erledigen Sie das, ich kann nicht mehr‘“ (Mirella S., 39, II).

In der Befragung 2005 hatten zehn der Frauen die Angst geäußert, eventuell ihre Wohnung räumen zu müssen, da diese möglicherweise nicht den Angemessenheitskriterien des SGB II entsprächen. Da die Berliner Ausführungsvorschrift Wohnen (AV Wohnen), in der diese Kriterien für den Stadtstaat Berlin festgelegt wurden, erst im Juli 2005 vom Berliner Senat verabschiedet wurde, war die Verunsicherung unter den Betroffenen sehr groß, selbst unter denjenigen, die in Sozialwohnungen lebten bzw. günstige Mieten hatten. „Ich bin jetzt so verunsichert. Da weiß ich nicht, wie die das handhaben. Mit der Wohnung kann mir eigentlich nichts passieren. Das weiß ich nur, weil ich selbst damit (mit der AV, K.L.) gearbeitet habe. Die sagen mir nix. Aber auf dem Papier steht was anderes, als wie die das handhaben. Deshalb habe ich große Angst, eine große Angst" (Heidi G., 49, I). Befürchteten die Frauen den Wohnungsverlust, dominierte dies die Problemwahrnehmung eindeutig. Die Bedrohung, nur noch fremdbestimmt zu sein, erschien übermächtig. „Wenn einer kommt und mir sagt, dass die Wohnung zu teuer ist. Na, der soll mir kommen. Den schubse ich die Treppen runter. Ich bin kein aggressiver Mensch, aber das geht zu weit. Ich hänge am Existenzminimum. Ich habe meinen Hund. Da ist es schwer, eine andere Wohnung zu finden. Der Hund ist mein Lebenselixier, sonst hätte ich die Tür schon zugeschlossen. Ich hätte es nie geglaubt, dass ich mal so unterm Teppich bin. Ich bin schon froh, dass ich mit Ihnen rede" (Charlotte S., 55, I).

Eine weitere Befragte, die vor ihrer Arbeitslosigkeit mehr als 40 Jahre im gleichen Unternehmen beschäftigt war, äußerte: „Ich habe den gefragt, was ist mit der Miete? Dann kuckte er bedenklich und sagte, ‚na ja, das kommt im Juli erst raus, was Berlin vorhat. Ist ja ein bisschen viel, die Miete'. (...) Ich bin in völliger Panik, jetzt kommt das Ungewisse ganz schlimm. Ich kriege schon unheimliche Ängste. Das ist unmöglich. Ich habe meinem Sohn schon gesagt, ich bin von der Psyche" (Petra F., 60, I).

„Meine Selbstwahrnehmung, als Hartz IV bekannt wurde, das war die Katastrophe, weil im September wurde für Berlin gesagt, dass die Wohnungsmieten nicht voll übernommen werden, sondern es stand in der Zeitung, dass Berlin einen Satz von 227 Euro plus Nebenkosten übernimmt, aber maximal 350 Euro. Sagte meine Tochter, ‚na, Mutti, kriegst du von mir jeden Monat Bafög'. Aber das geht doch nicht. Sie verdient doch selbst noch nicht lange, sie muss doch selbst erst mal sehen" (Magdalena H., 58, I).

Zum Zeitpunkt des zweiten Gesprächs hatte keine der betroffenen Frauen einen negativen Bescheid erhalten und die Situation hatte sich beruhigt. Allerdings erwarteten mehrere Frauen, dass ihnen mittelfristig nicht mehr die gesamten Kosten der Unterkunft überwiesen würden, was ein Unsicherheitsfaktor blieb. „Meine Tochter ist jetzt ausgezogen. Jetzt ist die Wohnung zu groß und zu teuer. Jetzt kommt auch noch die Mieterhöhung. (...) Mein Arbeitsberater sagt, dass das ja nicht vom Jobcenter ausgeht, sondern vom Bezirksamt und dass er den Eindruck hat, dass der Bezirk da nicht so rigide vorgeht. Ja, wer weiß, was da noch kommt (...)" (Mirella S., 46, II). Mehrere Frauen berichteten, ihnen werde nicht die gesamte Miete mitsamt Nebenkosten überwiesen. "Nu weiß man nicht, wie lange es noch geht, zumal wir jetzt auch schon wieder hier 17 Euro mehr Miete bezahlen müssen, weil die Betriebskosten gestiegen sind. (...) Das ist ja jetzt schon, also die haben mir jetzt am 1. Juni auch schon 9 Euro weniger gegeben. Da haben die die Miete von 2004 zugrunde gelegt. (...) Ich blicke da nicht mehr durch. Eigentlich kann ich jetzt schon nicht mehr vor die Tür, wegen dem Geld. Wenn das noch schlimmer kommt, ja, wie soll das denn gehen?" (Petra F., 62, II).

Mehrere Frauen betonten im zweiten Interview, inzwischen keine Angst vor dem Wohnungsverlust zu haben, im Gegenteil. „Das wäre okay, wenn die sagen, ‚ziehen Sie um', würde ich sagen, ‚okay, ziehe ich um, bezahlt mir's. Ich finde keine billigere Wohnung, das weiß ich'. Ne kleine drei-Zimmer-Wohnung. Da hätte ich vielleicht auch mal mein eigenes Zimmer für mich und müsste nicht auf dem Sofa schlafen" (Kerstin L., 50, II).

Durch den zumutungsreichen Prozess der Umstellung auf Hartz IV wurde die bisherige „Befriedung" des Lebensgefühls und das Einrichten im Zustand der Dauerarbeitslosigkeit erschüttert und damit unterminiert. Das Erreichen eines inneren Prozesses der Krisenüberwindung, mit dem Ziel, Perspektiven jenseits der Erwerbsorientierung zu entwickeln und zu leben, wurde erschwert, ja nahezu unmöglich durch die als Zumutung erlebten Erfahrungen im Jobcenter und dem aufgebauten Aktivierungsdruck. „Für mich ist es einfach so, dass ich fremdbestimmter bin als vorher. Mit Hartz IV. Ich kann gar nicht mehr so frei sagen, ich will umziehen oder so. Urlaub, na ja, am Anfang hieß es ja, man kriegt gar keinen Urlaub. Das stimmt nicht, aber das sind Ängste, die man hat. (...) Ich fühle mich der Willkür mehr ausgesetzt, auf jeden Fall. Musst immer verfügbar sein" (Mirella S., 45, I).

Selbst wenn faktisch keine oder wenige entsprechende Erfahrungen gemacht wurden, weil die Betreuungssituation so schlecht war (vgl. 3.5), wurden die steten Debatten um weitere Kürzungen der finanziellen Zuwendungen und der weiteren Verschärfung der Zumutbarkeitsregelungen als Bedrohung wahrgenommen.

Martin Kronauer, Berthold Vogel und Frank Gerlach haben in ihrer Untersuchung „Im Schatten der Arbeitsgesellschaft" von 1993 folgenden Satz formuliert: „Es erfordert viel Kraft, die eigenen Ansprüche „zurückzuschrauben" und „sich damit abzufinden", auf Dauer an den Rand oder gar außerhalb der Arbeitsgesellschaft gedrängt zu sein, ohne daran zu zerbrechen" (1993: 205, Anf. i.O.). Was 1993 als positiv verstandene Option formuliert wurde, soll gerade durch Hartz IV vermieden werden. Kern der Hartz-Gesetze ist die dauerhafte und ständige Aktivierung und Erwerbsorientierung. Den Betroffenen wird der Weg in die Gewöhnung (den die Menschen gehen, um nicht „daran zu zerbrechen") verweigert, ohne ihnen einen anderen Ausweg, eine andere Perspektive zu bieten.

„Aber 2005, seitdem wird es immer enger. Das ist, als ob einer dir die Schlinge um den Hals legt und du hast nicht die Hände frei, dich daraus zu befreien. Diese Hilflosigkeit, dass man darauf angewiesen ist, das ist nichts für mich. Ich bin dazu zu freiheitsliebend und will selbstständig denken und nicht, ‚ach, die werden das schon mit mir machen'. Das finde ich ein entsetzliches Gefühl" (Petra F., 60, I).

Wie gesagt, allein das Wissen und nicht nur die faktische Erfahrung entfaltete ihre Wirkungen und behielt die Frauen in einer „Habt-Acht-Stellung." Traten neben dem dauerhaften Problembündel (Arbeitslosigkeit, Armut, Ausgrenzungserfahrungen etc.) konkrete gravierende Alltagsprobleme auf, wie etwa das Ausbleiben der finanziellen Leistungen, dominierte das Gefühl, in einem Netz aus Abhängigkeit, Willkür und Kontrollverlust über das eigene Leben gefangen zu sein. Übermächtig war für viele das Gefühl, einer institutionellen Maschinerie und dem Ermessen der institutionellen Akteure hilflos ausgeliefert zu sein, deren Wohlwollen man sich mit willigem Verhalten zu erkaufen suchte. Anstatt das Selbstbewusstsein der teilweise jahrelang vom Arbeitsmarkt Ausgegrenzten zu stärken und ihnen Hilfe zur Selbsthilfe anzubieten, fühlten sich die Frauen geschwächt, in ihrer psychischen Struktur gar beschädigt.

Besuche im Jobcenter waren selbst für die „Hartgesottenen" und Selbstbewussten mit starker innerer Anspannung („ich war völlig nassgeschwitzt", Herlinde P., II) und Unsicherheiten verbunden. Gleich mehrere Frauen betonten, wie kontraproduktiv sie den Umgang mit dem Jobcenter und den bürokratischen Anforderungen empfanden im Hinblick auf ihre, auf Arbeitsmarktaktivitäten ausgerichtete Zeitstruktur und ihr psychisches Wohlbefinden, welches sie als Voraussetzung für ihre Reintegration in den ersten Arbeitsmarkt betrachteten.

„Das macht einem wirklich zu schaffen. Dann wartest du auch jeden Tag auf irgendeinen Brief, was kommt jetzt schon wieder, Krankenkasse, Jobcenter oder die anderen Ämter. (...) Das prägt den Alltag, das glaubt man nicht. (...) Die Zeit könnte ich anders nutzen, für was Sinnvolles" (Brigitte S., 38, II).

„Man verliert Zeit und viel Nerven. Und wenn ich beim Arbeitsamt (gemeint ist das Jobcenter, K.L.) war, bin ich überhaupt nicht kreativ danach. Ich bin so was von fertig und man braucht viel, um mich fertig zu kriegen. Aber ich brauche, wenn ich den ganzen Vormittag da war, den Nachmittag kann ich vergessen. Dann gehe ich nach Hause und mache die Glotze an, am liebsten gleich einen Doppel Scotch oder so und eine rauchen und kein Telefon. Lass mich in Ruhe, schlafen kann ich sowieso nicht, weil ich total auf 150 bin, obwohl ich dort ruhig bin. Der Tag ist gelaufen, ich kann an so einem Tag gar nichts mehr unternehmen. Und ich könnte nach so einem Vormittag schon gar nicht zum Vorstellungsgespräch gehen" (Sibylle S., 52, II).

Diese Interviewpassage ist für sich genommen keine große Überraschung und im Inhalt eher die Regel denn eine Ausnahme. Besonders ist diese Aussage bei Betrachtung der Person, von der sie geäußert wurde. Sie stammt von einer Befragten, die hochqualifiziert und sich ihres Könnens bewusst ist, hochmotiviert und aktiv, im Versuch, den Hartz IV-Bezug hinter sich lassen zu können, die sich zum Zeitpunkt des zweiten Interviews für einen möglichen zukünftigen Job auf eigene Kosten schulte in der Hoffnung auf eine Zukunftsoption, die in ein soziales und auch finanziell unterstützendes Netz eingebunden ist, die sich finanziell wohl an den Rand gedrängt, aber sozial nicht ausgegrenzt fühlt und die, grundsätzlich positiv eingestellt, psychisch stabil schien wie kaum eine andere unten den Befragten. Eine weitere Befragte, ebenfalls Akademikerin, sehr arbeitsmarktorientiert und auch sozial sehr aktiv, betonte 2005: „Man muss sehr idealistisch geprägt sein und eine starke Persönlichkeit sein, um nicht in Depressionen zu verfallen, nicht süchtig zu werden oder gewalttätig zu werden. Ich verstehe jeden, der das nicht kann, wie ich das kann, weil es ist eine schlimme Sache, arbeitslos zu sein." Bei der zweiten Befragung bestätigte sie diese Haltung: „Ich schaffe das noch, weil ich genügend Kraft habe und ich verstehe jeden, der das nicht kann. Weil das unendlich schwer ist, sich so zu motivieren und so zusammenzunehmen und so streng mit sich zu sein" (Magdalena H., 59. II).

Die Ankündigung der Hartz-IV-Reform sowie die realen Erfahrungen führten zu einer massiven psychischen Belastung bei der großen Mehrzahl der befragten Frauen. Anstatt sich als „Kunden" des zuständigen Jobcenters zu fühlen, die „Dienstleistungen am Arbeitsmarkt" in Anspruch nehmen, dominierten Gefühle der Angst vor bürokratischer Willkür und dem Ausgeliefertsein einer bürokratischen Maschinerie. Das Ermessen, welches die JobcentermitarbeiterInnen ausüben können, wurde als Bedrohung wahrgenommen, da es nicht mit erkennbarer Rechtssicherheit einherging.

3.5 Die Betreuungssituation im Vermittlungsbereich im Zeitverlauf

Die SPD-geführte Bundesregierung stellte als Antwort auf die öffentliche Skandalisierung der Verschärfungen durch Hartz IV, wie sie etwa durch die Protestwelle im Sommer und Herbst 2004 erfolgt war[73], Ende des gleichen Jahres klar: „Das zentrale Ziel von Hartz IV ist die Vermittlung in Arbeit und Qualifizierung"[74]. Die Behauptung, es werde nur gefordert, aber nicht gefördert, sei falsch (ebd.). Welche Erfahrungen machten nun die Befragten?

Tatsächlich waren aufgrund der umfassend geschilderten institutionellen Probleme im ersten Jahr in Berlin-Mitte entsprechende Erfolge eher nicht zu erwarten. Symptomatisch waren bei der Befragung im Sommer 2005 die Aussagen: „Welche Betreuung? Sagen wir mal Behandlung. Wenn ich von der persön-

[73] Vgl. dazu 3.7

[74] Vgl. vom SPD-Bundesvorstand herausgegebener Flyer „Langzeitarbeitslosigkeit bekämpfen (Hartz IV). Fakten und Argumente", 2004, Berlin

lichen Betreuung ausgehe, ist die sehr schlecht, weil es für mich keinen Ansprechpartner gibt" (Gesa M. 37, I). Oder: „Ich finde mich schlechter behandelt als vorher. Von der Förderung für Langzeitarbeitslose ist bei mir nichts angekommen. Ganz im Gegenteil. Die Leute sind viel gereizter als vorher. Ich finde selten einen, der mir mal freundlich entgegentritt. (...) Es macht keinen Sinn, die Leute noch mehr unter Druck zu setzen. Das macht überhaupt keinen Sinn, außer sie wollen durch eine gesteigerte Selbstmordrate die Zahlen bereinigen" (Mirella S., 45, I, Alleinerziehende).

Besonders die schlechte Schulung der JobcentermitarbeiterInnen wurde während der Befragung 2005 von den wenigen Frauen moniert, die überhaupt mit der Vermittlungsabteilung in Kontakt getreten waren. „Die sind maßlos überfordert. Die sagen, ‚wir haben die neuen Regelungen noch nicht und wissen nicht, wie. Sie haben ja recht, aber wir können Ihnen nicht helfen.' Ich gehe dann hin und habe alles vorliegen und sage denen, ‚Kucken Sie mal, das habe ich aus der und der Broschüre.' Dann sagen die, ja, davon weiß ich ja gar nichts'" (Gesa M. 37, I).

Insofern ist von besonderem Interesse, welche Erfahrungen im Hinblick auf den Förderaspekt diejenigen 25 Frauen machten, die letztmalig im Sommer 2006, also rund eineinhalb Jahre nach Einführung des SGB II, befragt werden konnten.

3.5.1 Vom Fordern zum Fördern?

Der Befund ist eindeutig. Die im Rahmen des Projekts befragten Frauen wurden, zumindest bis zum Sommer 2006, faktisch nicht ständig und dauerhaft aktiviert, eher im Gegenteil. Im Prinzip fühlten sich alle „merkwürdig unbetreut", wie es eine Befragte ausdrückte. Zwar gaben im Sommer 2006 13 der Frauen mit Hartz IV-Leistungsbezug an, Kontakte zur Vermittlung im Jobcenter zu haben bzw. gehabt zu haben, weitere drei Frauen hatten nie Kontakt in den Vermittlungsbereich, wurden aber von privaten Vermittlungsunternehmen geladen und dort „betreut". Aber immerhin sieben Frauen hatten noch nie Kontakt in den Vermittlungsbereich. „Ja, viel Vermittlung, nee, die habe ich nicht gehabt. Ich habe gedacht, oh, Hartz IV fordern und fördern, hört sich geil an. Endlich fördern die mich. Ich habe solche Hoffnungen gehabt! Ich habe gedacht, bis ich mit der ABM fertig bin, da haben die das im Griff. Im halben Jahr läuft das normal. (...) Ich habe mich wirklich drauf gefreut auf dieses Fordern und Fördern. Ich habe gesagt, ‚fördert mich doch, macht doch', aber tot, es passiert nichts. Ich meine, vorher ist auch nichts passiert, aber da hatte ich eine Arbeitsvermittlerin, die kannte mich, die konnte ich auch anrufen, die war wirklich sehr engagiert. (...)

Vom Jobcenter, ich habe nie was von denen gehört, auch nicht, als die ABM zu Ende war. Das war früher anders, da musste man sofort hinrennen" (Kerstin L., 50, II). Auf Nachfrage, wie sie sich das Betreuungsvakuum erklärten, äußerten einige Frauen die Vermutung, offensichtlich „zu alt" zu sein („Man hört doch immer, die kümmern sich nur noch um die Jungen", Martina R, 43, II), wobei die Grenze bereits mit 40 beginnt, und/oder zu überqualifiziert. „Ich bin noch nie eingeladen worden. Ich glaube, weil ich über 50 bin und eine Frau eben. (...) Ich bin nicht marktkonform, ich bin als Frau und Akademikerin und über 50 ja überhaupt nicht marktkonform" (Gisela S., 50, II).

Befanden sich die Frauen in einer Tätigkeit, sahen sie darin den Grund für die Nichtbetreuung. „Fördern und Fordern, dieser Slogan. Also, das ist beides (...) es fängt beides mit f an, das ist aber auch alles. Die Worte, mehr ist da nicht. (...) Für die bin ich im Grunde abgehakt, weil die sehen ja in meiner Akte, kümmere mich, habe einen Minijob. Damit sind die superglücklich. Wo sie jetzt ein bisschen Druck machen, ist jetzt mein Mann. (...) Ich denke schon, dass die mich so einstufen wie: die Frau hat was und das reicht" (Bärbel S., 51, II).

Gemeinsam war ihnen allen, dass ein, von ihnen ausgehender Versuch der Kontaktaufnahme unterblieb. Teilweise wurde dieser bewusst vermieden. „Ich hab mich bis jetzt ruhig verhalten, weil ich dachte, irgendwann werden sie es bearbeiten. Ich will mal keinen Wirbel machen, damit ich da nicht irgendwie in irgendeine Maßnahme (...), ich will nicht in eine Maßnahme" (Gisela S., 50, II). Oder: „Schlafende Hunde weckt man nicht " (Bärbel S., 52, II). „Ich halte die Füße still, sonst wollen die mich in einen Ein-Euro-Job stecken" (Sabine F., 46, II). Erwartungen hatte man aber auch keine: „Von Arbeitsvermittlung kann ja schon gar nicht geredet werden. Schon gar nicht unter dem Aspekt, wenn du da hinkommst, sollst du zeigen, was du getan hast. Das ist für mich ein staatliches Kontrollorgan, mehr nicht. Was geht die an, was ich gemacht habe. Jeder, der arbeiten will, macht sowieso" (Bärbel S., 50, I).

Teilweise hinderte der psychische Zustand am Aktivwerden. „Ich komme keinen Tag mehr mit dem Leben klar und das finde ich so entsetzlich, das zu erleben jeden Tag, dass mich das so lähmt. (...) Ich schaffe es kaum, aus dem Haus zu gehen" (Kerstin L., 50, II).

Drei Frauen, darunter eine Alleinerziehende, hatten die schriftliche Aufforderung erhalten, sich bei privaten Vermittlungsunternehmen zu melden. Direkte Kontakte zum Jobcenter selbst wurden in keinem der Fälle aufgenommen.

„Ja, da geht man einmal im Monat hin und hat `ne Stunde, heißt es vorher, es ist nicht immer eine Stunde, manchmal eine halbe Stunde oder so. Ja also, wenn ich das jetzt mal so sage, ist das eine Art Gesprächstherapie. Man kommt da hin, unterhält sich ein bisschen und geht wieder, mehr passiert da letztendlich nicht." Frage :„Und das müssen Sie machen?" „Das muss ich machen." Frage:„Wie finden Sie das?" „Och wissen Sie, ob ich einen Termin habe oder gar keinen, ähm puh, dann gehe ich halt da hin und denn is' gut" (Simone R., 43, II, Alleinerziehende).

Eine andere Befragte machte ebenso die Erfahrung, dass sie nicht besser betreut wurde als von staatlichen Stellen. „Ich habe mich eigentlich darauf gefreut, weil ich gedacht habe, wenn ich bei einer privaten Vermittlungsagentur bin, dann wird da auch anders vermittelt. (...) Das erste Mal, das war die gleiche Massenabfertigung wie beim Arbeitsamt. Da war ich erst mal schockiert. (...) So, und dann liefen dann einmal im Monat Gespräche und in den ersten Monaten lief nichts anderes als, ‚ach, ich wollte mir noch mal ihre Bewerbungsunterlagen angucken'. Die sind doch schon perfekt. (...) Jetzt wird das Unternehmen aufgelöst. Und ich sage: ‚was passiert jetzt? Melde ich mich jetzt irgendwo beim Jobcenter?' Nein, passieren tut überhaupt nichts. Ich sollte gar nichts machen, weil irgendwann würde irgendjemand vom Jobcenter auf mich zukommen. Ist ja klasse. Jetzt ist erst mal nichts. ‚Na, seien Sie froh, mit Ihren Leistungen das läuft ja alles.' Und ich weiß jetzt gar nicht, was ich machen soll" (Heidi G., 50, II). Im weiteren Verlauf beschrieb sie ihre Ängste vor dem Jobcenter. „Ich weiß nicht, bei dem Jobcenter ist das so unberechenbar. Da weiß man nicht, an wen man gerät und wie viel Druck die machen" (diess.). Die dritte Betroffene, inzwischen wieder in Beschäftigung auf dem ersten Arbeitsmarkt, wurde „nicht auch nur ein einziges Mal von der Vermittlung angesprochen", sondern schriftlich von einer privaten Vermittlung eingeladen. „Ich war schon am Anfang sehr skeptisch, aber es hat sich alles bewahrheitet, was ich befürchtet habe. Es ist nichts anderes als ein Kontrollgremium. Das Jobcenter gibt diesen Firmen quasi die Kontrolle darüber ab, inwieweit ein Arbeitsloser bereit ist, Arbeit anzunehmen. (...) Ich möchte nicht wissen, was diese Firma damit verdient" (Karin H., 52, II).

Bei genauerer Betrachtung der Erfahrungen von denjenigen Frauen, die Kontakte zum Bereich Vermittlung des Jobcenters hatten, zeigt sich, warum sich auch diese Frauen nicht wirklich betreut fühlten.

Von den 13 Kontakten mit dem Vermittlungsbereich waren 8 Kontakte face-to-face Kontakte. Drei Kontakte beschränkten sich jeweils auf ein Telefongespräch. „Jetzt habe ich eine Vermittlerin, die heißt xy. Die kenne ich überhaupt nicht. Die rief ich aber mal an. Die empörte sich ganz fürchterlich über meinen Anruf, woher ich denn die Nummer habe. (...) ‚Wenn Sie mit mir reden wollen, müssen Sie über die Anmeldung kommen'. Ich sage: ‚Ist doch wurscht, ich habe jetzt angerufen, Sie haben abgehoben. Ich bin jetzt am Apparat. Ich würde gerne mit Ihnen sprechen.' ‚Nein, um Gottes Willen, das geht überhaupt nicht. (...)' Das war im Februar, also, die hat sich nie bei mir gemeldet. Ich habe bis heute noch nie eine so genannte Eingliederungsvereinbarung. (...) Sie sagte dann zu mir: ‚Ich lade Sie vielleicht im Sommer mal ein und dann bringen Sie mir bitte alle Bewerbungen mit.'" (Cornelia M., 45, II, in MAE, Bedarfsgemeinschaft).

In zwei Fällen wurden die Frauen per Anschreiben zu Bewerbungen aufgefordert, hatten anschließend aber nie wieder etwas vom Jobcenter gehört. „Die Stelle war voll PC fit. Der Chef hat dort gelacht, als ich meine Bewerbung da abgegeben habe. Ich habe mich beworben, ich musste mich ja bewerben. Ich habe nie was gehört. (...) Da rief ich beim Jobcenter an. Ich fühle mich so was von verarscht. Ich kriege noch nicht mal eine Erweiterung meines Horizonts, sprich eine Weiterbildung oder so was. (...) Die ist immer nur darauf rumgeritten, ‚ich soll das doch als Wiedereingliederung sehen und dass ich auf zu neuen Ufern'. Ich sage, ‚und wann kommen die neuen Angebote?' Kam nichts mehr, nichts mehr" (Charlotte S., 56, II).

Bei Betrachtung der Frage, welche Seite welchen Kontakt aufgebaut hatte, so zeigt sich, dass direkte Kontakte mehrheitlich von den Hartz IV-Betroffenen ausgingen. „Ich bin zum Jobcenter schon im Dezember oder im Januar und habe einen Antrag gestellt. Die haben gesagt, ‚was wollen Sie jetzt hier, Sie machen doch die ABM.' (...) Ich habe diese 180er Nummer. Entweder es ist besetzt oder man kommt nicht durch. Wenn die Leute dran sind, dann sagen sie, ‚ich weiß es nicht, ich schreib Sie an und leite es weiter.' Sie warten Monate und kriegen keine Antwort. (...) Dann war ich persönlich da. Sagt die, ‚warum rufen sie die 180er Nummer nicht an?' ‚Also bei der Vermittlung, das ist jetzt die 5. oder 6. Person, die ich gesehen habe. Also seit April (2006, Ende der ABM. K.L.) habe ich nur drei gehabt. (...)". Frage: „Wie würden Sie die Betreuung beschreiben?" „Es bringt nichts, es bringt einfach nichts. Es ist belastend. (...) Ich meine, wofür sind die da? Die können mir keinen Job vermitteln" (Sibylle S., 52, II). Das mehrfache Wechseln der oder des Persönlichen AnsprechpartnerIn wurde von allen Frauen mit Kontakten in die Vermittlungsabteilung beschrieben. Ob es fortan bei der gleichen Betreuungsperson bleiben würde, konnte keine der Frauen mit Sicherheit sagen.

Teilweise nutzten die Befragten die Abmeldung in den Urlaub zu einer Vorstellung in der Vermittlungsabteilung. „Im Mai (2006, K.L.) wollte ich wegfahren. Ich hab mich sozusagen da persönlich abgemeldet und dachte, na, das ist die Gelegenheit, mich mal wieder zu zeigen und zu sagen, ‚ja, ich such eigentlich Arbeit'. Das war das erste Mal, dass ich in der Sickingenstraße wirklich in die höheren Etagen vorgedrungen bin. (...) Seit Hartz IV losging, habe ich keinen Ansprechpartner und wenn ich schon versucht hab, telefonisch durchzudringen, dann war ich bestimmt eine halbe Stunde in der Warteschleife. (...) Ja, er sagte, ‚also es ist so, dass ich im Moment wirklich keinen Sachbearbeiter habe, keinen persönlichen, dass sie immer noch sehr in der Umstrukturierung und Aufbau sind.'" Frage: „Wissen Sie inzwischen, wer für Sie zuständig ist?" „Nee" (Herlinde P., 45, II). Der Umstand, den/ die persönliche AnsprechpartnerIn zum Zeitpunkt des zweiten Gesprächs noch nicht zu kennen bzw. noch kein als qualitativ gut eingeschätztes Betreuungsgespräch geführt zu haben, wurde allein von vier Frauen beschrieben, die bereits face-to-face-Kontakte im Jobcenter hatten.

In einem Fall führte die Urlaubsabmeldung zu einem Maßnahmeangebot, was schließlich in eine MAE mündete. „Vorher habe ich keine zugewiesen bekommen, keine Nachricht bekommen. (...) Und da sitzt da 'ne Arbeitsberaterin und meint, ‚ja ob sie nicht was für mich hätte' und bot mir eine RBN an, 'ne Vollzeitmaßnahme (...)" (Mirella S., 46, II, Alleinerziehende).

In nur zwei Fällen wurden die Frauen schriftlich zu Terminen gebeten. In einem Fall erhielt die Betroffene die Aufforderung, sich bei einem Träger für eine ABM zu melden. „Die haben mich dann da sozusagen zwangsrekrutiert. Die brauchten Leute und haben mich dann überzeugt, dass ich da unbedingt anfangen muss" (Nina S., 58, II). Im zweiten Fall hatte sich die Betroffene selbst auf eine ABM-Stelle beworben, lehnte diese dann aber ab, da das Versprechen der Einsatzstelle, auch mit einer dreißigstündigen Wochenarbeitszeit die Stelle antreten zu können, vom Jobcenter abgelehnt wurde. Anschließend wurde sie vom Jobcenter geladen. „Dieser Termin ist ja letztendlich nur dadurch zustande gekommen, dass diese ABM da war und es da diese Schwierigkeiten gab. (...) Also gefördert fühle ich mich überhaupt nicht, im Gegenteil, mit bestimmten Dingen einfach nur unter Druck gesetzt, wie mit der ABM-Stelle, ‚ja, wenn Sie dem nicht nachkommen (...)'"oder so. Ich mein, diese Stelle hatte mir selber gesucht! Ich bin selbst losgegangen und habe mir das gesucht und habe mich gekümmert und kriege von denen nachher Druck, wenn da irgendwas nicht läuft. Das ist doch bescheuert. Ich habe mich ja auch bei denen (Jobcenter, K.L.) beworben. Ich wusste, die suchen Personal. Na ja, die haben sich bedankt und mir abgesagt" (Simone R., 43, II, Alleinerziehende). Zur Qualität der Betreuung mochte sie sich kein Urteil erlauben, denn: „Die Betreuung, die war praktisch nicht vorhanden. Ich kann dazu gar nichts sagen, die war überhaupt nicht vorhanden" (Simone S., 43, II).

Was die Qualität der Vermittlungsaktivitäten von Seiten des Jobcenters und die Kompetenz der JobcentermitarbeiterInnen anbelangte, hat sich die Einschätzung in 2006 in einem Punkt im Vergleich zu 2005 deutlich verbessert. Sehr häufig wurden die Mitarbeiterinnen und Mitarbeiter als sehr freundlich beschrieben.[75] „Das geht jetzt alles ein bisschen besser. Diese Umstellungen, die im Jahre 2005 für so viel Desorganisation gesorgt hatten, die sind jetzt überwunden. Zumindest habe ich jetzt schon zweimal hintereinander einen Arbeitsberater gehabt,

[75] Was der Bereichsleiter 1 mit den Worten kommentierte: „Das sind meist Leute, die von außen eingestellt wurden. Die sehen in denen keine Feinde, sondern Kunden" (Interviewprotokoll 28.10.06).

ganz nett. Ansonsten hatte ich immer wechselnde Arbeitsberater" (Magdalena H., 59, II). „Die haben mir auch zugehört, weil sie auch sehr nett und menschlich sind" (Charlotte S, 56, II). „Eigentlich waren die alle sehr bemüht, das kann ich nicht anders sagen. Aber ich habe den Eindruck, dass die einfach nicht wissen, wie sie mit mir umgehen müssen" (Marion A., 41, II, Aufstockerin). Einher gingen diese Einschätzungen zuweilen mit der Einsicht um die begrenzten Möglichkeiten der Jobcenterangestellten. „Da sagte mir die Frau xy (Vermittlerin, K.L.), ‚wir kommen nicht mal dazu, die Akten zu lesen, also unser Tagesgeschäft zu beginnen, weil wir ja schon wieder neue Verordnungen lesen müssen'" (Charlotte S., 56, II).

Allerdings galten sie, wie das bereits 2005 moniert worden war, nach wie vor als wenig kompetent, schlecht geschult und schlecht auf das Gespräch vorbereitet. „Wenn ich einen Ansprechpartner hatte, waren die freundlich, kann man nichts gegen sagen. Also, da war keiner, der irgendwie böse oder gehässig oder sonst was war, aber im Endeffekt funktioniert hat es nicht. Sehr nette und freundliche Mitarbeiter, aber ohne Wirkung" (Brigitte S., 38, II, Alleinerziehende). Oder: „Der junge Mann ist sehr nett, hat sich unheimlich viel Mühe gegeben, hat aber leider keine Ahnung. Der hat sogar überzogen, freitags, er hat gesagt, ‚eigentlich habe ich jetzt Feierabend, aber wir machen das zu Ende.' Das fand ich sehr nett und außergewöhnlich für diese Leute. Aber der wusste nicht mal, wie man sucht im Internet. Ist alles scheiße" (Sybille S., II). Eine weitere Befragte äußerte: "Na ja, der Typ hat sich anderthalb Stunden für mich Zeit genommen. Das war ein absoluter Loser. Der hat berlinert. Wenn der Realschulabschluss hatte, dann hatte er viel. Das macht mich zornig, dass solche Leute über mich verfügen. Der hat versucht nett zu sein, aber er war ein Bürokrat vor dem Herrn, der wollte alles richtig machen. Er war nicht der Lage zu telefonieren. (...) Ich hatte im Amt Anträge liegen. (...) Ich bin nach dem Gespräch runtergegangen (in die Leistungsabteilung, K.L) und habe mich erkundigt. Die haben mich mit offenen Armen empfangen, sagt die Frau zu mir, ‚Mensch, tut mir leid, die Anträge sind ja uralt.' (...) Die war sehr nett. Davon war ich positiv beeindruckt und von dem Typ total abgegessen, weil ich dachte, wie kann es sein, dass die so freundlich, so entgegenkommend sind und er kann nicht mal anrufen als Kollege. Ich mache sehr unterschiedliche Erfahrungen und das kriege ich aber auch nicht mehr zusammen. (...) Sie fühlen sich immer mehr verrückt" (Susanna W., 46, II). Als sehr problematisch beschrieben die Betroffenen, dass es bei Einzelgesprächen bleibe und bis dato kein kontinuierlicher Kontakt zustande kam. „Ich habe bis heute, und dieses Gespräch ist ja jetzt vier, fünf Monate her. Er hat mir versprochen, er recherchiert Trainingsmaßnahmen und ich bekomme Post. Es ist bis heute nichts passiert" (Susanna W., 46, II).

Eine Befragte äußerte sich positiver, hatte aber kaum Erwartungen: „Da ist doch ein Qualitätssprung vonstatten gegangen. Ich habe mich eigentlich gut gefühlt, nachdem ich rausgekommen bin. Zumindest habe ich mich verstanden gefühlt. (...) Ich selbst weiß, dass die Möglichkeiten im Jobcenter begrenzt sind. Wenn es keine Arbeitsplätze gibt, dann kann man auch keine vermitteln“ (Magdalena H., 59, II).

Tatsächlich erfolgten echte Hilfestellungen im Sinne einer Betreuung in Richtung erster Arbeitsmarkt nach Einschätzung der Hartz IV-betroffenen Frauen nicht. So wurden nach Angaben der Betroffenen in keinem Fall passgenaue, dem eigenen Profil entsprechende Jobangebote präsentiert. Zwei Frauen äußerten ihr Entsetzen darüber, dass es nach Aussagen von Jobcentermitarbeiterinnen und -mitarbeitern zum damaligen Zeitpunkt wie vor keine Datenbank gebe, die die Profile der Arbeitssuchenden mit den aktuellen Stellenangeboten abgleiche. „Mein Leistungsprofil liegt ohnehin schon immer da, aber da gibt es neue Anweisungen, um den Bedarf oder die Qualifikation noch besser zu ermitteln. Ich war eigentlich ein bisschen sprachlos darüber oder fassungslos. Ich dachte eigentlich immer, dass das schon gelaufen ist“ (Magdalena H., 59, II). Ähnlich überrascht zeigte sich eine andere Befragte: „Er sagte, ‚wir sind dabei, ein Programm zu entwickeln, eine Datenbank, in der Profile erstellt werden von den Arbeitssuchenden und wenn eine Stellenanzeige reinkommt, der Computer die Parameter des Angebots mit den Parametern der Stellensuchenden abgleicht und dann Stellenangebote rausgehen‘. (...) Ich finde eigentlich, dass es so etwas geben müsste. Aber jetzt, wo ich weiß, dass es das nicht gibt, bin ich völlig bestürzt, weil das ist eigentlich das Erste, was man machen muss. Kein Wunder, dass ich noch nie ein Stellenangebot gekriegt habe“ (Herlinde P., 45, II).

Fortbildungen oder spezielle Qualifizierungen, von denen sich die Betroffenen eine Verbesserung ihrer Chancen erhofften, hat kaum eine der Frauen erhalten. Wenn es geklappt hat, dann vor allem aufgrund massiven Intervenierens (persönliche Gespräche, Briefe auch an die Leitungsebene, Emails etc.) bis hin zum Erschleichen über falsche Angaben, das Ausspielen der verschiedenen Mitarbeiterinnen und Mitarbeiter untereinander. Dies galt allerdings nur für das Jahr 2005. D.h., diejenigen mit besonderer Durchsetzungsstärke und einem gewissen Maß an Chuzpe konnten das institutionelle Chaos in 2005 zu ihren Gunsten ausnutzen. Im Umkehrschluss bedeutete das allerdings, dass die „Schwächeren“, mit wenig sozialem und kulturellem Kapital ausgestatteten Frauen besonders schlecht betreut wurden und sie die meisten Schwierigkeiten hatten, nicht nur die ihnen zustehenden Hartz IV- Leistungen zu erhalten, sondern auch eine Betreuung im Sinne der arbeitsmarktpolitischen Förderung zu erhalten. Ob und wer wie gefördert wurde, war demnach aus individueller Sicht im Kern das Ergebnis zufälliger Begegnungen und Begebenheiten im Jobcenter und nicht Ausdruck zielgerichteten Verwalteungshandelns.[76] Die von wissenschaftlicher Seite formulierte Befürchtung, wonach Aktivierungsstrategien in erster Linie den privilegierten Kreisen helfen und Schwächere gar nicht erreicht werden (Olk 2000; Butterwegge 2005), sind zumindest für den Übergang offenbar auch in Mitte angesichts der damaligen Mangelverwaltung nicht von der Hand zu weisen. Dies zeigen entsprechende Hinweise von Frauen mit Maßnahmeerfahrungen.

3.5.2 Frauen in Maßnahmen

Alle Frauen, die Ende 2004 bzw. 2005 eine öffentlich geförderte Maßnahme begannen (MAE, ABM, Weiterbildung), haben die Maßnahme nur aufgrund eigenen Engagements erhalten. „Die Stelle hab ich selbst durchgeboxt. Ich bin hingegangen und habe gesagt, ‚das und das will ich, Sie haben es da im Computer.‘ Ich hatte überall rumrecherchiert und die Stelle war ausgeschrieben im Internet. Da ließ ich nicht locker und ich hatte mit der Verantwortlichen (in der Einsatzstelle für die ABM, K.L.) schon geredet. Dann sagt die vom Arbeitsamt, ‚ja, ich habe die Stelle drin.‘ ‚Na, dann drucken Sie es aus.‘ Das hat sie gemacht. Ich habe Ihnen (gemeint ist K.L.) am Telefon ja erzählt, wenn ich das will, kriege ich das auch“ (Sibylle S., 51, I).

Eine andere Befragte, die ihre Maßnahme bereits Ende 2004 begonnen hatte, äußerte: „Das geht nur über Eigenbemühungen. Wenn ich nicht gesagt hätte, ich möchte das, würde mir niemand eine MAE-Maßnahme anbieten. Ich habe das richtig gefordert! Und auch die Verlängerung, ich hatte ja die neun Monate noch nicht voll ausgereizt, das habe ich gefordert und selbst eingestielt“ (Magdalena H., 58, I). Zur Motivation , weswegen sich die Frauen um eine öffentlich geförderte Arbeit bemühten, wurden zwei Gründe genannt. Einerseits gaben die Betroffenen finanzielle Gründe an. „Zu tun habe ich genug, nur nicht genug Geld. Das sind 150 Euro mehr im Monat. Ich mache das nur wegen dem Geld“ (Sybille S., 51, I.).

„Dann habe ich gesagt, wenn jetzt Hartz IV kommt, kann ich das alleine gar nicht packen. Ich war ganz verzweifelt, wenn ich keine Arbeit bekomme und mich niemand nimmt. Dann habe ich gesagt, ich will eine MAE. Alle im Bekanntenkreis haben gesagt, ‚das kannst Du doch nicht machen. Du kannst doch keine Hilfstätigkeit machen.‘ Ich sagte, ‚ich baue mir schon was auf. Ich brauche einfach das Geld.‘ (...) Ich habe ungefähr das gleiche Geld wie letztes Jahr. D.h.,

[76] Es sei daran erinnert, dass Jugendliche unter 25 mit einer Ausnahme nicht befragt werden konnten, auf deren Förderung laut Zielvereinbarung zwischen Agentur und Jobcenter der Schwerpunkt liegen sollte.

die volle Härte von Hartz IV hat mich durch die MAE noch nicht getroffen" (Magdalena H., 58, I).

Als zweiter Grund wurde genannt, einer sinnvollen Tätigkeit nachgehen zu wollen. „Ich will mit anderen zusammen sein und was Nützliches tun. (...) Mir ist egal, wie das heißt. Wenn es von Anspruch geistig erfüllend ist, ist das in Ordnung. Es muss so viel Geld sein, dass ich existieren kann. Ich bin 40 Stunden im Verein und vergesse fast völlig, dass ich arbeitslos bin. Ich fühle mich nicht arbeitslos und denke nicht daran. Deshalb geht es mir gut" (Magdalena H., 58, I).

Darüber hinaus verbanden die Frauen ihre Tätigkeit mit einer mehr oder weniger starken Hoffnung, eine Erwerbsarbeit zu finden. Die Haltung reichte von „Vielleicht ergibt sich was. Wer weiß, wofür es gut ist" (Sibylle S., 51, I) oder „ich sehe die Chancen, irgendwo reinzurutschen" (Magdalena H., 58, I) bis hin zur ausgefeilten Strategie, mittels ehrenamtlichem Engagement und einer, dieses Engagement krönenden MAE im gewünschten Arbeitsfeld tatsächlich den Wiedereintritt in den ersten Arbeitmarkt zu schaffen: „Der Träger hat sich gefreut, dass ich meine Einsatzstelle mitbringe, dass ich schon wusste, wo ich arbeiten will. Das ist der Verein, für den ich ehrenamtlich arbeite. Mir war klar, wenn ich als Politologin arbeiten will, dann muss ich mir ein kleines Segment suchen und engagiert eintauchen und auf die Fluktuation hoffen. Aus diesem Grund habe ich mich für einen Ein-Euro-Job beworben. Ich verspreche mir davon sehr viel bessere Chancen auf dem Arbeitsmarkt. (...) Die Fluktuation ist vorhanden und ich bin jetzt richtig drin in der Szene. Das war richtig viel Arbeit. Zwei Jahre bin ich dabei, mich in der Szene bekannt zu machen. Das ist meine Strategie" (Herlinde P. 44, I).

Nur zwei der Befragten mit MAE in 2005 konnten die eigentlich vorgeschriebenen Weiterqualifizierungen während ihrer MAE-Zeit tatsächlich antreten. Beide machten die Erfahrung, dass Ein-Euro-Jobs vor allem mit Hochqualifizierten besetzt wurden. „In der Gruppe dieser Ein-Euro-Jobber gab es höchstens zwei, die keine Facharbeiter waren. Da gab es mehrere Diplomingenieure oder Akademiker und ansonsten waren es Facharbeiter. Es ist nicht so, wie es durch die Medien eigentlich immer dargestellt wird, dass die Leute nicht arbeiten wollen oder nicht qualifiziert sind oder so. (...) Im Großen und Ganzen war ich nur mit recht qualifizierten Leuten zusammen" (Magdalena H., 59, II). Allerdings konnte sie ein insgesamt positives Urteil nur für ihren zweiten Einsatzort abgeben. An ihrer ersten Einsatzstelle, einer öffentlichen Verwaltung, musste sie trotz ärztlich anerkannter Stauballergie den ganzen Tag Akten entstauben. Einen Spind für ihre persönlichen Utensilien verweigerte man ihr ebenso wie einen Stuhl, so dass sie selbst in den Pausen stehen musste. „Das war geradezu unmenschlich, entwürdigend war das" (diess.).

Ein Jahr später berichteten zwei Frauen, sie seien vom Jobcenter zu Maßnahmen aufgefordert worden (MAE/ABM). Beide hatten im Gespräch 2005 solche Maßnahmen noch abgelehnt. „Grundsätzlich finde ich, Ein-Euro-Jobs sind Zwangsarbeit. (...) Ich müsste es machen. Was nützt mir meine politische Haltung, wenn ich kein Essen mehr auf den Tisch bringen kann. 30 Prozent weniger, wie sollte das gehen?" (Mirella S., 46, I, Alleinerziehende). Auch die zweite Betroffene betonte: „Das ist zuwenig Geld, man wird ausgenutzt. (...) Es ist auch keine Alternative. Und die Stellen sind auf ein Jahr befristet. Dann fange ich wieder von vorne an. Wofür das Ganze?" (Nina S., 58, I).

Im ersten Fall hatte die Urlaubsanmeldung beim Jobcenter zunächst zum Angebot einer Vollzeitmaßnahme (RBM) geführt. Trotz Ängsten, wie sie als Alleinerziehende die Betreuung ihres Kindes sicherstellen sollte, nahm sie die Tätigkeit auf. Die Erfahrungen waren zunächst sehr negativ. „Ich kam mir vor wie der letzte Dreck. (...) Ich sollte Überstunden machen. (...) Dann stellte sich raus, man darf in der Pause nicht rausgehen. ‚Ja, das ist nicht erwünscht' und ‚ach, Sie rauchen nicht, dann haben Sie aber Pech gehabt, hier rauchen alle. Selbst der Vorstand raucht.' (...) Ich bin völlig fertig gewesen." Aus Angst vor Sanktionen verzichtete sie zunächst auf den Gang zum Jobcenter, denn ihre Beschwerde hätte als Verweigerung ausgelegt werden können. Erst als die Betreuung ihrer Kinder nicht mehr sicherzustellen war, wagte sie sich zur Behörde. „Die Arbeitsvermittlerin hat dann gesagt, ‚also hören Sie mal. Wenn man allein erziehend ist und Vollzeit arbeitet, dann kann man keine Überstunden mehr machen.'" Der folgende Ein-Euro-Job an einer Schule wurde als sehr positiv empfunden: „Ich habe sehr viel Bestätigung bekommen. Aber es war auch, so von meinem Berufsfeld her, die beste Arbeitsstelle, die ich je in meinem Leben bis jetzt hatte. (...) Ich habe dann noch sechs Wochen ehrenamtlich gearbeitet, weil die Schulsekretärin ausgefallen ist" (Mirella S., 46, II). Bei aller letztlich positiven Erfahrung zeigte sie sich schockiert über das Ausmaß des Ausgeliefertseins. „Was ich richtig furchtbar an diesen Sachen finde, ist, dass man eigentlich keine Rechte hat. Man muss alles, ich habe noch nachgefragt bei meinem Träger, also man muss alles machen, was der Arbeitgeber mir sagt und ich bin auf den guten Willen des Arbeitgebers angewiesen" (Mirella S., 46, II).

Im zweiten Fall wurde die Betroffene zu einer ABM aufgefordert. „Ich war so wütend und war noch ziemlich aggressiv dieser ganzen Geschichte gegenüber. (...) Ich bin da nicht ganz freiwillig hingegangen, also, das war schon Zwang für mich. Ich habe mich all den Gegebenheiten gebeugt und habe es gemacht". Für sie stellte sich diese Tätigkeit, die zum Zeitpunkt des zweiten Interviews noch nicht abgeschlossen war, als sehr positiv dar. „Es ist schön, weil ich dadurch mit anderen Menschen zusammen komme. Meine Kommunikationsfähigkeit wird dadurch besser. Es ist ein Unterschied, ob ich den ganzen

Tag zuhause vor mich hinbrüte. (...) Es ist auch eigentlich ganz nett da. (...) Ob ich arbeite oder am Computer Mayong spiele, da achtet keiner drauf, ne!“ (Nina S., 59, II).

Eine Befragte suchte sich ohne Zutun des Jobcenters eine ABM aus der Befürchtung heraus, möglicherweise eine MAE angeboten zu bekommen, was sie prinzipiell ablehne. Trotz grundsätzlicher Kritik am Träger, der auch ihr Einsatzort war, empfand sie die Arbeitsaufnahme als Verbesserung ihrer Situation. „Ich war richtig glücklich, absolut. (...) Also ich muss irgendwo hingehen und dann, leider ist das so, muss Arbeit auf mich warten“ (Susanne F., 44, II).

Unter dem Strich wurden die Maßnahmen bei aller Kritik (Ausbeutung, Vernichtung sozialversicherungspflichtiger Arbeitsplätze, Wissen um die Sinnlosigkeit im Hinblick auf den ersten Arbeitsmarkt, Ein-Euro-Jobs als „politische Propaganda“, das Vortäuschenmüssen von Weiterbildungsmaßnahmen) als positives Erlebnis wahrgenommen. „Für etwas Geld zu kriegen, was ich kann, das ist ein unglaubliches Glücksgefühl, das kann ich gar nicht beschreiben“ (Kerstin L, 49, I). Das galt, wie gezeigt, auch für die beiden Frauen, die zu den Maßnahmen aufgefordert wurden. Sinngebung, Zeitstrukturierung, neu erstarktes Selbstbewusstsein und das Wiederentdecken der eigenen Fähigkeiten und Stärken sind Stichworte dieser positiven Nutzenbilanz. In zwei Fällen veränderten die Frauen auch ihre Ansicht gegenüber der Wichtigkeit von Erwerbsarbeit. Konnten sie sich vor der Maßnahme ein Leben ohne Erwerbsarbeit vorstellen, äußerten sie mit den Erfahrungen aus der Maßnahme die unbedingte Notwendigkeit, einer Tätigkeit nachgehen zu wollen. „Ich brauche einen Job. Das hab ich jetzt gemerkt. Ich kann mir nicht vorstellen, ohne (...), es gibt ja auch Leute, die sagen, sie sind froh, wenn sie zuhause sind“ (Susanne F., 44, II).

Doch auch die Negativposten wiegen schwer. Keine der Frauen in Maßnahmen hatte im Zeitverlauf den Weg in den ersten Arbeitsmarkt gefunden. Unter dem Strich bot die öffentlich finanzierte kurzzeitige Tätigkeit nur eine fiktive Erwerbsperspektive und die neue Maßnahme legte sich allenfalls als weitere Schicht auf die angehäuften öffentlich finanzierten Maßnahmen, die letztlich zum Stigmatisierungsgrund werden (Oschmiansky/Oschmiansky 2003). Der positiven Grundstimmung bis hin zu Hochgefühlen während der Maßnahmephase folgte in mehreren Fällen der psychische Absturz bis hin zur (Wieder-) Aufnahme einer Psychotherapie und/oder dem verstärkten Gebrauch von Antidepressiva oder Beruhigungsmitteln (vgl. 3.4.5). Eine Befragte, deren Maßnahme bei der zweiten Befragung kurz vor dem Abschluss stand, äußerte im Sommer 2006: „Letztes Jahr war ich frustrierter, völlig depressiv. Und dann die Unsicherheit. Das kommt wieder, ich sehe das schon wieder auf mich zukommen. Und ich weiß auch, das geht schnell. Diese Woche Urlaub, das war schon wieder so ein bisschen ein Vorgeschmack“ (Susanne F., 44, II, ABM).

Die Frauen wurden wieder mit ihrer Geschichte als Arbeitslose konfrontiert, d.h., mit ihrem Scheitern in der Vergangenheit und ihrem aktuellen Scheitern. Persönliche Selbstzuschreibungen – „ich war immer draußen. Schon als Kind habe ich nicht dazu gehört" (Susanna W., 46, II) – waren verbreitet.

„Ich hatte eben so ein aufgebautes Selbstbewusstsein durch diese ABM, dass ich gedacht habe, okay, jetzt schaffe ich die letzte Hürde. Ich habe gedacht, okay, super, mit dem Zeugnis, das öffnet mir alle Türen, da wird alles funktionieren, habe ich gedacht. Ich war voller Energie und habe echte Perspektiven für mich gesehen, habe gedacht, das war der Sinn der ABM." Ihre Bewerbungen waren erfolglos, das Jobcenter interessierte sich nicht für sie. „Ich habe da gelegen morgens im Bett und habe gedacht, es hat keinen Sinn mehr, das Leben will mir damit sagen, hör auf was zu tun. (...) Mit so einem inneren Gefühl soll ich mich irgendwo bewerben, soll ich irgendwo hingehen und sagen, ‚Leute, nehmt mich?' Da habe ich gedacht, es ist alles kaputt, die ganze Selbstherrlichkeit, die ich hatte, diese Überzeugungskraft, die war weg, einfach weg, es war gar nichts mehr da, außer diesem Gefühl des Scheiterns, dieses absolute Scheitern. (...) Meine Beziehung geht daran kaputt, weil mein Freund das natürlich nicht toll findet, immer mit einer depressiven Frau zusammen zu sein. (...) Ich habe resigniert. Diese Tabletten helfen nicht. Ich betrinke mich jeden Abend. Früher habe ich fast nie Alkohol getrunken. (...) Das ist ungefähr seit Januar, (...) also dass ich mit meinem Konzept vom Leben gescheitert bin" (Kerstin L., 50, II).

Der Widerspruch um das Wissen der eigenen Fähigkeiten, die man durch die Maßnahmen wiederentdeckt hat, und der Chancenlosigkeit auf dem Arbeitsmarkt, gekoppelt an den Zwang der steten Selbstaktivierung und Selbstvermarktung wurde von den meisten betroffenen Frauen als sehr schmerzhafte Erfahrung dargestellt. „Die Arbeit hat gut getan, aber, also der Umstand, dass man sich irgendwie ausgeliefert vorkommt und entwürdigend ist, also so, ich finde es schon entwürdigend, dass man sich mit Herzblut in die Sache reingibt und man weiß, es hat ein Ende" (Mirella S., 46, II). Eine hoch qualifizierte Befragte hangelte sich seit mehreren Jahren von Maßnahme zu Maßnahme, von ABM zu Weiterbildung. Auf die Frage, ob sie sich davon Chancen erhoffe, einen Weg in den ersten Arbeitsmarkt zu finden, antwortete sie: „Überhaupt nicht, nein. Aber ich überlebe ein Jahr und muss nicht depressiv zuhause rumhängen und lerne was Neues hinzu. (...) Es ist nachgewiesen, dass jede Weiterbildung die Chancen von Integration in den ersten Arbeitsmarkt verringert, absurder Weise. Je mehr der Mensch weiß, desto weniger ist er gefragt" (Susanna W., 46, II).

Doch auch für Befragte mit relativer Arbeitsmarktnähe und bisher nur ersten Erfahrungen auf dem öffentlich geförderten Arbeitsmarkt blieb ein negativer Beigeschmack. „Da bin ich gescheitert, weil ich gedacht habe, oder ich habe mir das eingebildet, dass ich das schaffe. Ich hatte da so große Hoffnungen gesetzt, dass ich das schaffe. Ich habe intensiv gearbeitet und ich habe noch nie erlebt, dass, wenn man irgendwo drin ist, dass man sich da nicht installieren kann. (...) Meine seelische Verfassung, die ist sehr schwankend. Das geht mal hoch und mal runter. Aber ich finde, dass Arbeitslosigkeit und die ganze Situation ganz schön krank macht. Ich bin ich Dauererregung über das, was über die Arbeitsmarktreform gesagt wird " (Magdalena H., 59, II).

Unter dem Strich bleibt die Erkenntnis, dass Maßnahmen die Lage der Betroffenen tatsächlich verbessern können, allerdings nur zeitlich befristet. Und genau darin scheint das Hauptproblem zu liegen, denn eine echte Erwerbsperspektive ist nicht gegeben. Je höher der, vor allem psychische Aufstieg durch die positiven Erfahrungen in der Maßnahme, desto tiefer der Fall nach deren Beendigung.

3.6 Langzeitarbeitslos – arm – ausgegrenzt?

Die ausführlich geschilderten Probleme während der Transformationsphase sind gleichsam als Zuspitzung bzw. Ergänzung von Problemkonstellationen zu sehen, wie sie mit Langzeitarbeitslosigkeit als einer, in Deutschland wesentlichen Ursache für Armut einhergehen. Das Problembündel umfasst mehrere Stränge. Die häufig bereits dauerhaft schwierige finanzielle Lage ging einher mit einem aufgezwungenen Konsumverhalten, welches sich auf die „Entscheidung für das Notwendige" (Bourdieu 1987) beschränken musste. Doch selbst bei der Ernährung musste gespart werden, um monatlich über die Runden zu kommen. „Manchmal weiß ich nicht, wie ich die Wurst fürs Schulbrot noch strecken soll. (...) (weint) (...) Das ist dann schwierig. Das ist halt manchmal das Problem, wenn am ersten das Geld aufs Konto kommt, dass am zweiten oder dritten schon nix mehr da ist. Dann sieht man zu, dass man sich vielleicht woanders einladen lässt zum Essen" (Simone R., 42, I, Alleinerziehende). Vor allem die Sicherstellung einer gesunden Ernährung war schwierig. „Ansonsten, tja, wir halten uns relativ zurück mit dem Obst. Also wenn ich mal Weintrauben sehe, bei Aldi oder Lidl, dann greife ich zu. Im Augenblick habe ich ein paar Äpfel liegen. Gestern habe ich von einer Freundin auch noch ein paar Bananen bekommen. Aber es ist schon sehr eingeschränkt, ich halte mich da schon sehr zurück" (Simone R., 43, II). „Ich bin schon so oft einkaufen gegangen und habe gedacht, was würde ich jetzt kaufen, das und das und das. Was ich kaufen kann, ist Brot, Milch, Wurst, Käse, Ende. Kein Obst, kein Gemüse, nichts. Manchmal, wenn ich mit meinem Freund eingeladen war, wo es Essen gab, habe ich gedacht, mein Gott, was es für eine Vielfalt an Essen gibt. Das kannte ich nicht mehr" (Kerstin L. 50, II).

Mit diversen Strategien versuchten die Frauen, die Ausgaben für Nahrungsmittel einzuschränken. Kartoffellieferungen von der Schwester aus Westdeutschland, der tägliche Besuch beim Discounter am Krabbeltisch für aussortiertes Gemüse oder in zwei Fällen der eigene Schrebergarten ermöglichten die Versorgung mit gesünderem Essen. „Da entwickelt man dann auch so seine Techniken. Da lebe ich eine Woche sehr spartanisch, um mir in der nächsten Woche mal so ein bisschen Luxus wie Erdbeeren oder so leisten zu können. Also, da gibt es dann eine Woche keinen Käse aufs Brot. Da kommt dann eben Marmelade drauf, ist so. Und Nudeln mit Tomatensoße, so ungefähr. Aber ich gucke dann, dass ich meine Vitamine kriege. Bananen, die sind halt billiger als Erdbeeren oder Brombeeren oder so. Solche Sachen fallen weg, ich habe mir das abgewöhnt" (Heidi G., 49, I). „Obst kaufen, das tue ich sowieso sehr selten. Also da passe ich eh auf, ich kaufe kein Fleisch, tu ich auch selten, kauf' dann keinen Käse mehr, ess' Butter mit Stulle oder billig, so Aufstrich, so 80 Cent Zeug. Das macht mir nichts aus. Also damit habe ich kein Problem" (Susanna W., 46, II). Auch der Gang zur Berliner Tafel wurde zur möglichen Option. „In den Monaten, in denen der Strom abgezogen wird, dann ist das Geld am ersten Tag, wenn das Arbeitslosengeld kommt, das ist praktisch weg. (...) Dass ich mir überlege, geh ich zur Berliner Tafel, geh' ich dahin, wo ich die Lebensmittel für den halben Preis kriege. Bisher hab ich es nicht gemacht, bisher habe ich gezögert. Aber es ist abzusehen, wann ich das in Anspruch nehmen muss. Ich merke gerade in den letzten anderthalb Wochen eines Monats, die werden dann ganz schön knapp. Da kucke ich schon. Manchmal muss ich mir von meinem Sohn das Geld von seinem Taschengeld borgen, damit wir dann noch mal ein Brot und ein bisschen Wurst und so" (Simone R., 43, II).

Mehrere Frauen betonten 2005, sie hätten in den letzten Monaten an Gewicht zugelegt, weil sie ihr Essen umstellen mussten. Drei Frauen führten ihre Gewichtzunahme auch auf den gestiegenen psychischen Druck zurück.

„Als das mit Hartz IV spruchreif wurde, also ich habe seitdem 15 Kilo zugenommen. Das ist massiv einfach so, dass man immer wieder resigniert, dass man immer wieder gezwungen ist, Dinge zu tun, die einem innerlich völlig widerstreben, also diese ganze Hin-und-Herschafferei, dieses Rumlügen, dieses Organisieren. Man fühlt sich so ein bisschen wie ein Kleinkrimineller auf dem Polenmarkt, der Ware verschachert. Ganz deutlich merke ich, ich muss mir einen Panzer zulegen. Und man isst auch ganz anders. Wenn man noch weniger Geld zur Verfügung hat, kauft man noch billiger ein und billiger heißt Kohlenhydrate. Das sind Nudeln, im günstigsten Fall Reis und es gibt viele Fertigprodukte, die total günstig sind. Was teuer ist, ist Obst und Gemüse. Ich gehe nur zu Aldi und Penny. Und ich habe um die Ecke einen Türkischen Markt, die schmeißen zum Ende die Ware günstig raus, um meine Ration Obst zu haben, aber die ist qualitativ natürlich schon fast gammelig. Man kann Fleisch und Kohlenhydrate noch und nöcher. (...) Deshalb sind die Leute, die man auf den Ämtern trifft, wirklich fett teilweise, sie sind wirklich schlecht ernährt. Meine 15 Kilo, also das Meiste habe ich mir tatsächlich in den letzten sechs bis sieben Monaten angefuttert und ich bin eigentlich eine stresskompatible Frau“ (Gesa M., 37, I).

Die Anschaffung von Kleidung wurde zunehmend schwieriger. „Ich habe mir seit, ich glaube vier Jahren keine neuen Klamotten geleistet. Das ist alles Secondhand oder von Freunden abgelegte Sachen oder ich gehe zu Humana und gucke, was ich mir leisten kann. Im Winter war es so, da hatte ich keine Regenjacke. (...) Das muss einfach laufen. Das stellt man sich nicht vor. Aber es fängt bei so Kleinigkeiten an. Es ist alles eine Frage der Organisation. Immer und das 24 Stunden am Tag. Das hört nie auf, das ist so anstrengend!“ (Gesa M., 37, I).

Neben den direkten Auswirkungen auf die Versorgung mit lebensnotwendigen Gütern hatte die mangelhafte finanzielle Ausstattung negative Auswirkungen auf die Mobilität der Betroffenen und die Teilhabe am kulturellen und sozialen Leben in unserer Gesellschaft. „Aber ein Konzert besuchen oder ein Museum, was ich früher mal gerne gemacht habe, weil man muss ja auch an das Fahrgeld denken, geht nicht, geht nicht mehr“ (Bärbel S., 50, I). Selbst familiäre Kontakte zu pflegen war schwierig. „Ich kann mich nicht mehr irgendwo hinbewegen. Ich kann ja noch nicht mal nach Halle, meine Mutter besuchen. Die ist 90“ (Magdalena H, 59, II).

Ausgrenzungserfahrungen denjenigen gegenüber, die über ein gewisses Einkommen verfügen, waren an der Tagesordnung. Vor allem Mütter standen stark unter Druck, ihren Kindern Teilhabemöglichkeiten zu gewähren. „All die Sachen, die mein Sohn gern mag, mal ins Kino oder Zoo oder ich geh wahnsinnig gern schwimmen oder hier das Frühlingsfest, das sind so Sachen, die reißen richtige Löcher rein und da muss ich immer sagen, ‚nee, das können wir nicht‘. Wir sind halt viel am Diskutieren“ (Simone R., 42, I). Selbst die Finanzierung eines Sportvereins für den Sohn war schwierig. „Ja, wie soll ich denn das Geld noch aufbringen?“ (Mirella S., 46, I).

Auch die Absicherung gegen Lebensrisiken war fast nicht mehr möglich, seitdem mit der Umstellung auf Hartz IV die faktischen Kosten für Versicherungen nicht mehr übernommen werden. Viele Frauen berichteten vom Kündigen von Versicherungen als den ersten Maßnahmen, Kosten zu sparen. Das heißt, alles weiter runterschrauben. Ich habe keine Haftpflicht, ich habe keine Rechtsschutzversicherung, keine Lebensversicherung mehr. Wovon soll ich die Prämien bezahlen? (...) Ich bin so was von demoralisiert und da fühle ich mich wirklich vom Leben bestraft, weil ich immer gearbeitet habe und ich habe gerne gearbeitet“ (Charlotte S., 56, II).

Fast zwei Drittel der 2005 befragten 30 Frauen berichtete von veränderten sozialen Beziehungen seit der Langzeitarbeitslosigkeit und der damit einhergegangenen Verschärfung der finanziellen Lage. „Ein Teil der Freundschaften ist im Laufe der Sozialhilfezeit weg gebrochen, ganz massiv. Weil die überhaupt kein Verständnis für haben, dass man sich nicht den Kaffee leisten kann" (Gesa M., 37, I). Angesichts fehlender finanzieller Mittel war das Gebot der Gegenseitigkeit bei informellen sozialen Kontakten, etwa die wechselseitige Einladung oder das Geburtstagsgeschenk, nicht einzuhalten. In der Folge kam es zu einem Prozess des Selbstausschlusses. „Eigentlich habe ich mich mehr und mehr abgespaltet. Mein Freundschaftskreis hat sich dahingehend verändert. Weil ich kann mich nicht immer hinsetzen und sagen, ‚bezahlen kann ich das nicht', das ist nicht mein Level, ja. Und umgekehrt, also früher habe ich gesagt, kommt mal zu mir, ich mache ein Essen. Ja, das ist auch nicht mehr" (Bärbel S., 50 , I). Mehrere Frauen betonten, fast nur noch Kontakte zu Arbeitslosen zu haben. „Ich kenne so näher, ehrlich gesagt, kaum noch Leute mit Jobs" (Susanna W., 46, II).

Bei mehreren Befragten war der finanzielle Aspekt eng mit Statusproblemen und Schamgefühlen verbunden. „Ich habe mich prinzipiell ziemlich zurückgezogen. (...) Von manchen Sachen ist mir doch zu blöd hinzugehen, wenn ich weiß, die arbeiten alle oder sind gut unterwegs. Die haben ganz andere Sorgen. Da denk ich manchmal, da gehe ich nicht mehr hin" (Susanne F., 43, I). „Dass ich arbeitslos bin, wissen nur meine engsten Freunde. Ich sage sonst niemandem, dass ich arbeitslos bin. Für die bin ich Freiberufler." Frage: „Warum sagen Sie das nicht?" „Das ist kein sozialer Status. Ich kann nicht kommen und sagen, ‚ich bin eine arme arbeitslose Maus'. Das mache ich nicht. Und manchmal ist mir dann auch nicht nach diesen erfolgreichen Leuten, manchmal kann ich das nicht" (Susanna W., 45, I). „Es ist so, dass ich teilweise selber keine Lust mehr habe, auf bestimmte Geburtstage zu gehen, weil, wenn ich dann sehe, ich bin die Ärmste von allen, habe ich den Eindruck. Und wenn es dann so Themen gibt wie, ‚ach, habe ich im Schlussverkauf im KaDeWe' oder ‚da war ich dem auf dem Winterfeldmarkt', (...), also, da könnte ich die Grillen kriegen" (Mirella S., 45, I).

Die Sorge um das Geld und die Auswirkungen der begrenzten finanziellen Mittel wurden am häufigsten bei der Frage nach den größten Problemen als Langzeitarbeitslose genannt. „Es dreht sich nur noch ums Geld" (Petra F., 60, I).

Sieben Frauen gaben 2006 indes an, finanziell zurechtzukommen. Allerdings betonten auch fünf dieser Frauen, in Notfällen Unterstützung erwarten zu können bzw. über das Jahr, etwa zum Geburtstag, zusätzliche finanzielle Mittel zu erhalten, die etwa einen Kurztrip an die Ostsee oder auch den Einkauf benötigter Güter ermöglichten. Zwei Alleinerziehende erhielten dauerhaft von privater Seite zusätzliche finanzielle Mittel zur Versorgung der Kinder in größerem Umfang. „Papa bezahlt alles. Keine Frage, da bin ich schon ziemlich privilegiert" (Gisela S., 50, II).

Auf der anderen Seite war Verschuldung ein großes Problem und traf rund ein Drittel der Frauen, wobei die Verschuldung mit höheren Beträgen immer die Folge einer früheren Selbstständigkeit war. Kleinere Beträge hatten ihre Ursache üblicherweise in der steten Unterfinanzierung bereits in der Vergangenheit, wenn das Konsumverhalten mit dem zur Verfügung stehenden Einkommen nicht übereinstimmte. Hauptursache für die konsumbedingte Verschuldung in der Vergangenheit war in mehreren Fällen die Einrichtung einer Wohnung oder der Erwerb eines Autos „auf Pump" bzw. das Festhalten am eigenen Auto, ohne dass dies mit dem verfügbaren Einkommen vereinbar wäre.

Trotz des Wissens blieb das Auto Garant individueller Mobilität. „Mein Auto, ist schon 14 Jahre alt, das ist ein wahnsinniger Kostenfaktor, aber es ist für mich, wenn ich es abschaffen muss, dann fühle ich mich amputiert, dann fühle ich mich vom Leben bestraft, das kann keiner verstehen. (...) Das ist ein Lebenselixier" (Charlotte S., 56, II).

Für diejenigen Mütter unter den Befragten, deren Kinder sich in der Ausbildung oder im Studium befanden, war es eine große Belastung, ihre Kinder finanziell nicht unterstützen zu können. „Es tut mir in der Seele weh, dass ich das nicht finanzieren kann. Es ist scheiße, aber es ist so. Ich kann das nicht ändern" (Sibylle S., 51, I). „Ich habe nach wie vor Kinder, die in gewisser Weise abhängig sind, zu unterstützen. Das ist in finanzieller Hinsicht im Moment nicht so toll, aber das Bedürfnis ist doch da" (Karin H., 51, I). „Ich kann meine Tochter finanziell nicht mehr unterstützen. Das ist das Allerfurchtbarste. Ich tue es natürlich nebenbei trotzdem immer noch. Das ist das Furchtbarste, denn in dem Alter muss man Geld von seinen Eltern kriegen" (Susanne F., 43, I).

Die Einbindung in ein soziales Netz Gleichgesinnter oder in ein Unterstützernetzwerk entschied darüber, ob und wie tief der Bruch der Teilhabechancen ging. „Ohne meine Freunde, da könnte ich gar nichts mehr machen, zumindest kulturell und seelisch auch. (...) Ich will mich nur frei bewegen können, dass ich so viel habe wie ich früher hatte. (...) Ich könnte ins Konzert gehen, ins Kino (...) Außer Essen und aufs Klo gehen, viel mehr können Sie nicht mit der Kohle machen, oder?" (Sibylle S., 52, II). Bei Kindern sicherten teilweise die Großeltern, Verwandte oder Freunde bestimmte Teilhabechancen ab, sei es das Fahrrad, der eintägige Klassenausflug, der anders als mehrtätige Klassenfahrten durch die Regelleistung nicht gedeckt ist (§ 20 SGB II), oder auch – vereinzelt – dauerhaft Nachhilfe- oder Klavierunterricht. „Wenn ich nicht die Unterstützung der Familie hätte, hätte ich ein ziemlich großes Problem. Ohne die Großeltern ginge es gar nicht. Und wenn ich nicht die abgetragenen Sachen von meinem Neffen für mein Kind kriegen würde, hätte ich ein richtig großes Problem" (Simone S., 43, I).

Zuweilen berichteten Frauen über Ausgrenzungserfahrungen, die sie mit ihrem Status als Hartz- IV-Betroffene in Verbindung brachten.

„Man wird so aussortiert. Ich hatte neulich so ein Schlüsselerlebnis. Ich habe ja schon ein paar Mal den Arzt gewechselt, weil mich das stört, ich bin Hartz IV-Empfänger und ich hatte eine Spritze in den Arm gekriegt. Der Arm tat höllisch weh nach der Spritze und einen dicken Verband hatte ich und ich fragte, was ist mit der Krankschreibung? Da kriegte ich zur Antwort, ‚Sie sind Hartz-IV-Empfänger, Sie können mit dem rechten Arm noch 3 Stunden arbeiten, also darf ich Sie nicht krankschreiben.‘ Sag ich, ‚wenn ich mit so einem Arm zum Bewerbungsgespräch gehe?‘ ‚Na, dann können wir uns mal über eine Krankschreibung unterhalten.‘ Und deshalb wechsele ich ständig, weil ich mir das einfach nicht gefallen lasse, weil ich mich verkohlt fühle!“ Frage: „Woher weiß der Arzt, dass Sie Hartz-IV-Empfängerin sind? „Na, blöderweise fragen die immer, was man beruflich macht, tja, und ich bin jetzt familienversichert. Einem anderen Arzt habe ich gesagt, ich bin zurzeit zuhause, Hausfrau, und ich bin ehrenamtlich tätig. Na, ich bin ganz anders bei dem Arzt angekommen. (...) Da funktioniert's! Ist das nicht interessant?“ (Sabine F., 47, II).

Die von den befragten Frauen beschriebenen Armuts- und Ausgrenzungserfahrungen sind unterschiedlicher Reichweite. Wie umfassend und wie tiefgehend das subjektive Gefühl der Ausgrenzung war, hing von verschiedenen Faktoren ab. Zum Einen spielte die Einbindung in ein soziales (Unterstützer-) Netz eine große Rolle, einhergehend mit der Qualität der sozialen Beziehungen. Fühlte man sich mit den eigenen spezifischen Sorgen und Nöten verstanden? Fühlte man sich trotz Langzeitarbeitslosenstatus geachtet und anerkannt? Wurde bei sozialen Aktivitäten etwa Gegenseitigkeit vorausgesetzt oder die Einseitigkeit beim Bezahlen des Milchkaffees oder der Kinokarte akzeptiert, und zwar von beiden Seiten? Bei der Frage etwa, inwieweit Unterstützung akzeptiert werden kann und wo die Schamgrenze beginnt, ab der man sich eher zurückzieht als eingestehen zu müssen, sich etwas nicht leisten zu können, waren nicht zuletzt neben der Nähe zur unterstützenden Person individuelle Einstellungsmuster bei den Betroffenen von Bedeutung.

Zum Zweiten spielten mögliche Strategien, mit denen finanziell bedingte Ausgrenzungserfahrungen reduziert werden können, eine weitere Rolle. Einigen Frauen gelang durch legalen oder illegalen Zuverdienst oder die monetäre Unterstützung von Dritten die finanzielle Besserstellung mit der einhergehenden Verbesserung des Lebensstandards. Individuelle kulturelle und soziale Fähigkeiten, oder, um mit Bourdieu zu sprechen, entsprechendes „Kapital“ (Bourdieu 1987), entschieden über den Aktionsradius, in dem man sich trotz Leben in Armut bewegte, so beispielsweise darüber, ob kostengünstige oder gar kostenlose kulturelle Angebote bekannt waren und angenommen werden konnten.

Nicht unwesentlich, ohne dass hier eine weitergehende Annäherung erfolgen soll und kann, schienen auch individuelle psychische Dispositionen zu sein, verbunden mit der subjektiven Einschätzung, inwieweit man glaubte, ein selbstbestimmtes bzw. ein nur noch fremdbestimmtes Leben zu führen (vgl. 3.4.5).

3.7 Zwischen Protest und Entfremdung

Die im Hartz IV-Gesetz formulierten Neuregelungen wurden von der rot-grünen Bundesregierung als „größte Sozialreform der Bundesrepublik" (Bundesregierung 2004: 9) gepriesen. Tatsächlich markiert Hartz IV als nur eine, wenngleich zentrale Komponente des bundesdeutschen Sozialstaatsumbaus einen Traditionsbruch. Soziale Rechte, die im Nachkriegsdeutschland einen immer wichtigeren Stellenwert bekommen hatten (Kaufmann 1973), erfahren gegenwärtig im Hinweis auf die verstärkte Selbstverpflichtung der einzelnen Person eine Delegitimierung. So hatten die meisten Betroffenen keine besonderen Erwartungen an die Reformen. Im Gegenteil, Hartz IV steht als Synonym für eine unpopuläre Politik, die selbst Teile der eigenen Wählerschaft verprellte. Doch die Bundesregierung tat dies nicht ungestraft, wie die politischen Verschiebungen im Sommer und Herbst 2005 zeigten, als es zu einer Parteineugründung und vorgezogenen Bundestagswahlen kam. Ein erster, ernster Hinweis für ein Misstauensvotum vieler Bürgerinnen und Bürger war bereits die Protestwelle vom Sommer und Herbst 2004 mit immerhin 180.000 Protestierenden gewesen.

Dank einer Demonstrationsbefragung im September 2004 in vier deutschen Städten, darunter Berlin, wissen wir auf der Makroebene, wer gegen Hartz IV öffentlich protestierte und warum (Rucht/Yang 2006). Doch in diesen Protesten offenbarte sich „als Abstimmung mit den Füßen" (Roth) nur ein sichtbarer Teil derer, die direkt betroffen waren, und derer, die den Ausverkauf ihrer sozialen Rechte nicht unwidersprochen hinnehmen wollten, auch wenn sie konkret (noch) nicht betroffen waren. Die Barrieren einer demokratischen Repräsentation „schwacher Interessen" sind indes hoch (Roth 2005). Insofern kam die Massivität der Proteste überraschend. Erstaunlich war auch der Umstand, dass die Beteilung von Frauen, vor allem in Ostdeutschland, im Vergleich zu Protesten bei anderen Themen überdurchschnittlich hoch war (Rucht/Yang 2006). Allerdings ebbten die Anti-Hartz-Proteste nahezu so schnell ab, wie sie entstanden waren, just in der Zeit, in der Hartz IV als Melange von institutionellem Chaos, Zwang und Ermessenswillkür der JobcentermitarbeiterInnen bei den Betroffenen zu wirken begann. Die Gründe für diesen Niedergang wurden auf der Makroebene beschrieben (Rucht/Yang 2006; Roth 2005). So habe u.a. die wachsende Präsenz politischer Organisationen, die vielfach als Instrumentalisierung des Protests gedeutet wurde, auf viele negativ gewirkt. Außerdem sorgten die zögerliche Haltung der Gewerkschaften und die manchen Orten konkurrierenden Protestgruppen für Verwirrung und die harte Haltung der Bundesregierung wirkte wohl auch demobilisierend auf die eher zögerlichen Sympathisanten der Proteste. Als der gewichtigste demobilisierende Faktor gilt allerdings die tendenziell negative Berichterstattung der Massenmedien, der die Protestierenden nicht angemessen begegneten (Rucht/Yang 2006).

Doch wie dachten nun jene Betroffenen über Politik und Protest, die nicht Montag für Montag ihrem Unmut öffentlich Luft machten?

Es lag nahe, im Rahmen der durchgeführten Interviews Fragen nach dem Protestverhalten während dieser Mobilisierungswelle sowie politischen Einstellungen zu stellen, um den Gründen auf der individuellen Ebene nachzuspüren. Wenngleich diese nicht im Zentrum der Studie standen, geben sie Einblicke in die spannende Frage nach dem (fehlenden) Protestverhalten angesichts dieser „größten Sozialreform" in der Bundesrepublik sowie politischen Einstellungsmustern. Wie verhielten sich die befragten Frauen hinsichtlich des Protests im Sommer und Herbst 2004 und welche Aussagen machten sie im Rückblick bezogen auf die Protestwelle? Wie war das Wahlverhalten bei der vorgezogenen Bundestagswahl im Sommer 2005 und welche Erwartungen hatten die Frauen im Hinblick auf die Problemlösungskompetenz der aktuellen Politik?

3.7.1 Die Hartz IV-Proteste aus der Sicht der Befragten

Von den 25 Frauen, die im Sommer 2005 als auch im Sommer 2006 befragt werden konnten, gaben acht Frauen an, an den Hartz IV-Demonstrationen teilgenommen zu haben, 17 verneinten eine Teilnahme. Von den Demonstrationsteilnehmerinnen gaben sieben an, bei der letzten Bundestagswahl gewählt zu haben, drei dieser Frauen waren ehrenamtlich aktiv, zwei davon in politischen Initiativen. Von den Nichtteilnehmerinnen gaben 14 Frauen an, gewählt zu haben, zwei von ihnen waren Parteimitglied, nur drei Frauen waren Nichtwählerinnen. Acht von ihnen engagierten sich aktuell oder in der jüngeren Vergangenheit ehrenamtlich, v.a. im schulischen und nachbarschaftlichen Bereich.

Bei den Befragten handelte es also zu einem überwiegenden Teil um Frauen, die sich politisch nicht gänzlich abstinent verhielten. Knapp die Hälfte hatte Erfahrung mit ehrenamtlicher Arbeit.

3.7.1.1 Die Demonstrationsteilnehmerinnen

Fünf der teilnehmenden Frauen stammten aus Westdeutschland bzw. Westberlin, drei Frauen hatten eine Ostbiografie, von denen zwei politische Aktivistinnen waren. Je vier Frauen hatten einen akademischen bzw. mittleren Bildungsabschluss.

Unter den Teilnehmenden nahm eine Frau nur einmal teil, stellte ihre Teilnahme aber sofort wieder ein. „Weil ich fand die Sprüche, Hartz IV muss weg, ein bisschen dumm. Ich habe auch nicht die Zeit. Aber ich finde ja gut, dass mal reformiert wurde, aber was ich schlecht an Hartz IV finde, ist das Tempo, das ist unfair den Betroffenen gegenüber, (...) wenn jemand jahrzehntelang eingezahlt hat in die Arbeitslosenversicherung." Im zweiten Interview äußerte sie sich entsprechend: „Ich bin einmal da gewesen und ich habe gedacht, es bringt nichts zu sagen, Hartz IV muss weg. Das ist zu primitiv. Weil Hartz IV muss nicht weg, sondern es muss nachgebessert werden und dass die Politiker, egal welcher Richtung, auch so blöd waren zu denken, sie haben dann weniger Arbeitslose. Das geht mir nicht in den Kopf. (...) Wo soll denn die Arbeit herkommen" (Kerstin L, 49, I, Akademikerin, Westdeutsche).

Drei Frauen waren zwei- bis viermal dabei. Als Gründe, weswegen sie ihre Teilnahme einstellten, äußerten sie zum einen Resignation. „Ich habe das Gefühl, dass die Resignation sich so breit macht. Wenn ich so richtig massiv betroffen wäre, (...) weiß ich nicht, wahrscheinlich hätte ich dann auch keine Kraft. Irgendwie ist es wie Laufen gegen Windmühlen. Ich glaube, es gibt diese Montagsdemonstrationen noch, aber da laufen dann 100 Hanseln. Und am Anfang machte das schon den Eindruck, das sind einige. Doch das ging ziemlich schnell den Bach runter. Und ich weiß gar nicht so genau, warum, denn der Zustand hat sich ja nicht verändert, eher verschlechtert. Irgendwie habe ich halt den Eindruck, dass die Leute super resigniert sind". Sie leitete das Gefühl der Resignation auch aus ihren Erfahrungen mit dem Engagement in einer Anwohnerinitiative ab, wo „eindeutig gegen das Votum der Anwohner entschieden wurde" (Marion A., 41,I,Westdeutsche, Akademikerin, Aufstockerin). Eine andere Befragte äußerte zusätzlich zum Gefühl der Resignation ihr Unbehagen an den Mitstreitern. „Das reduzierte sich dann allmählich so auf Leute, die mehr oder weniger schon abgerutscht sind, mit Alkohol oder so. Die Resonanz war ja auch dermaßen gering" (Ulrike S., 52, I, Nichtleistungsempfängerin wegen Partnereinkommen, Nichtwählerin).

Vier Frauen nahmen mehr als fünfmal an den Demonstrationen teil. Bei einer Befragten, die zunächst sehr intensiv beteiligt war, gab die Übernahme der Demonstrationen durch „Funktionäre" („die sind auf der Straße und nicht mehr das normale Volk. Das kippte ja um.") den Ausschlag, ihre Teilnahme zu beenden (Karin H., 50, I, Akademikerin, Ostbiografie). Eine weitere Befragte, die ebenfalls über mehrere Wochen regelmäßig teilgenommen hatte, äußerte ebenfalls ihr Unbehagen. „Ich habe von August bis Ende Oktober an den Demos teilgenommen. Aber ich kann die Losung nicht mehr teilen. ‚Weg mit Hartz IV, das Volk sind wir', das ist mir zu einfach, das passt nicht zu mir" (Magdalena H., 58, I, Akademikerin, Ostbiografie). Im zweiten Interview konkretisierte sie das: „Die haben eine andere Orientierung. (...), die geht ganz links. Ich bin nicht ganz links. Ich will in einer Demokratie leben, was das auch immer bedeutet. Ich persönlich fühle nicht, das ich richtig demokratisch behandelt werde, weil ich ja nicht die Freiheit habe, das, was ich möchte, so zu gestalten" (diess., II).

Von allen acht Teilnehmerinnen äußerten nur zwei ihre uneingeschränkt positive Haltung hinsichtlich der Montagsdemonstrationen. Eine von ihnen äußerte: „Nun haben die sich entzweit und ich muss Ihnen ehrlich sagen, ich habe auch nicht mehr die Information gekriegt, wie das weiterging. Und im Winter, die sind ja in Gegenden gelaufen. Ich als Frau. Ich würde heute noch laufen, wenn die vormittags um 10 laufen. Diese Dunkelheit hat mich abgehalten. Ich würde weiterlaufen, auch wenn da bloß zwei stehen. Ich würde als dritte Person mitlaufen" (Anna F., 61, I, Financial Times Leserin, nach 40 Jahren von ihrem Unternehmen entlassen). Im zweiten Interview äußerte sie die Vermutung: „Wenn ich wüsste, wann die Demos sind, da würde ich wieder jeden Montag hin rennen. (...) Die Presse unterdrückt das ja auch. Die schreiben mit Absicht nichts mehr darüber und da wir an keine Leute rankommen, die sehr aktiv sind oder so, wissen wir gar nichts." Sie bedauerte, dass sich die Deutschen, anders als die Franzosen, nicht stärker wehrten.[77]

Zwei der Frauen gaben im zweiten Interview an, dann wieder demonstrieren zu wollen, wenn es sich um eine einmalige Aktion handelt. „Wenn das nicht so ein Dauerläufer wird, wie es schon mal war, die sich dann totgelaufen hat. (...) Weil, ohne den Anspruch zu haben, dass ich was verändern kann, aber einfach, dass es doch möglich ist zu mobilisieren, damit die sehen, ja, die Leute sind da. Dass die nicht den Eindruck kriegen, ist alles so interesselos, ist alles so scheißegal" (Heidi G., 49, II, Westdeutsche). Die andere Befragte äußerte: „Am 3. Juni beteilige ich mich. Aber ich brauche nicht unbedingt irgendwelche Rituale und gehe nicht mit 20 Leuten links und rechts von der Polizei bewacht jeden Montag spazieren" (Karin H., 51, II).

Daraus ist zu schließen, dass es eine neue Initiative möglicherweise schwer haben würde, massenhaft und möglichst noch auf Dauer mobilisieren zu können. Wie schwierig dies werden dürfte, zeigt der Einblick in die Einstellungsmuster der nichtteilnehmenden Frauen, die überwiegend Sympathie für die Proteste äußerten.

[77] Der Bezug zu Frankreich hatte einen aktuellen Hintergrund. Zum Zeitpunkt der zweiten Gesprächswelle im Frühjahr/Sommer 2006 erlebten die Vorstädte der französischen Hauptstadt schwere Unruhen und offenbarten schwerwiegende Desintegrationstendenzen in der französischen Gesellschaft. Vor allem Jugendliche mit Migrationshintergrund machten ihrem Frust ob der steten Ausgrenzungs- und Armutserfahrungen Luft.

3.7.1.2 Die Nichtteilnehmerinnen

Von den 17 Frauen, die zum Zeitpunkt der ersten Befragung angegeben hatten, nicht an den Demonstrationen teilgenommen zu haben, äußerten 11 Frauen Sympathie für die Bewegung. Als Gründe, weswegen sie dennoch nicht teilgenommen haben, gaben mehrere Befragte Zeitprobleme an, in erster Linie aufgrund von Kinderbetreuungserfordernissen, und/oder mangelhafter Informationen über Zeitpunkt und Verlauf. Drei der Sympathisantinnen äußerten die Meinung, es bringe nichts, auf die Straße zu gehen. „Offenbar geht es uns noch zu gut, die Franzosen stehen auf, die gehen und die gehen alle“ (Simone S., 42, Westberlinerin). Eine andere betonte: „Ich hätte Interesse an den Hartz IV-Demos gehabt, aber ich wusste von Anfang an, dass die Regierung entschlossener ist als die Demonstranten. Demonstrationen sind schon sinnvoll, um auf das Problem aufmerksam zu machen. Allerdings bezweifle ich, dass durch Demonstrationen, wenn die Regierung so entschlossen ist, irgendetwas geändert werden kann. Das muss durch andere Weise geschehen, ich weiß zwar nicht wie“ (Nina S., 57, I).

Mehrere Frauen nannten Kritikpunkte, die sie als Begründung für ihr Fernbleiben angaben. Zum einen sind sie als offensichtliche Reaktion auf die immer negativer ausgerichtete Medienberichterstattung (Rucht/Yang 2006) zu deuten, zum zweiten bezieht sich dies auf die Form als Montagsdemonstration, die von zwei Frauen mit Ostbiografie geäußert wurden. „Ich wäre gerne gegangen. Das wäre das erste Mal, dass ich auf einer Demo gewesen wäre. (...) Aber schon allein, wie das in der Presse umgesetzt wurde, das fand ich schon sehr (...) also dass ich sage, das kriegt ja ein Stempel. Da muss man sich schon wieder wehren, Montagsdemo, damit hatte das nichts zu tun. Außerdem bringt es ja nichts, es sind zu wenige“ (Bärbel S., 50, I, Ostberlinerin). Im zweiten Jahr äußerte sie: „Ich bin froh, dass ich nicht hingegangen bin, weil es wird ja alles falsch interpretiert hier und alles total anders hingestellt als wie es wirklich ist“ (diess., II).

Darüber hinaus wurden die Slogans als auch die politische Botschaft abgelehnt und die Übernahme durch Funktionäre kritisiert. „Also, ich habe immer ein schlechtes Gewissen gehabt, ich war da noch nie. Aber ich fand das schon sehr richtig. Die sind doch immer am Alexanderplatz vorbeigezogen und da habe ich mal gehört, wie eine Frau, eine Rednerin rief: ‚es gibt in Berlin zehn Familien, die so und so viele Millionen haben. Wenn die jetzt jeder eine Million abgeben würden, dann könnten wir (...)‘, so. Dann habe ich gedacht, nee, das kann ich nicht. Da kann ich nicht mitlaufen. Das ist mir einfach zu naiv. Wenn sie noch gesagt hätte, lasst uns uns bewaffnen und uns das Geld holen. Dann wäre das eine Haltung gewesen. Aber einfach zu sagen, ach (...) das war mir zu doof. Das es prinzipiell Widerstand gab, das fand ich gut. Ich war sehr erstaunt über das

Ausmaß, dass das dann angenommen hat und fand das auch gut. Aber da ich noch montagsdemonstrationsgeschädigt bin, das fand ich auch schon ziemlich schrecklich. Ich habe nur einmal gegen den Krieg demonstriert, aber ansonsten ist Demonstration nicht mein Ding." Im zweiten Interview erinnerte sie wieder die Szene mit der Demonstrationsrednerin. „Solange da so ein Unsinn geredet wird und das die Frontfrauen und Männer von dieser Geschichte sind, dann möchte ich mich da jetzt nicht unbedingt einsortieren. Also, nicht wirklich. Ich lehne das nicht grundsätzlich ab, auf die Straße zu gehen, nee. (...) Die laufen ja bei mir in der Nähe. Wenn ich mir das dann angucke, denke ich, nee, mit euch gehe ich nicht. Das tut mir leid, da könnte ich mich nicht einsortieren. Bei den Pamphleten, die ihr hier verteilt und dem Unsinn, den ihr redet, das ist nicht das, was ich will. Diese Berufsarbeitslosen, nee, geht mal ohne mich" (Susanne F., 43, II, Ostdeutsche, Akademikerin).

Negative Erfahrungen mit früheren Versuchen, sich zu engagieren, wirkten ebenso nach wie aktuelle Versuche, sich politisch einzubringen. „Außerdem habe ich so eine Erfahrung gemacht. Ich war mal in Neukölln bei einer Arbeitsloseninitiative mit einer Freundin. Aber ich habe gemerkt, wenn ich mich zu viel damit befasse, ist das für meine Psyche nicht gut. Weil da sind sehr verhärmte Leute und es ist für mich schon schwierig genug, den Alltag so hinzukriegen, dass ich nicht nur heule, weil ich finde, das macht depressiv, so ein Leben. Und ich finde, das zieht zu sehr runter, das war mir zu negativ der Ansatz. Das waren schon Berufspolitiker. Das war auch der falsche Ansatz. Es gibt vieles, was Sinn macht, aber ich habe das Richtige noch nicht gefunden. (...) Ich brauche jemand, der ein bisschen positiver damit umgeht als die Attac-Leute. Ich kann mir nicht ständig anhören, dass der Staat uns immer nur an die Wäsche will" (Mirella S., 38 I, Westdeutsche, ehemalige Hausbesetzerin und Gorlebenaktivistin).

In einem Fall glaubte eine Befragte zum Zeitpunkt der Protestwelle, von Hartz IV nicht betroffen zu sein. Sie ist war eine von vier sympathisierenden Frauen, die im zweiten Interview angab, im Lichte ihrer gemachten Erfahrungen im Jahresverlauf vielleicht doch öffentlich demonstrieren zu wollen, würde es eine Neuauflage geben. „Ich meine, es ist doch so, wenn ich immer wieder und immer wieder irgendwas auf meinen Rücken geknallt bekomme und mich nicht wehre und mich immer mehr beuge, dann bekomme ich immer mehr drauf, aber wenn ich mich aufrichte und demonstriere und sage, es reicht jetzt, dann regt man vielleicht zumindest zum Nachdenken an" (Nina S., 57, II).

Eine derjenigen, die jetzt möglicherweise demonstrieren würden, äußerte ihr Unbehagen hinsichtlich der Verbindung von Demonstrationen mit Gewalt, gekoppelt an Formen zivilen Ungehorsams, was man ablehne. „Also jetzt irgendwelche Gewaltsachen oder sich irgendwo anzuketten vorm Jobcenter, das finde ich den falschen Weg“ (Brigitte S., 38,II,Westberlinerin). Auch eine weitere Sympathisantin lehnte Gewalt ab. „Also man soll natürlich hier nicht wie in Frankreich randalieren, aber man muss eben auf die Straße gehen. Man muss den Politikern zeigen, dass es so nicht geht“ (Martina R., 43, II, Westberlinerin, Protestwählerin).

In einem weiteren Fall war der Hinweis auf mögliche Gewalt der Grund gewesen, von Demonstrationen fernzubleiben. „Mein Mann hat mir Angst gemacht, so ‚pass auf, dann werden wir verhaftet‘“ (Sabine F., 46, I, Westberlinerin). Inzwischen selbst politische Aktivistin bei der WASG geworden, waren diese Ängste zum zweiten Gesprächstermin verflogen. „Wir verteilen ja teilweise vor dem Jobcenter Flyer und wenn ich die Gesichter sehe, da würde ich sagen: da läuft nur noch eine Hülle rum, die Leute, die sind tot, die Menschen sind teilweise tot. Es geht keiner mehr auf die Straße, es wehrt sich keiner, die sind ausgelaugt“ (Sabine F., 47, II). Vier der Sympathisantinnen, die nicht an den Demos teilgenommen hatten, äußerten sich zum Zeitpunkt der zweiten Befragung weit resignativer als zum Zeitpunkt der ersten Befragung.

Sechs der Nichtteilnehmerinnen lehnten die Hartz IV-Demonstrationen, ab, darunter zwei Frauen, die dem Mobilisierungsgedanken nicht grundsätzlich negativ gegenüber standen. Eine Befragte äußerte inhaltliche Vorbehalte. „Nee, ich habe sie nicht verstanden. Nee, ich war nicht dabei. (...) Ich habe nicht verstanden, warum genau da auf die Straße gegangen wird. Um das am Beispiel meines Dilemmas zu sagen, wenn, was häufig kritisiert wird an Hartz IV, wenn man viel angespart hat, dass man das zuerst verbrauchen soll, dass man Freibeträge haben darf. (...) Das sind Beträge, die habe ich einfach gar nicht. (...) Mir geht es um den Blickwinkel für eine solche Geschichte. Ein Mensch, der 40 Jahre eingezahlt hat und unverschuldet seine Arbeit verliert und dann nach einem Jahr sein Erspartes aufbrauchen muss, der ist natürlich benachteiligt gegenüber einem, der seinen Arbeitsplatz behält. (...) Ich finde die Argumentation schwierig von dem, der gekündigt wird, zu sagen, ich will aber gleich gut dastehen wie der, der nicht gekündigt wird. Die Besitzstandswahrung geht nicht auf diesem Wege. Die Politik muss das anders lösen. (...) Wir jammern auf einem extrem hohen Niveau und ich finde es nicht gerechtfertigt. Einerseits. Und andererseits gibt es diejenigen, die unverschuldet ihre Arbeit verlieren. Das stört mich wahnsinnig. Oder der Herr Ackermann (...)“ Im zweiten Interview äußerte sie: „Ich finde es immer noch sehr luxuriös, was wir hier in Deutschland uns leisten können. Ich sag’, wir könnten uns mehr leisten. (...) Also, ich bin hier sehr viel besser versorgt in meinem Status, den ich habe, als in Frankreich oder Italien. Dass sich der deutsche Staat mehr leisten könnte für die Menschen, also dafür auf die Straße zu gehen, also allein dafür, das ist schwierig“ (Herlinde P. 44, Westdeutsche, Dritte-Welt-Aktivistin).

Eine weitere Befragte meinte, Demonstrationen seien etwas für die junge Generation. „Ganz ehrlich, als ich jung war und in Paris studiert habe, da bin ich viel demonstrieren gewesen. Leider Gottes, in Deutschland bringt es nichts. In Frankreich können Sie was bewegen, hier ist nichts. (...) Als mein Kind in die Schule ging, sind wir zu mehreren Demos gegangen für Schulen usw. Ich war auch Elternvertreter, habe das für mein Kind gemacht, so dass die lernt. Das ist politische Erziehung für mich, nicht, weil ich überzeugt war, dass wir was ändern können“ (Sybille S., 52, II).

Vier Frauen lehnten Demonstrationen als Mittel politischer Auseinandersetzung grundsätzlich ab. Teilweise wurde der Niedergang der Protestwelle zur Bestätigung der eigenen Haltung. „Ich glaube auch nicht, dass es was gebracht hat. Ich kann so Demos auch nicht verstehen. Erwartungen habe ich sowieso keine“ (Sarah O., 44, I, Engländerin).

„Nein. (...) Ich sage mal, für mich wäre das verschwendete Zeit gewesen. Das juckt kein Schwein, ob da 500 oder 1000 Leute stehen. Ich blockiere anderer Leute Leben damit. Ich produziere ein negatives Bild, denn das sind keine subversiven Elemente oder Asoziale. Und ich bewirke an den Regelmechanismen gar nichts. Ich muss schon hingehen und sagen, so geht's“ (Gesa M., 37, I).

„Teilweise waren da Plakate, da war Hartz schon falsch geschrieben. Da habe ich gedacht, was soll ich hier. Mein Sohn macht montags in der Nähe vom Alex Musik. Also wenn ich schon die Plakate sehe. Eigentlich ist es schade, aber ich denke, in der Form ist das nicht irgendwie. Das sind doch nur drei Leute. Das ist so was wie Selbstunterhaltung, da haben sie so eine Musikgruppe“ (Irene W., 45, I, Akademikerin, Ostberlinerin, Nichtleistungsempfängerin).

Auch in dieser Gruppe wurden Demonstrationen mehrfach mit Gewalt in Verbindung gebracht, die man ablehne. Auch hier äußerte eine Befragte explizit die Haltung, mit „Berufsarbeitslosen“ nichts zu tun haben zu wollen. „Auch so Arbeitsloseninitiativen, ich habe meine Vorurteile. Das sind immer dieselben Leute, die man da trifft. Die gegen alles sind, die immer gegen alles angehen müssen und die auch immer wieder dasselbe sagen“ (Cornelia M., 46, II, “Wählen ist erste Bürgerpflicht”).

3.7.2 Politische Entfremdung und Frustration als dominierendes Muster

Die Protestbereitschaft der befragten Frauen war, bei aller Sympathie für die Bewegung, großteils eher gering und sie war selbst bei den meisten Teilnehmerinnen der Demonstrationen vom Sommer und Herbst 2004 gebrochen. Der Diffamierung und Stigmatisierung, mit der die politischen Eliten auf die Proteste reagierten, verstärkt durch Teile der Medienöffentlichkeit, hatten die direkt Betroffenen wenig entgegenzusetzen. Sich als solcherweise beschimpfte „Sozialschmarotzer“ und „Parasiten“ öffentlich auf der Straße zu „outen“, dazu bedarf es der besonderen Kraft und Versicherung innerhalb einer sozial stabilisierenden Gruppe. Es ist kein Zufall, das diejenigen, die ihre Erfahrungen mit Hartz IV offensiv vertraten, politische Aktivistinnen waren, eingebunden in ein dichtes Netz Gleichgesinnter.

Die häufig sehr tiefgehende Verunsicherung, die die Betroffenen bereits im Vorfeld der Gültigkeit des SGB II erfasst hatte, hielt bis weit ins erste Jahr der Einführung der Neuregelungen an und sie galt zuweilen bis zum Zeitpunkt des zweiten Interviews, weil noch immer vereinzelt allein die Leistungsgewährung nicht funktionierte. Wer im Jobcenter um sein Geld kämpfen muss und dem Vermieter erklären soll, dass die Miete nicht fristgerecht gezahlt werden kann, wer jenseits dessen mit der schwierigen Bewältigung eines Alltags in Armut zu tun hat und den Speisezettel am täglichen Angebot verbilligter, weil abgelaufener Nahrungsmittel und aussortierten Gemüses beim Lebensmitteldiscounter ausrichten muss und auf der Suche nach dem günstigsten Angebot für Kinderbekleidung die Läden durchkämmt, dem bleibt wenig Kraft und Ausdauer, für die eigenen Belange auf die Straße zu gehen. 2,10 Euro, so viel kostet in Berlin eine einfache Fahrt mit dem ÖPNV, kann man sparen, wenn man keine Erwartung an den öffentlichen Protest hat.

Bei den meisten interviewten Frauen dominierte eine Mischung aus Wut und Ohnmacht im Hinblick auf die politischen Verhältnisse. „Mein Hauptgefühl ist immer wieder Zorn und Empörung. Wenn ich dann lese von asozialen Sozialschmarotzern und so was. Das macht mich rasend, das finde ich unerhört. Der Müntefering, der hat doch vor einem halben Jahr mal so gewettert gegen Arbeitgeber. Da war das genau umgekehrt“ (Susanna W., 46,II). Die Betroffenen fühlten sich unverstanden, abgehängt und aussortiert. „Meine Erwartungen (an die Politik, K.L.) sind gleich null. Die sitzen in Sphären, die sind so weit weg von allem. Also wer diese Situation nicht lebt, der – das ist wie willst du jemandem erklären, wie Vanilleeis schmeckt. Das kannst du nicht“ (Mirella S., 38, II, Nichtwählerin). Gleich zwei Frauen bemühten das Bild des „grünen Tisches“, an dem entschieden würde, ohne die tatsächliche Lebenspraxis der Menschen zu kennen. Der Chef der deutschen Bank, Ackermann, oder die Aktiengewinne großer Unternehmen waren das Synonym für eine Umverteilungspolitik von unten nach oben. Allein fünf Frauen forderten explizit eine Grundsicherung, drei weitere lehnten dies ab, weil sie Geld für geleistete Arbeit wollten. Doch dass in Deutschland ein Gerechtigkeitsproblem vorhanden ist, darin waren sich die Betroffenen im Grundsatz einig. „Das klingt immer nach Sozialismus, wenn man sagt, alle sollen gleich sein“ (Cornelia M., II, überzeugte CDU-Wählerin).

Zuweilen schienen in den Gesprächen, ohne dass dies abgefragt wurde, fremdenfeindliche Einstellungen durch. „Ich merke, wie ich immer rechtsradikaler werde. (...) Ich habe keinen Bock, die in der Nachbarschaft zu haben. Ich will keine Kopftücher mehr auf der Straße sehen. Ich werde wirklich aggressiv, weil die leben alle von Sozialhilfe und das ist für mich nicht in Ordnung, weil dieses Land kann seine eigenen Leute nicht versorgen" (Susanna W., 46, II). Politische Frustration und Wut auf die politischen Verhältnisse floss direkt ein in fremdenfeindliche Äußerungen: „Bei mir kommt die Aggressivität immer mehr, dass sich das staut, auf die Politiker und die Menschen, die die Fäden ziehen. (...) Das müsste anders laufen, dass eben die Ausländer, und da komme ich wieder auf das Thema, ob sich das gut anhört oder nicht. Die dürfen nicht das Geld in die Hand bekommen, voll. (...) Die bringen ein Kind nach dem anderen zur Welt und da müssten noch mal Unterschiede gemacht werden" (Bärbel S., 51, II).

Mehrere Frauen erwarteten für die Zukunft politische Unruhen. Denn „die Leute, die da oben sitzen und den Bezug zu unten nicht mehr haben, dass die begreifen, so geht es nicht" (Nina S., II). Andere betonten, „es gärt, aber es wird nicht explodieren, da kommt nichts" (Brigitte S., II). Den einen dienten die französischen Unruhen in den Pariser Banlieus als positiver Bezugspunkt, wie es sein könnte, wenn sich mehr Menschen mit radikaleren Mitteln wehren. „Wie in Frankreich, dass da mal ein Punkt erreicht ist, wo man sagt, so, jetzt müssen wir zusammenhalten und jetzt müssen wir es denen da oben doch mal zeigen. (...) Die sind so satt und blind. (...) Das (Wählen, K.L.) ist für mich nur noch Leute verarschen, blankes Volkverarschen" (Bärbel S., II, Nichtwählerin). Anderen dagegen galt Frankreich als Negativbeispiel, wie Protest nicht aussehen sollte.

Die befragten Frauen waren nicht unpolitisch, im Gegenteil, auch wenn mehrere betonten, es falle ihnen mittlerweile sehr schwer, sich mit Politik überhaupt noch zu beschäftigen. „Das vergeht mir immer mehr. (...) Ich kann nicht mal mehr Zeitungen kaufen, nicht wegen dem Geld, sondern weil ich diese ganzen Lügen, ich kann sie nicht mehr lesen" (Bärbel S., II). Auch waren einige Frauen bei Einführung von Hartz IV nach eigener Darstellung besser über das SGB II und ihre Rechte informiert als die JobcentermitarbeiterInnen.

Allein fünf der zweimal befragten 25 Frauen äußerten explizit eine politische Absicht hinter der Bereitschaft, sich für die Interviews zur Verfügung zu stellen. „Weil ich schon daran glaube, das ist auch eine Art politische Arbeit, die Sie machen und ich glaube, je mehr es davon gibt. (...) Das Ding ist halt, wenn es in der Tonne landet, dann hat niemand was davon. Sie müssen das veröffentlichen. Das ist sehr wichtig" (Susanna W., 46, II). Dies galt auch für diejenige Befragte, die nur einmal an den Hartz IV-Protesten teilgenommen hatte. „Als ich Ihre Adresse gefunden habe, da habe ich gedacht, das ist mal wichtig, dass das mal klar wird, dass es in der Politik, das ist meine Meinung, die Männer sollen

Arbeit haben, die Frauen, bleibt mal am Herd“ (Kerstin L. 50, II). Eine weitere Befragte, die der Protestwelle Sympathie entgegenbrachte, betonte: „Ich muss auch ganz ehrlich sagen, ich habe Sie heute in der Hoffnung eingeladen, dass sich was tun kann. Ich bin der Meinung, dass sich nur etwas tun kann, wenn man was sagt. Wenn ich zuhause bleibe und immer nur mit den Wölfen heule, bewege ich gar nichts“ (Sabine F., 46, ehemalige überzeugte CDU-Wählerin).

Für zwei Nicht-Teilnehmerinnen, die den Hartz IV-Protesten auch nicht positiv gegenüber standen, erschien das Gespräch für die wissenschaftliche Aufarbeitung gleichsam als Alternative. „Ich bin vielleicht ein bisschen naiv. Aber ich gehe davon aus, dass irgendjemand das lesen wird“ (Sybille S. II). „Ich weiß nicht mehr, in welche Ecke ich zuerst hopsen soll. Aber ich meine, Ihr Interview ist wichtig. Da muss man Prioritäten setzen. Ich muss schon hingehen und sagen, so geht's. Das ist einer der Gründe, warum ich hier bin (zum Interview, K.L.). Es ist doch wichtig, dass das alles mal bekannt wird, was da so passiert“ (Gesa M. I). Das Interview wurde zum quasi offiziellen und wichtigen Termin, dem man Bedeutung beimaß und für den man andere wichtige Tätigkeiten hintenanstellte.[78] Bei aller Belastung, die das Reden über das eigene Schicksal auslöste, dominierte das positive Gefühl, dabei mit den eigenen Belangen ernst genommen zu werden.

3.8 Bewältigungsstrategien und Reaktionsmuster

Nachfolgende Bewältigungsweisen beziehen sich auf die 25, doppelt befragten, von Hartz IV-betroffenen Frauen, da durch diese Doppelbefragung markante Eigenschaften und Handlungsweisen konturierter zu Tage traten. Es ist selbstredend, dass die im folgenden dargestellten Betroffenentypen allenfalls Annäherungen an Idealtypen sind. Im Zentrum der Zuordnungen steht das Arbeitmarktverhalten der Betroffenen.

Zu konstatieren ist der Umstand, dass die Typenbildung im Großen und Ganzen quer zum Merkmal einer Ost- bzw. Westbiografie steht. D.h., es gibt jeweils Vertreterinnen der verschiedenen Typen aus Ostdeutschland bzw. Ostberlin und Westdeutschland bzw. Westberlin. Ein Unterschied besteht indes in den Begründungen, weswegen man so oder so denkt, etwa im Hinblick auf die Erwerbsorientierung oder die Erwartungen an den Sozialstaat, bei Frauen mit ostdeutschem Hintergrund. In mehreren Fällen bezogen sie ihre Haltung auf ihre Herkunft aus dem Osten.

[78] Vereinzelt melden sich die Frauen noch immer, um von neueren Entwicklungen in ihrem Leben als Langzeitarbeitslose zu berichten. „Sie sind die einzige, der ich so was erzählen kann“.

3.8.1 *Die aktive Selbstvermarkterin*

Sie kommt dem Leittypus der „Arbeitskraftunternehmerin" (Pongratz/Voss 2003) am nächsten. Sie hat sowohl eine Ost- als auch eine Westbiografie, ist hochqualifiziert, Mutter bereits erwachsener Kinder oder kinderlos, stammt aus einem bildungsbürgerlichen bzw. sehr leistungsorientierten Hintergrund und hatte vor der Arbeitslosigkeit eine Erwerbsarbeit mit entsprechendem Status bzw. Einkommen. Die Überwindung des Hartz IV-Bezugs wird als die vordringliche Lebensaufgabe betrachtet, d.h. man verfolgt mit Intensität zurechtgelegte Strategien und systematische Bewerbungsaktivitäten. Der Einstieg in Maßnahmen wurde oder wird in erster Linie aufgrund der damit einhergehenden leichten finanziellen Verbesserung angestrengt. Sie hat die meisten face-to-face Kontakte im Jobcenter und fordert formal die Förderung durch das Jobcenter am nachhaltigsten ein, was im Widerspruch steht zum niedrigen Grad der Hilfeerwartung durch das Jobcenter. Drei der Befragten zählen zu diesem Typus.

3.8.2 *Die kalkulierende Manipulatorin*[79]

Illegale Aktivitäten, um sich aus der Hartz IV-Umklammerung zu befreien, sind weniger weit verbreitet als es die „Schmarotzerdebatte" suggeriert. Wenn eine Frau allerdings illegale Strategien wählt, dann tut sie es intensiv und systematisch. Ausgestattet mit akademischer Bildung, teilweise ohne Abschluss, verfügt sie neben starker Erwerbsorientierung über einen hohen Informationsgrad über alle sie betreffenden Aspekte von Hartz IV und agiert stark manipulativ und vorausschauend. Die Aktivitäten sind vielfältig und umfassen das Verstecken von Eigentumstiteln, Schwarzarbeit, das Erschleichen von Weiterbildungsleistungen oder das Verschweigen zusätzlicher Einnahmequellen. „Durch mein Wissen konnte ich mich besser vorbereiten auf die Situation. Ich habe versucht, das bisschen Vermögen, was man sich angeschafft hat, beiseite zu schaffen. Ich sage das mal so brutal". Die Begründung für diesen illegalen Aktionskatalog, der teilweise gekoppelt ist an legale, d.h. angemeldete Tätigkeiten, wird in der Aufrechterhaltung eines gewissen Lebensstandards gesehen, um so das Selbstwertgefühl zu stärken und weiteren Ausgrenzungstendenzen zu entgehen. Denn, „Sie können bei der Arbeitssuche nicht wie ein kleines Hascherl dasitzen und ‚bitte gebt mir Arbeit' betteln. (...) Selbstbewusstsein und ein bestimmtes Durchsetzungsvermögen (...) betrachte ich als Voraussetzung, eine neue Arbeit zu finden".

---

[79] Zum Schutz der Betroffenen wird hier auf die Angabe selbst der anonymisierten Namen verzichtet.

Der Gefahren ist man sich bewusst. „Ich fahre da auf Risiko. Ich sage mir einfach, bei 5 Millionen Arbeitslosen haben die viel zu tun, dem Einzelnen hinterher zu spüren.“ Ein geplanter Umzug wurde beschleunigt und mangels Alternativen eine größere Wohnung angemietet. Denn „ich wusste, dass beim ALG II jeder Umzug genehmigungspflichtig ist, also auch ein Eingriff in meine persönlichen Rechte und da bin immer sehr empfindlich. Tut mir leid, wenn ich das so sagen muss, aber wenn man ein Leben lang für sich selber sorgt, dann empfindet man das als besonders demütigend, dass ein Umzug in eine andere Wohnung genehmigt werden muss.“ Selbst an Weiterbildungsmaßnahmen kommen Befragte nur, „indem ich das Arbeitsamt betrogen habe, indem ich falsche Dinge gesagt habe. (...) Aber Sie haben keinen eigenen Vermittler, so wie das früher war. Der kennt also ihre Geschichte nicht. (...) Korrekt war mein Verhalten ja nicht, aber es war mir egal. Dass die moralische Schwelle immer tiefer sinkt und wenn man was haben will, dann solche Sachen macht. (...) Das ist ein generelles Problem. Weiterbildung ist so gut wie aussichtslos. (...) Aber die Wochen haben mir sehr viel gebracht. Ich möchte einfach im Training bleiben.“ Unproblematisch ist das alles nicht. Das Selbstbild gerät ins Wanken. „Man verliert auch den Bezug zu moralischen Standards. Wie kann ich von anderen verlangen, moralisch aufzutreten, wenn ich selber an dieser Stelle sehr betrügerisch rumgehe. (...) Die illegalen Sachen, das belastet mich auch. Ich möchte das eigentlich loswerden. Kommt dazu, dass das Risiko, wenn das mal auffliegt, man mit einer Schuldenlast operieren muss“. Ebenfalls drei Frauen sind am ehesten diesem Muster zuzuordnen.

3.8.3 Die blockierte Erwerbsorientierte

Sie hat eine lange Maßnahmekarriere hinter sich mit entsprechend langer Dauer in der Arbeitslosigkeit und sieht in Maßnahmen die einzige Chance, überhaupt erwerbstätig zu sein. „Wenn ich hier noch drei Jahre bleiben könnte, würde ich auch drei Jahre bleiben. Ich sehe nichts, ich bewerbe mich auch nicht mehr, ich mache das einfach nicht mehr, weil ich finde es Zeitverschwendung, diese proforma-Bewerbungen, die ich geschrieben habe“ (Susanna W., 46, II). Trotz starker Erwerbsorientierung, die in erster Linie der Sinngebung dienen soll – an das Leben mit wenig Geld hat man sich weitgehend gewöhnt – , und dem Anhäufen von Qualifikationen und positiven Erfahrungen hinsichtlich der eigenen Fähigkeiten während dieser Maßnahmen, bei Praktika etc. wurden Bewerbungsaktivitäten gänzlich eingestellt. Der Eintritt in den ersten Arbeitsmarkt kann so gar nicht gelingen und wird nicht erwartet. Punktuell, aber weit weniger intensiv als in Typus 2 werden teilweise illegale bzw. manipulative Strategien gewählt, um zusätzliche Einnahmen zu erzielen bzw. Maßnahmen genehmigt zu bekommen. Sie ist diejenige, die sich am ehesten als Wendeverliererin betrachtet. Dies gilt für die Ost- wie Westdeutsche gleichermaßen. Selbstzuschreibungen und psychische Probleme sind dominierende Verarbeitungsmuster. Sie ist die Tragischste aller Typen überhaupt, denn letztlich stellt das ausschließliche Festhalten am Maßnahmemarkt ohne zusätzliches Optionsfenster (etwa ehrenamtliche Tätigkeit, Alternativrollen) bei gleichzeitig starker Erwerbsorientierung ein großes Dilemma dar. Neben der Gruppe der Unauffälligen und Resignierten (vgl. 3.8.5) schildert dieser Typus die größten Probleme hinsichtlich sozialer Teilhabemöglichkeiten und Ausgrenzungserfahrungen. Sechs der Befragten zählen zu diesem Typus.

3.8.4 Die politische Rebellin

Sie wandelt ihre Wut an den sozialen und politischen Zuständen in politischen Aktionismus um. Zusammen mit Gleichgesinnten bzw. Gleichbetroffenen versteht sie sich als „Sand im Getriebe" des Jobcenters. Ihre Haltung zu den institutionellen Zumutungen im Jobcenter beschreibt sie folgendermaßen: „Wir haben uns gesagt, wie machen ein Hobby daraus, weil ich gehöre nicht zu den Leuten, die andere drangsalieren. Aber wir werden letztendlich auch drangsaliert. Weil Hartz IV zehrt doch an den Nerven, ganz ehrlich, und wenn wir die Leute genauso drangsalieren, wie sie uns drangsalieren, vielleicht tut sich ja dort im Mitarbeiterstab auch mal was, dass die sich auch auflehnen" (Sabine F., 47, II). Sie verbindet damit die Forderung nach Verbesserung der Rahmenbedingungen von Hartz IV. Nach wie vor erwerbsorientiert im Hinblick auf die finanzielle Besserstellung, kann man sich auch eine MAE im Zusammenhang mit der ehrenamtlichen politischen Arbeit vorstellen, lehnt aber Zwangsmaßnahmen ab. Gefordert wird ein Grundeinkommen in einem, über das ALG II hinausgehenden finanziellen Rahmen. Mit der Aufnahme der politischen Arbeit treten individuelle gesundheitliche oder psychische Probleme weit in den Hintergrund, die Bewerbungsaktivitäten beschränken sich, wenn überhaupt, auf informelle Anfragen. Zwei Betroffene lassen sich hier zuordnen.

3.8.5 Die Unauffällige bzw. Resignierte

Sie bemüht sich nicht oder kaum mehr um Arbeit auf dem ersten Arbeitsmarkt, und wenn, dann in erster Linie, um den Forderungen des Jobcenters Genüge zu tun. Drei von vier „Nichtleistungsempfängerinnen" zählen zu dieser Gruppe und auch die einzige Befragte ohne Schul- oder Bildungsabschluss. Wenn möglich, richtet sie sich notgedrungen in Alternativrollen ein, in erster Linie in der Rolle als Mutter oder in der Rolle der zukünftigen Rentnerin. Letztere tut sich in Erwartung einer Rente, mit der man sich besserstellt als mit Hartz IV, relativ leicht, Übergangsstrategien zu wählen, etwa die auf drei Jahre angelegte ABM oder die ehrenamtliche Tätigkeit. Für die Betroffene mittleren Alters wird indes die Ausweglosigkeit der Arbeitsmarktsituation, gekoppelt an das Leben in Armut, als extreme Belastung wahrgenommen. Sinngebung sucht sie sich teilweise in esoterischen Heilserwartungen oder in einer Schicksalsgläubigkeit, wonach „mein Job mich einfach noch nicht gefunden hat. Der ist da draußen. Ich weiß, dass mein Job irgendwo auf mich wartet“ (Heidi G., II), ohne dass sie sich ernsthaft auf die Suche macht. neun Befragte sind dieser, damit prozentual größten Gruppe zuzuordnen.

3.8.6 Die Autonome

Sie macht sich frei von Erwerbszwang und stellt die individuelle Zeiteinteilung als großes Gut dar. Sie hat einen akademischen sozialwissenschaftlichen Hintergrund und sieht sich im Sinne einer postmaterialistischen Werthaltung als Vorreiterin einer gesellschaftlichen Entwicklung, in der Erwerbsarbeit zur knappen Integrationsressource geworden ist, die durch andere Quellen kompensiert werden sollte. Durch die dichte Einbindung in ehrenamtliche Arbeit und ein dichtes Netz Gleichgesinnter wird die Situation der Arbeitslosigkeit zumindest als erträglich bezeichnet. Durch ein Unterstützernetzwerk können finanzielle Notlagen abgefedert werden. Das ALG II wird als Einstieg in ein Grundeinkommen betrachtet, welches gleichwohl aufgrund faktischer Erfahrung als ausgrenzend wahrgenommen wird, weil es zu niedrig ist. Zwei Frauen lassen sich hier zuordnen.

3.9 Fazit

Betrachten wir Hartz IV aus individueller Sicht am Beispiel der interviewten Betroffenen in Berlin-Mitte, wird deutlich, dass die Hartz IV-Reform – zumindest bis dato – eindeutig negative Folgen hatte (von der vereinzelt geäußerten Erkenntnis abgesehen, erst jetzt so richtig begriffen zu haben, dass man auf Hilfe bei der Arbeitsplatzsuche durch die Institutionen nicht bauen darf). Vor allem im ersten Jahr der Einführung von Hartz IV waren die institutionellen Zumutungen enorm, indem es die sich neu konstituierende Behörde kaum vermochte, die

„Dienstleistungen“ in einer Weise und einem Umfang zu erbringen, die dem gesetzlichen Auftrag entsprach. Das Schleifen alter Strukturen, gewachsener personeller Bindungen und gesetzlicher Regelungen, ohne dass die neuen Strukturen auch nur in Ansätzen vorhanden bzw. funktionsfähig waren, führte bei einem Großteil der Betroffenen zu (teilweise schwerwiegenden) Problemen. Indem häufig die Leistungsgewährung nicht sichergestellt war, war die Grundversorgung mit Nahrung und Wohnraum zumindest gefährdet, im individuellen Fall war gar die körperliche und psychische Integrität in Frage gestellt.

Mit der Zusammenführung der bisherigen einkommensabhängigen Arbeitslosenhilfe und der Sozialhilfe zur Grundsicherung für Arbeitssuchende auf Sozialhilfeniveau wurden ehemalige gut verdienende Arbeitslosenhilfeempfängerinnen finanziell schlechter gestellt bzw. bei Vorliegen von Partnereinkommen vollends „ausgesteuert“. Bisherige Sozialhilfeempfängerinnen, das sollte auch und gerade für alleinerziehende Mütter mit ehemaligem (ergänzendem) Sozialhilfebezug gelten, sollten indes besser gestellt werden. Diese von der Bundesregierung behauptete finanzielle Besserstellung konnte jedoch weder von den betroffenen Müttern noch von anderen Befragten bestätigt werden, eher im Gegenteil. Die Streichung von Beihilfen und die Umstellung einmaliger Hilfen auf eine Darlehensbasis konnte durch die, wenn überhaupt meist nur geringfügige Erhöhung der monatlichen öffentlichen Zuwendungen nicht aufgewogen werden und führte unter dem Strich zu einer finanziellen Schlechterstellung in der sozialen Absicherung.

Was den Förderaspekt mit dem Ziel der Integration in den ersten Arbeitsmarkt anbelangt, so konnte Hartz-IV die Versprechungen bisher nicht erfüllen. So mochte im Befragungszeitraum die Betreuungssituation für Jugendliche möglicherweise besser sein, die der hier Befragten war, gemessen an den Ansprüchen, mangelhaft. So geben die im zweiten Kapitel gewonnenen Erkenntnisse Hinweise auf die institutionellen Ursachen. Aus individueller Sicht ist die Tatsache, selbst achtzehn Monate nach dem Beginn der Reform noch nicht einmal von einem „Persönlichen Ansprechpartner“ eingeladen worden zu sein oder bei privaten Vermittlungsunternehmen trotz monatlicher Gesprächstermine allenfalls „verwaltet“ zu werden, freilich keine, den Buchstaben des Gesetzes entsprechende Situation. Als „Kunden“, die „Dienstleistungen am Arbeitsmarkt“ in Anspruch nehmen, empfanden sich die Befragten ohnehin in keiner Weise. Kaum oder gar nicht gefördert, sahen sich die Frauen einer bürokratischen Maschinerie ausgeliefert, in der wohl der „Grundsatz des Forderns“ bis ins Detail geregelt ist, gesicherte Rechtsansprüche hinsichtlich einer passgenauen und erfolgsversprechenden Förderung aber fehlen (Münder 2005). Genau diesen Widerspruch erlebten die befragten Frauen zwischen bürokratischer Dauerbeschäftigung, die notwendig ist, die Leistungsgewährung sicherzustellen und zuweilen auch den

Nachweis der „Mitwirkungsobliegenheit“ bei der Arbeitssuche (Münder 2005: 37) zu erbringen, einerseits, und dem Fehlen einklagbarer Rechte, wenn es um hinreichende Beratungs- und Betreuungskapazitäten von Seiten des Jobcenters geht, andererseits.

Selbst diejenigen, die kaum mit dem Wiedereintritt in existenzsichernde Erwerbsarbeit rechnen konnten, weil sie (psychisch) sehr krank waren oder in der Nähe zum Rentenalter, hatten zuweilen nicht nur finanzielle Einbußen hinnehmen müssen, sondern fühlten sich allein aufgrund der aufgebauten Drohkulisse und bürokratischer Zumutungen unter Druck gesetzt.

Die offensichtliche Zufälligkeit, gekoppelt an eine verquere Förderlogik, mit der von Seiten der institutionellen Akteure Eingliederungshilfen gegeben wurden, trieb seltsame Blüten hervor. Während die eine Befragte trotz Brustkrebsoperation und laufender Chemotherapie vom Jobcenter zu Bewerbungen aufgefordert wurde, die sie gesundheitlich zu leisten gar nicht imstande war, blieb die bei der Agentur verwaltete Nichtleistungsempfängerin mit der gleichen Qualifikation und großer Arbeitsmarktnähe ohne auch nur ein einziges Stellenangebot. Sie war eben „ausgesteuert“. Auch warteten hochqualifizierte, stark arbeitsmarktorientierte und flexible Frauen trotz ihres Kontakts in die Vermittlungsabteilung des Jobcenters vergebens auf Stellenangebote und sonstige Eingliederungshilfen, während sich andere Betroffene ohne bisherigen Kontakt zur Vermittlung auf Stellen bewerben sollten, zu denen ihnen die Grundvoraussetzungen fehlten.

Maßnahmen wurden von den befragten Frauen häufig gewünscht und letztlich nicht als Zwang gesehen, sondern trugen zur Verbesserung der eigenen Lebenssituation bei, sei es in finanzieller oder sozialer Hinsicht oder im Hinblick auf eine Stabilisierung der psychischen Befindlichkeit. Allerdings muss der Befund, wonach diese zunächst einen positiven Effekt hatten, der mit deren Beendigung häufig in sein Gegenteil umschlug, nachdenklich stimmen. Es fehlte vor allem die auf Dauer gestellte Erwerbsperspektive.

Der von den Befragten präsentierte Ausschnitt ist wohlgemerkt nicht repräsentativ. Zumindest mit deren passgenauer Förderung ist es bis zum Sommer 2006 nicht weit her.

Neben dem speziellen Einblick in die individuelle Kosten-Nutzen-Analyse der Umstellung auf die Grundsicherung für Langzeitarbeitslose erlaubten die Interviews Einsichten im Hinblick auf den „klimatischen“ Zustand der deutschen Gesellschaft (Heitmeyer 2003: 9) angesichts wohlfahrtstaatlicher Umbauprozesse. Der Befund ist ernüchternd. Konkret nach ihren Haltungen hinsichtlich der Hartz IV-Proteste im Sommer und Herbst 2004 befragt, äußerte sich ein Großteil der Befragten der 25 Hartz IV-Empfängerinnen, die im Sommer 2005 und 2006 befragt werden konnten, letztlich negativ im Hinblick auf den Einfluss auf politische Entscheidungsprozesse „von unten“. Die Folgenlosigkeit der Proteste im politischen Betrieb, kombiniert mit der Infragestellung der Proteste als legitimes Anliegen durch die Massenmedien war für die meisten teilnehmenden Frauen sehr enttäuschend. Für sie erwiesen sich die Demonstrationen im Nachhinein als ‚Enttäuschungsmaschinen‘ und verstärkten die politische Frustration - von anhaltender politischer Mobilisierung keine Spur (Lenhart 2007). Die nichtteilnehmenden Frauen hatten vorab die Erwartung, dass Proteste wirkungslos bleiben würden und blieben deshalb trotz vielfach geäußerter Sympathie den Demonstrationen fern.

Geäußert wurden sehr oft Einschätzungen, die auf massive politische Entfremdungsprozesse hindeuten. Sie entsprechen dem, was Wilhelm Heitmeyer und Jürgen Mansel als „Demokratieentleerung“ beschrieben haben, „wonach Menschen (...) den notwendigen Interessenausgleich etwa im Zusammenhang mit dem Um- und Abbau der Sozialsysteme nicht mehr gesichert wissen, moralische Prinzipien durch politische Eliten verletzt sehen und deren Lösungskompetenz für soziale Probleme anzweifeln“ (Heitmeyer/Mansel 2003: 35).

4 Soziale Bürgerrechte auf dem Abstellgleis

Die Untersuchung der Umsetzung von Hartz IV im Berliner Bezirk Mitte in frauenspezifischer Sicht offenbart das bisherige Scheitern der Reform, gemessen am, gerade auch regierungsamtlich betonten Anspruch einer verbesserten Förderung von Frauen zur Arbeitsmarktintegration. Die „bewusste Zurkenntnisnahme geschlechtsspezifischer Benachteiligung", die Johannes Münder aus Paragraph 1, Satz 3 ableitet (Münder 2005: 30), findet in Mitte, zumindest während des Untersuchungszeitraums, nicht statt. Die geschlechtssensible Umsetzung war kein Thema angesichts der vielfältigen Probleme bei der, in kurzer Zeit zu vollziehenden Implementation des SGB II in die Praxis. Um das Bild des Jobcentermitarbeiters aus Mitte aufzunehmen: Frauenfragen sind „Kür" und eben nicht Pflichtprogramm. Sie werden zum freiwilligen Zusatz deklariert, der angesichts der großen Probleme bei der Umsetzung der Reform gegenwärtig nicht zu leisten sei. Die Nichtbeachtung einer geschlechtersensiblen Umsetzung bei den übergeordneten staatlichen Ebenen und der Bundesagentur bestärkt die lokale Ignoranz und verschafft wohlfeile Ausreden. In der praktischen Umsetzung bestätigt sich die Vermutung, wonach die geschlechtsspezifischen Effekte kein ernsthaftes Thema der Arbeitsmarktreformen waren. Einmal mehr bekräftigt die Dethematisierung der Genderfrage die Grundmuster, in denen sich bereits der „alte" Sozialstaat mit seinem „male bread-winner model" bewegte. Die „größte Reform" ist – nicht nur in dieser Dimension (s.u.) – ein Schritt zurück. Die eingefügte Genderpassage konnte in ihrer Randständigkeit und institutionellen Unverbindlichkeit nicht zum Leitstern der Reform werden, sondern diente eher der kurzfristigen Legitimationsbeschaffung, als es um die Zustimmung der vielen Zweiflerinnen und Zweifler zu diesem Vorhaben ging. Dass im institutionellen Chaos ausgerechnet die Geschlechtergerechtigkeit unter die Räder kam, kann nach dieser Vorgeschichte nicht überraschen.

Nun fällt im Jobcenter Mitte, einem der bundesweit größten Jobcenter und für rund 80 Prozent „Betreuungskunden" zuständig, der „Kardinalfehler" (Henneke 2004) der gemeinsamen Trägerschaft zweier so ungleicher Partner besonders ins Gewicht. Transformationsprozessen eigen ist immer die Stärkung von Akteurshandeln, vor allem dann, wenn rahmensetzende institutionelle Strukturen, wie im Fall des Aufbaus der Jobcenter, erst geschaffen werden müssen. Nun war die Unvereinbarkeit zwischen der zentralistisch organisierten Agentur und dem kommunalen Eigensinn in Mitte schon vor Einführung des SGB II deutlich. Vom Wandel der Agentur hin zu mehr Dezentralität und einer Erweiterung lokaler Ermessenspielräume, einhergehend mit einer Reduzierung der zentralen Vorgaben – eine unabdingbare Voraussetzung für das gleichberechtigte Zusammengehen der ungleichen Partner – war in Berlin-Mitte nichts zu spüren. Offensichtlich stimmte das „Klima“ zwischen den Akteuren, von dem ein Ministerialbeamter als einem „entscheidenden Erfolgsfaktor“ für das Funktionieren der Arbeitsgemeinschaften sprach, in Mitte nicht. Dies hat den Vollzug der Hartz-Reform sicherlich behindert.

Ausschlaggebend für die problematische Gemengelage waren diese „klimatischen Bedingungen“ indes nicht. Dass das verfassungsrechtliche und verwaltungsorganisatorische „Neuland“ auch anderswo schwer zu beackern war, zeigt eine flächendeckende Erhebung in 235 Kreisen und Städten (Deutscher Landkreistag 2006). Glaubt man dem Verfasser der Studie, dem Berliner Verwaltungswissenschaftler Joachim Jens Hesse, dann „gerät der Vollzug von Hartz IV zum Sanierungsfall“ (Hesse 2006a: 1). Bereits Johannes Münder hatte den nächtens im Vermittlungsausschuss beschlossenen Kompromiss der geteilten Zuständigkeit als „verfahrensrechtliche Monströsität“ (Münder 2005: 23) bezeichnet. Die Folgen für die Träger sind immens. Hesse spricht von einem „unvertretbaren Zeit- und Ressourcenverschleiß“ in den Behörden (Hesse 2006: 3). Man darf gespannt sein, wie die aufgrund des Bundesverfassungsgerichtsurteils bis spätestens 2010 erforderliche Neuordnung des Verhältnisses zwischen Bundesbehörde und kommunalen Trägern aussehen wird. Sicher ist schon heute, dass auch diese Nachjustierung Kräfte bindet, die man, wie es ein Jobcentermitarbeiter in Mitte angesichts eines steten Nachsteuerungsbedarfs bereits 2006 formuliert hatte, „lieber in die Arbeit am Kunden stecken würde“ (Bereichsleiter 2, Interviewprotokoll 29.03.06).

Welche Auswirkungen damit für die zu „Kunden“ avancierten Arbeitssuchenden, um deren verbesserte Integrationschancen es offiziell gehen sollte, verbunden sind, zeigen die Interviews mit den betroffenen Frauen eindrücklich. Die Lage der Betroffenen hat sich nach der Einführung der neuen gesetzlichen und institutionellen Regelungen zunächst sehr verschlechtert. So führte das Schleifen alter Strukturen, gewachsener personeller Bindungen und gesetzlicher Regelungen der „alten“ Institutionen, ohne dass die neuen Strukturen auch nur in Ansätzen vorhanden bzw. funktionsfähig waren, bei einem Großteil der Betroffenen zu (teilweise schwerwiegenden) Problemen – besonders in der für sie existenziellen Leistungsgewährung.

Auch nach diesen Problemen des Übergangs, die allerdings in einigen Dimensionen anhalten, sahen sich alle Betroffenen finanziell schlechter gestellt, entweder in ihrer konkreten finanziellen Lage, dies gilt vor allem für ehemals gut verdienende Arbeitslosenhilfeempfängerinnen und die „ausgesteuerten“ Nichtleistungsempfängerinnen, oder durch den Wegfall einmaliger Hilfen in der dauerhaften sozialen Absicherung. Dies traf auch für die befragten alleinerziehenden Mütter mit ehemaligem (ergänzendem) Sozialhilfebezug zu, die angeblich finanziell besser gestellt werden sollten.

Der Grundsatz des Förderns ist bei den Befragten nicht angekommen, auch nicht bei jenen, die sich aktiv um eine verbesserte und intensivierte Förderung durch das Jobcenter bemühten. Eine systematische besondere Förderung der befragten Alleinerziehenden war, anders als die offiziellen Ankündigungen suggerierten, ebenfalls nicht feststellbar.[80] Als „Kunden“, die „Dienstleistungen am Arbeitsmarkt“ in Anspruch nehmen, empfanden sich die Befragten ohnehin in keiner Weise. Kaum oder gar nicht gefördert, sahen sich die Frauen einer bürokratischen Maschinerie ausgeliefert, deren Agenten jenseits der vereinzelten Vergabe von Maßnahmen kaum existenzsichernde Arbeit anzubieten hatten.

Wie die Verteilermechanismen für freie sozialversicherungspflichtige Arbeitsplätze, deren Zahl angesichts einer anziehenden wirtschaftlichen Konjunktur gestiegen ist, zwischen den Agenturen und den Jobcentern faktisch funktionieren, ist gerade in der Geschlechterperspektive zu problematisieren. Denn ganz offensichtlich geht dieser Aufschwung am Arbeitsmarkt vor allem an den langzeitarbeitslosen Frauen weitgehend vorbei. Während laut einer Analyse vom September 2006 (Bundesagentur für Arbeit 2006) der Rückgang des Arbeitslosenbestandes von Männern mit Arbeitslosengeld I (ALG I) und damit im Rechtskreis des SGB III um ganze 25 Prozent sank, war der Rückgang bei den Frauen im ALG I-Bezug mit 4,8 Prozent deutlich niedriger. Bei den Männern mit Arbeitslosengeld II (SGB II) ging der Arbeitslosenbestand immerhin noch um 5,4 Prozent zurück. Gestiegen war er hingegen bei den Frauen mit SGB II-Bezug. Diese Steigerung war mit 1, 3 Prozent geringfügig und doch zeigten sich hier mögliche Tendenzen der geschlechtsspezifischen Spaltung nicht nur des Arbeitsmarktes, sondern auch in der Arbeitsvermittlung bzw. Förderpolitik. Auch im Verlauf von 2007 entspannte sich angesichts einer sich weiter verbessernden konjunkturellen Lage die Situation vor allem für Männer. Am wenigsten konnten die Frauen im Rechtskreis des SGB II profitieren, wenngleich auch hier die Zahlen nunmehr sanken.

Doch diese Zahlen, die auf eine verbesserte Lage auch für Frauen hindeuten, sind mit Vorsicht zu genießen, wie allein schon Befunde der Bundesagentur für Arbeit bestätigen. In den vierteljährlich, von der Bundesagentur herausgege-

[80] Tatsächlich bestätigt eine Erhebung des IAB, wonach 2005 und 2006 Alleinerziehende bundesweit am längsten im Leistungsbezug des SGB II blieben (IAB 2007), woraus sich allerdings nicht erschließen lässt, ob und wie sie gefördert wurden oder ob sie trotz Erwerbstätigkeit im Leistungsbezug verblieben.

benen „Analysen des Arbeitsmarktes für Frauen und Männer" wird in aller Regelmäßigkeit betont, dass „die Bewegungen aus Arbeitslosigkeit (...) bei Männern insgesamt stärker als bei Frauen" seien. „Auch die Abgangsgründe unterscheiden sich: Männer beenden ihre Arbeitslosigkeit deutlich häufiger durch Beschäftigungsaufnahme als Frauen, Frauen häufiger als Männer durch Übergang in Nicht-Erwerbstätigkeit." (Bundesagentur für Arbeit 2007) Faktisch fallen also viele Frauen aus der Arbeitslosenstatistik, ohne dass sie eine Arbeit aufgenommen haben. Es darf vermutet werden, dass zumindest ein Teil dieser Frauen in der „Stillen Reserve" landet, d.h., weiterhin an einer Arbeitsaufnahme interessiert ist.

Sicher ist hingegen, dass die registrierte Arbeitslosigkeit bei Frauen weniger zurückgegangen ist als bei Männern. 2007 lag ihr Anteil an allen Arbeitslosen zum ersten Mal seit über 14 Jahren wieder bei über 50 Prozent. Für das schlechtere Abschneiden von Frauen werden in einem Bericht der Bundesagentur zur Lage und Entwicklung von 2000 bis 2007 (Bundesagentur für Arbeit 2007a) eine ganze Reihe von Gründen angeführt. So finde der Aufschwung am Arbeitsmarkt vor allem in, von Männern dominierten Branchen statt, wohingegen der „Hartz IV-Effekt", also die „Offenlegung der stillen Reserve des Arbeitsmarktes" durch die Einführung von Hartz IV vor allem Frauen betreffe, die nun als arbeitslos gelten. Außerdem sei die Erwerbsneigung von Frauen gestiegen, ohne dass dem ein zusätzliches Angebot an Arbeitsplätzen gegenüberstehe. Auch wurde der Anstieg geringfügiger Beschäftigung zu 71 Prozent von Frauen getragen, die trotz Erwerbsarbeit dennoch großteils weiterhin als arbeitslos gelten würden, so der Bericht. Zudem seien „Berufsrückkehrer und alleinerziehende Arbeitslose" und damit eine Personengruppe, die „es aufgrund ihrer familiären Verpflichtungen schwerer" habe, ihre Arbeitslosigkeit zu beenden, fast ausschließlich weiblich, so der Bericht weiter. Für Frauen, so ist also festzuhalten, gelten offensichtlich auch mit Hartz IV besondere geschlechtsspezifische Problemlagen (Arbeitsmarktsegregation, erhöhte Arbeitslosigkeitsrisiken durch „care" ect.), die der scheinbaren Geschlechtsneutralität, etwa in der Förderpolitik, entgegenstehen. Doch auf solcherlei Schlussfolgerungen verzichtet der Bericht.

Als weitere Gründe, weswegen der Arbeitslosenanteil bei Frauen wieder gestiegen sei, wird außerdem auf die Gruppe der Nichtleistungsempfänger verwiesen, unter denen der Anteil der Frauen größer sei. „Fehlende Bedürftigkeit", so wird gemutmaßt, „könnte ein Indiz für einen geringer ausgeprägten ökonomischen Druck zur Arbeitaufnahme sein." Diese Frauen hätten „einen größeren Spielraum" bei der Arbeitsaufnahme. Außerdem würde ein nicht-quantifizierbarer Teil die Arbeitslosigkeit aus sozialrechtlichen Gründen aufrecht erhalten, so die Agentur (Bundesagentur für Arbeit 2007a: 14ff.). Soll hier tatsächlich suggeriert werden, dass viele Frauen in Wirklichkeit gar nicht arbeiten wollen, weil sie in der „Versorgerehe“, zumindest solange sie besteht, gut abgesichert sind, dass die Zahlen also gar nicht so gravierend sind und politischer Handlungsbedarf nicht vonnöten? Selbst wenn dem so wäre, irritiert doch das einfache Strickmuster der Argumentation, denn selbst dann bliebe die Frage nach den Gründen unbeantwortet. Dass es in vielen Regionen auch mit dem Aufschwung häufig kaum passende Arbeitsangebote für Frauen, etwa als Berufsrückkehrerinnen, gibt und/oder die Vereinbarkeit mit Fürsorgepflichten nicht gegeben ist und im übrigen der Aktivierungsdruck gerade auch bei jenen erhöht wurde, die in den Verdacht geraten sind, nur ihre Rentenanwartschaften zu retten, bleibt dabei außen vor. Ein Hinweis auf die Tatsache, dass sich „ausgesteuerte“ Frauen häufig nicht mehr arbeitslos melden, weil sie, meist zurecht, keine Erwartungen mehr an die Arbeitsagenturen haben und statistisch also gar nicht in Erscheinung treten – dies belegen auch die Interviews mit den entsprechend betroffenen Frauen in Mitte- , bleibt ebenso unberücksichtigt. Eines ist überdeutlich: Das Wissen um die geschlechtsspezifischen Folgen der Reform ist noch immer gering. Doch dies ist auch einer mangelhaften Datenlage geschuldet, deren Behebung letztlich als politischer Auftrag auch ernst genommen werden muss.

Bei aller Vorsicht bestätigten die vorgelegten Maßnahmezahlen von Berlin Mitte den Trend einer geschlechtersegregierenden Förderpolitik. Frauen wurden überproportional in Fördermaßnahmen mit den geringsten Integrationsquoten untergebracht. Dies bestätigt sich auch als bundesweiter Trend (Bundesagentur für Arbeit 2008).[81] Genau diese diskriminierende Praxis bzw. die nun auch von der Bundesagentur amtlich bestätigte verschlechterte Situation für Frauen auf dem deutschen Arbeitsmarkt sollte gerade durch Gender Mainstreaming verhindert, mindestens abgemildert werden – gleichgültig ob sie nun den traditionellen Rollenbildern der Fachkräfte in den Jobcentern oder institutionellen Regelungen geschuldet ist. Mit der vorgeblich passgenauen Förderung nach „Interesse und Neigung“, so der Vermittlungsgrundsatz im Jobcenter Mitte, ist es offensichtlich nicht getan.

Doch an Leitlinien für ein gendersensibles Vorgehen scheint es grundsätzlich bei den Grundsicherungsträgern zu mangeln. Ein von der Bundesagentur für Arbeit herausgegebener Leitfaden zur Beratung im SGB II bleibt eigentümlich vage. Neben der Sensibilisierung für gewaltbedrohte Frauen in Familien und dem Hinweis, in Familienphasen erworbene Kenntnisse als Ressource für die Arbeitsmarktintegration nutzbar zu machen, wird nur noch darauf verwiesen, dass ein, durch das Konstrukt der Bedarfsgemeinschaft möglicherweise nötiger

[81] Im Jahresbericht 2007 zum SGB II heißt es dazu: „Während Frauen bei vielen Instrumenten angemessen vertreten sind, sind sie besonders bei den Instrumenten, die die direkte Integration in den Arbeitsmarkt fördern, stark unterrepräsentiert“ (Bundesagentur für Arbeit 2008: 50).

„Umdenkprozess“ bisheriger geschlechtsspezifischer Arbeitsteilung in den Paarhaushalten Irritationen und Widerstände bei den Betroffenen hervorrufen könnte. (Bohrke-Petrovic u.a. 2006: 54ff.) Laut einer Befragung der SGB II-Trägereinheiten, die im Rahmen der Wirkungsforschung zur Grundsicherung im Auftrag des Bundesministeriums für Arbeit und Soziales durchgeführt wurde, rangiert in der Geschäftspolitik der befragten Träger die Gleichstellung von Männern und Frauen bei der Arbeitsmarktintegration an letzter Stelle der arbeitsmarktpolitischen Ziele (IAQ/FIA/GendA 2007: 20). „Gleichstellungspolitik“ sei, so erste Ergebnisse aus der Wirkungsforschung aus gleichstellungspolitischer Sicht,“ – zumindest bislang – nicht als integrativer Bestandteil in die Umsetzung des SGB II eingeführt“ (ebd.: 41).

Der pleiten- und zumutungsreiche Umbau der Beschäftigungspolitik trifft alle Betroffenen gleichermaßen, ob Mann oder Frau. Doch dass es mit der schlichten offiziellen „Gleichbehandlung“ von Männern und Frauen nicht getan ist, liegt angesichts der vorliegenden Erkenntnisse und der Tendenzen, die sich abzeichnen, schon jetzt auf der Hand. Laut jüngstem Jahresbericht zum SGB II nimmt der Anteil von Frauen und älteren Menschen in der Grundsicherung deutlich zu (Bundesagentur für Arbeit 2008: 13). Vom Umstand, trotz Erwerbsarbeit auf ergänzende Hartz IV-Leistungen angewiesen zu bleiben, sind vor allem Hilfebedürftige mit Kindern betroffen. Dies gilt laut Bericht vor allem für Alleinerziehende (ebd.: 18ff.).

Die Umsetzung entlang von strikteren „Gender“-Gesichtspunkten, d.h. der Berücksichtigung der Folgen des Verwaltungshandelns entlang geschlechtsspezifischer Kategorien, ist unverzichtbar. Doch Gender Mainstreaming bedeutet mehr als die schlichte Förderung von Männern und Frauen entsprechend ihrem Anteil an den Arbeitslosen und meint etwas völlig anderes als die Förderung in Richtung einer unbedingten, möglicherweise gar bedingungslosen Teilnahme am Arbeitsmarkt nach dem Motto „Hauptsache Arbeit“. Gender Mainstreaming zielt im Kern auf Veränderungen in drei Bereichen, nämlich dem Abbau von Benachteiligungen, der gleichberechtigten Teilhabe sowie echter Wahlfreiheit als Voraussetzung für eine freie, selbstbestimmte Lebensgestaltung (Sellach u.a. 2003).

Die vorliegende Studie hat gezeigt, dass die sozialen Bürgerechte von Frauen durch die jüngsten Arbeitsmarktreformen gerade nicht gestärkt, sondern massiv bedroht werden. Dass selbst „ein Mindestmaß an wirtschaftlicher Wohlfahrt und Sicherheit“ zuweilen nicht gegeben war, dass „das Recht an einem vollen Anteil am gesellschaftlichen Erbe“ sowie „das Recht auf ein Leben als zivilisiertes Wesen entsprechend der gesellschaftlich vorherrschenden Standards“, so die Definition von Thomas Marschall (1992: 40), infrage gestellt ist, wurde überdeutlich. Dies gilt auch für betroffene Männer.

Doch gerade Frauen sind nach allem, was wir wissen, in besonderer Weise bedroht, zwischen den Erfordernissen eines immer prekäreren Arbeitsmarktes bzw. der Verfügbarkeit für den Arbeitsmarkt und den, nicht zuletzt bedingt durch „sozialstaatliche Schrumpfungserscheinungen“ (Lessenich 2008:18) etwa im Bildungsbereich gestiegenen Anforderungen der Fürsorgepflichten für Kinder oder Alte zerrieben zu werden. So sind sie nicht nur zahlenmäßig diejenigen, die mit Hartz IV am meisten verloren haben. Offensichtlich schlechter gefördert als männliche Betroffene und häufiger gleich ganz „ausgesteuert“, bleiben sie eher als Männer auf einen Sozialstaat verwiesen, der ihnen soziale Bürgerrechte verstärkt streitig macht. Solange die Achsen Erwerbsarbeit, Bildungsarbeit, Reproduktionsarbeit und Fürsorgearbeit, so spannungsreich der Bogen auch sein mag, nicht zusammengedacht werden, sind es vor allem Frauen, die unter dem neuen sozialstaatlichen Arrangement einen hohen Preis zu zahlen haben. Von den konstitutiven Elementen eines „social citizenship“, nämlich einem „right to work“ unter gleichberechtigten Bedingungen, welches in einer Balance steht zu einem „right to care“ (Lister), verbunden mit einer auch ökonomisch wirksamen Anerkennungspraxis, ist dieses ohnehin weit entfernt.

Neben dem Einblick in die individuelle Kosten-Nutzen-Bilanz der Umstellung auf die Grundsicherung für langzeitarbeitslose Frauen erlauben die Interviews Einsichten in den „klimatischen“ Zustand der deutschen Gesellschaft (Heitmeyer 2003: 9) im Kontext der wohlfahrtstaatlichen Umbauprozesse. Der Befund ist erschütternd. Geäußert wurden sehr oft Einschätzungen, die auf massive politische Entfremdungsprozesse hindeuten. Sie entsprechen dem, was Wilhelm Heitmeyer und Jürgen Mansel als „Demokratieentleerung“ beschrieben haben, „wonach Menschen (...) den notwendigen Interessenausgleich etwa im Zusammenhang mit dem Um- und Abbau der Sozialsysteme nicht mehr gesichert wissen, moralische Prinzipien durch politische Eliten verletzt sehen und deren Lösungskompetenz für soziale Probleme anzweifeln“ (Heitmeyer/Mansel 2003: 35).

So ganz kann dieser Befund nicht verwundern. In der zweiten Auflage des Lehr- und Praxiskommentars zum SGB II von Johannes Münder wird die Neuausrichtung wie folgt kommentiert: „Verbunden ist damit die Reduktion gesetzlich verbürgter sozialer Rechte als unbedingte Berechtigung. Stattdessen wird ausgehend von wirtschaftlichen Anreizen zur Erlangung eines wünschenswerten Verhaltens Sozialleistungen nur dann gewährt, wenn dafür eine Gegenleistung erbracht wird. Sozialpolitisch wäre ein solch aktivierender Ansatz sinnvoll, wenn er gezielt die Kompetenz von Leistungsempfängern fördert, um sie zu befähigen, ihre Problemsituation (die Arbeitslosigkeit) zu überwinden. Werden aktivierende Konzepte jedoch im Sinne eines privatisierenden Wohlfahrtsverständnisses verstanden, so sind sie vielmehr die euphemistische Umschreibung des Abbaus von

Leistungen (...) und bringen eher die Verschärfung der sozialen Kontrolle von Arbeitslosen, denn die aktivierende Ressourcenförderung für Arbeitslose." (Münder 2007: 22) Zu glauben, die Etablierung eines solchen Zwangsregimes könne gesellschaftlich folgenlos bleiben, ist naiv.

Die dominierenden, von den Frauen in den Interviews geäußerten Gefühle waren neben Wut Unsicherheit und Zukunftsangst. Vor allem die französische Armutsforschung, ausgehend von Pierre Bourdieu und Robert Castel, zeigt deutlich, wie wichtig elementare Erfahrungen von Sicherheit nicht nur für die individuelle Entwicklung von Lebensperspektiven und -planung und damit unabdingbarer Bestandteil eines, nicht zuletzt die Erwerbsorientierung einbeziehenden „ökonomischen Habitus" sind. (Bourdieu 2000)[82]. Zu unterstellen, viele arbeitslose Menschen wollten ihr Leben gar nicht selbst gestalten und müssten daher unter massiven Aktivierungsdruck gesetzt werden, verkennt die verheerenden Folgen solcher Verunsicherungsstrategien nicht nur in individueller, sondern auch in gesellschaftlicher Hinsicht. Permanente Unsicherheit führt auch zu einer „sozialen Entkoppelung", von Robert Castel verstanden als „das Gegenteil des sozialen Zusammenhalts" (Castel 2005: 39). Diesen zu befördern und zu schützen, ist eine der primären Aufgaben von Politik, will sie sich nicht ihrer Grundlagen berauben. Und eine Kernaufgabe von Sozialpolitik und entsprechendem politischem Handeln besteht darin, dort (gegen)zusteuern, wo strukturelle Bedingungen, in diesem Fall am Arbeitsmarkt, zu Nachteilen in der sozialen Absicherung von Bevölkerungsgruppen führen bzw. ihr „Wohlergehen (...) in grundlegenden Belangen" (Girvetz 1968, zit. nach Kaufmann 1997: 21) gefährdet ist.

Eine die Bürgerrechte stärkende Reform der „Reform", auch gerade in gleichstellungspolitischer Dimension, ist dringend angezeigt.

---

[82] „Tatsächlich konnte ich empirisch nachweisen, dass unterhalb eines gewissen Niveaus ökonomischer Sicherheit, beruhend auf der Sicherheit des Arbeitsplatzes und der Verfügung über ein Minimum an regelmäßigen Einkünften, Akteure nicht im Stande sind, die Mehrheit jener Handlungen durchzuführen, die eine Anstrengung hinsichtlich der Bemächtigung von Zukunft implizieren" (Bourdieu 2000: 20).

5 Literatur

Agentur für Arbeit Berlin Mitte 2006, Jobcenter Berlin Mitte, Stand: 17. September 2006

Alemann, Heinrich von 1984, Der Forschungsprozess. Eine Einführung in die Praxis der empirischen Sozialforschung, Stuttgart

Ames, Anne 2005, Die Umsetzung des SGB II im Erleben der Betroffenen. Eine Studie im Auftrag der Katholischen Erwachsenenbildung, Frankfurt am Main

Aust, Judith u.a. 2006, Zur Neudefinition des Verhältnisses von Arbeit und sozialer Sicherung, WSI-Thesen zur Workfare-Strategie in der Arbeitsmarktpolitik, Oktober 2006.

Baethge-Kinsky, Volker/Wager, Alexandra 2007, Zur Umsetzung des „Gender Mainstreaming" in der wissenschaftlichen Evaluation der Hartz-Gesetze I bis III, in: Rudolph/Niekant 2007: 94-109

BAG (Bundesarbeitsgemeinschaft kommunaler Frauenbüros) 2004, Arbeits- und Argumentationshilfe für kommunale Frauenbeauftragte zum Thema Modernisierung am Arbeitsmarkt, Stand: 05.03.04 (Ms.).

Bartelheimer, Peter/Henke, Jutta 2007, „Eher ein Randbereich. Sicherlich auch ganz wichtig." Gender-Fragen in der Fallbearbeitung nach dem SGB II, Soziologisches Forschungsinstitut Göttingen (SOFI), Bielefeld/Göttingen

Becker, Irene/Hauser, Richard 2006, Auswirkungen der Hartz-IV-Reform auf die personelle Einkommensverteilung, Studie im Auftrag der Hans-Böckler-Stiftung, Düsseldorf.

Behning, Ute/Sauer, Birgit (Hg.) 2005, Was bewirkt Gender Mainstreaming? Evaluierung durch Policy-Analysen, Frankfurt/New York

Berghahn, Sabine 2005, Geschlechtergleichstellung und Bedarfsgemeinschaft: Vorwärts in die Vergangenheit des Ernährermodells? Vortrag im IAB (Institut für Arbeitsmarkt und Berufsforschung der Bundesagentur für Arbeit), 14. September 2005, Nürnberg

Berghahn, Sabine 2008, Die „Bedarfsgemeinschaft" gemäß SGB II: Überwindung oder Verfestigung des männlichen Ernährermodells? In: Klute, Jügen/Kotlenga, Sandra (Hg.), Sozial- und Arbeitsmarktpolitik nach Hartz. Fünf Jahre Hartzreformen: Bestandsaufnahme – Analysen – Perspektiven, Göttingen

Berghahn, Sabine/Wersig, Maria 2006, Eigenverantwortung auch für Frauen? Hartz IV im Spannungsfeld zwischen Individualisierung und Zwangsvergemeinschaftung, in: FIAB Jahrbuch Arbeit. Bildung. Kultur, Band 23/24, 2005/06, Recklinghausen, 311-322

Berghahn, Sabine u.a. 2007, Ehegattenunterhalt und sozialrechtliches Subsidiaritätsprinzip als Hindernisse für eine konsequente Gleichstellung von Frauen in der Existenzsicherung: Kurz- und Mediumfassung des Abschlussberichtes. Freie Universität

Berlin, http://web.fu-berlin.de/ernaehrermodell/mediumfassung.pdf, gesichtet am 12.02.08

Berliner Kampagne gegen Hartz IV 2006, Ein-Euro-,Jobs durch sozialversicherungspflichtige Teilzeitarbeit ersetzen!, Stand: 19.06.06, Berlin

Bertelsmann-Stiftung (Hg.) 2007, Soziale Gerechtigkeit 2007 – Ergebnisse einer repräsentativen Bürgerumfrage, Gütersloh

Blos, Kerstin/Rudolph, Helmut 2005, Schätzung der Auswirkung des Hartz- IV-Gesetzes auf ehemalige Arbeitslosenhilfebezieher, IAB-Forschungsbericht Nr. 14/2005, Nürnberg

Bohrke-Petrovic, S. u.a. 2006, Interaktion zur Integration. Ein praxisorientierter Leitfaden zur Beratung im SGB II. Bundesagentur für Arbeit, Nürnberg

Bourdieu, Pierre 1987, Die feinen Unterschiede. Kritik der gesellschaftlichen Urteilskraft, Frankfurt am Main

Bourdieu, Pierre 2000, Die zwei Gesichter der Arbeit, Konstanz

Brodie, Janine 2004, Die Re-Formulierung des Geschlechterverhältnisses. Neoliberalismus und die Regulierung des Sozialen, in: Widerspruch 46/04, 19-32

Bruckmeier, Kerstin/Schnitzlein, Daniel 2007, Was wurde aus den Arbeitslosenhilfeempfängern? Eine empirische Analyse des Übergangs und Verbleibs von Arbeitslosenhilfeempfängern nach der Hartz IV-Reform, IAB DiscussionPaper No. 24/2007, Nürnberg

Bundesagentur für Arbeit 2005, Arbeitsmarkt in Zahlen, Nürnberg

Bundesagentur für Arbeit 2006, SGB II. Zahlen. Daten. Fakten, Jahresbericht 2005, Nürnberg

Bundesagentur für Arbeit 2006a, Analyse des Arbeitsmarktes für Frauen und Männer. Analytikreport der Statistik. September 2006, Nürnberg

Bundesagentur für Arbeit 2007, Analyse des Arbeitsmarktes für Frauen und Männer. Analytikreport der Statistik. Juli 2007, Nürnberg

Bundesagentur für Arbeit 2007a, Situation von Frauen und Männern am Arbeits- und Ausbildungsmarkt 2000-2007. Lage und Entwicklung, Nürnberg

Bundesagentur für Arbeit 2008, SGB II. Zahlen, Daten. Fakten, Jahresbericht 2007, Nürnberg

BMAS (Bundesministerium für Arbeit und Soziales) 2006, Die Wirksamkeit moderner Dienstleistungen am Arbeitsmarkt. Bericht 2006 des Bundesministeriums für Arbeit und Soziales zur Wirkung der Umsetzung der Vorschläge der Kommission Moderne Dienstleistungen am Arbeitsmarkt (ohne Grundsicherung für Arbeitssuchende) ,Berlin

BMFSFJ (Bundesministerium für Familie, Senioren, Frauen und Jugend) 2004, Hartz IV bringt viel – auch für Alleinerziehende, Kurzinformation

BMWA 2005 (Bundesministerium für Wirtschaft und Arbeit), Rahmenvereinbarung zwischen dem Bundesministerium für Wirtschaft und Arbeit, der Bundesagentur für Arbeit und kommunalen Spitzenverbänden zur Weiterentwicklung der Grundsätze der Zusammenarbeit der Träger der Grundsicherung in den Arbeitsgemeinschaften gemäß § 44b SGB II, Berlin, August 2005

BMWA (Bundesministerium für Wirtschaft und Arbeit) 2006, Vorrang für die Anständigen – Gegen Missbrauch, ‚Abzocke' und Selbstbedienung im Sozialstaat, Berlin

Bundesrechnungshof 2006, Bericht an den Deutschen Bundestag nach § 88, Abs.2 BHO. Durchführung der Grundsicherung für Arbeitssuchende – Wesentliche Ergebnisse der Prüfungen im Rechtskreis des Zweiten Buches Sozialgesetz –, Berlin

Bundesregierung 2004, agenda 2010. Deutschland bewegt sich, aktualisierte Neuauflage, Presse- und Informationsamt der Bundesregierung, Berlin

Bundesregierung 2008, Armuts- und Reichtumsbericht, Berlin

Bungard W./Lück, H.E. 1991, Nichtreaktive Verfahren, in: Flick, U. u.a. (Hg.), Handbuch Qualitative Sozialforschung, München, 198-203

Butterwegge, Christoph 2005, Krise und Zukunft des Sozialstaates, 2. durchgesehene Auflage, Wiesbaden

Castel, Robert 2000, Die Metamorphosen der sozialen Frage. Eine Chronik der Lohnarbeit, Kostanz

Castel, Robert 2005, Die Stärkung des Sozialen. Leben im neuen Wohlfahrtstaat, Hamburg

Degener, Ursula/Rosenzweig, Beate (Hg.) 2006, Die Neuverhandlung sozialer Gerechtigkeit. Feministische Analysen und Perspektiven, Wiesbaden

Deutscher Landkreistag (Hg.) 2006, Evaluation der Aufgabenträgerschaft nach dem SGB II, Schriften des Deutschen Landkreistages, Band 59, St. Augustin, 3-6

Dörre, Klaus 2003, Das flexibel-marktzentrierte Produktionsmodell – Gravitationszentrum eines „neuen Kapitalismus“? In: Dörre, Klaus/Röttger, Bernd (Hg.): Das neue Marktregime, Hamburg, 23-44

Dube, Stefan 1999, JobverMittelung. Der bessere Weg! Innenansichten einer Beschäftigungsagentur der anderen Art, Berlin

Engbersen, Godfried u.a. 1993, Cultures of unemployment. A comparative look at long-term unemployment and modern poverty, Boulder

Engbersen, Godfried 2004, Zwei Formen der sozialen Ausgrenzung: Langfristige Arbeitslosigkeit und illegale Immigration in den Niederlanden, in: Häußermann, Hartmut u.a. (Hg.), An den Rändern der Städte, Frankfurt am Main

Evers, Adalbert/Schulz, Andreas 2003, Fallmanagement in der lokalen Arbeitsmarktpolitik –Aufgaben, Potentiale und Probleme, in: Theorie und Praxis der sozialen Arbeit, H. 4/03, 23-30

FES (Friedrich-Ebert-Stiftung) 2006, Gesellschaft im Reformprozess, Erhebung der TNS Infratest Sozialforschung Berlin im Auftrag der FES, Bonn

FIA 2006, Frauen in Berlin. Bildung, Berufe, Einkommen, Bericht im Auftrag der Senatsverwaltung für Wirtschaft, Arbeit und Frauen, Berlin, Januar 2006

Fuchsloch, Christine 2003, Es war einmal – Chancengleichheit und Arbeitsmarktpolitik , in: Streit 21, H. 3/03, 99-102

Gerhard, Ute 2001, Bürgerrechte und Geschlecht. Herausforderungen für ein soziales Europa, in: Conrad, Christoph/Kocka, Jürgen (Hg.), Staatsbürgerschaft in Europa, Hamburg, 63-91

Giddens, Anthony 1983, Klassenspaltung, Klassenkonflikt und Bürgerrechte, in: Kreckel, Reinhard (Hg.), Soziale Ungleichheiten, Göttingen, 15-33

Girvetz, Harry 1968, Welfare State. In: International Encylopedia of the Social Sciences, 1968, Vol. 16, S. 512

Glaser, BarneyG./Strauss, Anselm L. 1998, Grounded Theory. Strategien qualitativer Forschung, Bern

Göhler, Gerhard 1994, Die Eigenart der Institutionen. Zum Profil politischer Institutionentheorie, Baden-Baden

Hagemeister, Ulrike 2004, Soziale Polarisation in Berlin Mitte? Zur räumlichen Konzentration und Sozialstruktur der Sozialhilfeempfänger in Berlin Mitte, herausgegeben vom Institut für angewandte Demographie GmbH, Berlin

Heinemann, Sarah u.a. 2006, Arbeitsförderung für Langzeitarbeitslose. Erste Befunde zu Eingliederungsleistungen des SGB III im Rechtskreis SGB II, IAB-Forschungsbericht Nr. 3/06, Nürnberg

Heitmeyer, Wilhelm (Hg.) 2003, Deutsche Zustände, Folge 2, Frankfurt am Main

Heitmeyer, Wilhelm/Mansel, Jürgen 2003, Entleerung der Demokratie. Die unübersichtlichen Folgen sind weitreichend, in: Heitmeyer 2003, 35-60

Heitmeyer, Wilhelm (Hg.) 2008, Deutsche Zustände, Folge 6, Frankfurt am Main

Heitmeyer, Wilhelm/Endrikat, Kirsten 2008, Die Ökonomisierung des Sozialen. Folgen für „Überflüssige“ und „Nutzlose“, in: Heitmeyer 2008, 55-72

Hempel, Claudia 2006, Zurück auf Los. Frauen erzählen aus der Arbeitslosigkeit, Hannover

Henneke, Hans-Günter 2004, Die Saga um „Hartz IV“: zur Reform der sozialen Sicherungssysteme und ihrer Umsetzung, in: Zeitschrift für Staats- und Europawissenschaften, 2/04, 548-579

Hesse, Joachim Jens 2006, Über Hartz IV hinaus. Die kosmetischen Operationen des Fortentwicklungsgesetzes sind unzureichend, in: Deutscher Landkreistag, 3-6

Hesse, Joachim Jens 2006a, Sanierungsfall „Hartz IV“. Zehn Thesen zum Stand und zur Weiterentwicklung der Aufgabenwahrnehmung nach dem SGB II, Institutionales Institut für Staats- und Europawissenschaften, Berlin nach außen rücken*Hofbauer*, Ines/Ludwig, Gundula 2005, Gender Mainstreaming – Geschlechtergerechtigkeit limited? Eine politische Strategie auf dem Prüfstand, in: femina politica, Jg. 14, H.2, 32-42

IAB (Institut für Arbeitsmarkt und Berufsforschung der Bundesagentur für Arbeit) 2007, Die Hälfte war zwei Jahre lang durchgehend bedürftig, IAB-Kurzbericht Nr. 17/ 12.09.2007, Nürnberg

IAQ/FIA/GendA (Institut für Arbeit und Qualifikation, Duisburg/Forschungsteam Internationaler Arbeitsmarkt, Berlin/Forschungs- und Koordinationsstelle Arbeit, Demokratie, Geschlecht, Marburg) 2007, Bewertung der SGB II-Umsetzung aus gleichstellungspolitischer Sicht, Evaluation der Wirkungen der Grundsicherung nach § 55 SGB II

Jahoda, Marie u.a. 1975, Die Arbeitslosen von Marienthal. Ein soziographischer Versuch, Frankfurt am Main

Jann, Werner/Schmid, Günther (Hg.) 2004, Eins zu eins? Eine Zwischenbilanz der Hartz-Reformen am Arbeitsmarkt, Berlin

Jann, Werner/Schmid, Günther 2004a, Die Hartz-Reformen am Arbeitsmarkt: Eine Zwischenbilanz, in: diess., 7-18

Jobcenter Berlin Mitte 2005, Arbeitsmarkt – und Beschäftigungsprogramm 2005

Jobcenter Berlin Mitte 2005a, Die Job Center des Agenturbezirks Berlin Mitte im Vergleich
Kaufmann, Franz-Xaver 1973, Sicherheit als soziologisches und sozialpolitisches Problem, Stuttgart
Kaufmann, Franz-Xaver 1997, Herausforderungen des Sozialstaates, Frankfurt am Main
Knapp, Ulla 2004, Die neuen Gesetze am Arbeitsmarkt aus frauenpolitischer Sicht. Diskussionsbeiträge aus dem Fachgebiet Volkswirtschaftslehre an der HWP, H. 9
Kolbe, C./Reis, Claus 2005, Vom Case Management zum „Fallmanagement". Zur Praxis des Case Managements in der Sozialhilfe und kommunalen Beschäftigungspolitik am Vorabend von Hartz IV, Frankfurt am Main
Konle-Seidl u.a. 2007, Activation Policies in Germany. From Status Protection to Basic Income Support, IAB-DiscussionPaper No.6/07
Kronauer, Martin u.a. 1993, Im Schatten der Arbeitsgesellschaft. Arbeitslose und die Dynamik sozialer Ausgrenzung, Frankfurt am Main/New York
Kurz-Scherf, Ingrid u.a. 2005, Modernisierung jenseits von Traditionalismus und Neoliberalismus? In: femina politica, H. 2/05, 62-74
Land Berlin/Agentur für Arbeit 2004, Musterentwurf für einen ArGe-Errichtungsvertrag Bezirksamt/Agentur, Endfassung vom 15.09.04
Lang, Sabine 2005, Der Kaiserin neue Kleider? Gender Mainstreaming im Kontext lokaler Geschlechterpolitik, in: Behning /Sauer 2005, 189-202
Legnaro, Aldo 2006, „Moderne Dienstleistungen am Arbeitsmarkt" – Zur politischen Ratio der Hartz-Gesetze, in: Leviathan, 34. Jg., H.4, 514-532
Lenhart, Karin 2004, Soziale Bürgerrechte unter Druck. Die lokale Umsetzung von Hartz IV in frauenspezifischer Perspektive, Forschungsantrag beim Berliner Programm zur Förderung der Chancengleichheit für Frauen in Forschung und Lehre, Berlin
Lenhart, Karin 2006, Frauenspezifische Wirkungen der Grundsicherung nach Hartz IV, Vortrag beim Workshop Monitor Arbeitsmarktpolitik, 10. November 2006, Berlin (Ms.)
Lenhart, Karin 2007, Hartz IV-betroffene Frauen: zwischen Protest und politischer Entfremdung, in: FJNSB, H.1/07, 61-70
Lenhart, Karin 2007a, Ein „spanisches Fenster". Erkundungen zu Frauenförderung und Hartz IV in einem großstädtischen Jobcenter, in: Rudolph,/Niekant, 156 - 175
Lessenich, Stephan 2008, Die Neuerfindung des Sozialen. Der Sozialstaat im flexiblen Kapitalismus, Bielefeld
Lister, Ruth 2003, Citizenship. Feminist Perspectives, Second Edition, Hamshire/New York
Mackert, Jürgen/Müller, Hans-Peter 2000, Der soziologische Gehalt moderner Staatsbürgerschaft, in: diess. (Hg.), Citizenship. Soziologie der Staatsbürgerschaft, Wiesbaden, 9-42
Marshall, Thomas H. 1992, Bürgerrechte und soziale Klassen. Zur Soziologie des Wohlfahrtstaates, Frankfurt/New York
Martens, Rudolf 2006, Der Vorschlag des Paritätischen Wohlfahrtsverbandes für einen sozial gerechten Regelsatz als sozialpolitische Grundgröße, Berlin
Meuser, Michael/Neusüß, Claudia 2004 (Hg.), Gender Mainstreaming. Konzept – Handlungsfelder – Instrumente, Bonn

Münder, Johannes (Hg.) 2005, Sozialgesetzbuch II, Grundsicherung für Arbeitssuchende, Lehr- und Praxiskommentar, Baden-Baden,

Münder, Johannes (Hg.) 2008, Sozialgesetzbuch II, Grundsicherung für Arbeitssuchende, Lehr- und Praxiskommentar, 2. Auflage, Baden-Baden

Notz, Gisela 2004, Beschäftigungspolitische Strohfeuer. Geschlechtsspezifische Auswirkungen der arbeitsmarktpolitischen Reformen, in: Kindler, Holger u.a. (Hg.). Die Folgen der Agenda 2010. Alte und neue Zwänge des Sozialstaats, Hamburg, VSA, 76-93

Olk, Thomas 2000, Weder Rund-Um-Versorgung noch „pure" Eigenverantwortung. Aktivierende Strategien in der Politik für Familien, alte Menschen, Frauen, Kinder und Jugendliche, in: Mezger, Erika/West, Klaus W., Aktivierender Sozialstaat und politisches Handeln, 105-124

Opielka, Michael 2004, Sozialpolitik. Grundlagen und vergleichende Perspektiven. Reinbek bei Hamburg

Oppen, Maria 2004, Public Governance und Ungleichheit. Wandel lokaler Staatlichkeit als Chance für geschlechtersensible Demokratisierungsprozesse? in: Diess./Simon, 247-277

Oppen, Maria/Dagmar Simon (Hg.), Verharrender Wandel. Institutionen und Geschlechterverhältnisse, Berlin

Oschmiansky, H./Oschmiansky, Frank 2003, Erwerbsformen im Wandel: Integration oder Ausgrenzung durch atypische Beschäftigung? Berlin und die Bundesrepublik Deutschland im Vergleich, Berlin

Ostendorf, Helga 2006, Arbeitsmarktreformen – Kommodifizierung, Familialisierung und Stratifizierung, in: Degener/Rosenzweig, 259-279

Peck, Jamie 2001, Workfare States, New York

Pongratz, Hans/Voss,Günter 2003, Arbeitskraftunternehmer. Erwerbsorientierungen in entgrenzten Arbeitsformen, Berlin

Reis, Claus 2004, Workfare – internationale Erfahrungen und ihre Resonanz in Deutschland (Ms.)

Reis, Claus 2007, Fallmanagement – ein Mythos? Erfahrungen mit Case Management in unterschiedlichen Feldern kommunaler Sozialpolitik, in: Rudolph/Niekant, 178-192

Rogers, Everett M. (with Eveland, John D.) 1981, Diffusion of Innovations. Perspectives on Natural R & D Assessment, in: Kelly, Patrick/Kranzberg, Melvin (Hg.), Technology Innovation. A critical Review of Current Kwoledge, San Francisco, 275-297

Roth, Roland 2005, Armut und soziale Mobilisierung. Wie Erziehungswesen und Elitenherrschaft „arme" Bevölkerungsgruppen davon abhalten, ihre Interessen zu vertreten, in: INKOTA-Brief 131, H.1, 03/05, 13ff.

Roth, Roland 2005a, Warum Sachsen-Anhalt zu einem Zentrum der Anti-Hartz-Proteste wurde, in: Baumeister, Hella u.a. (Hg.), Die Hartz-„Reformen". Die Folgen von Hartz I-IV für ArbeitnehmerInnen, Hamburg, 145-156

Rucht, Dieter/Yang, Mundo 2004, Wer demonstriert gegen Hartz IV, in: WZB-Mitteilungen, H. 106, Dez., 51-54

Rucht, Dieter/Yang, Mundo 2006, Hartz IV als Politikum: Protestmobilisierung und Medienresonanz. Vortrag beim DVPW-Kongress am 27.06.06, Münster (Ms.)

Rudolph, Clarissa 2006, Ambivalenzen und Umdeutungen – Feministische Perspektiven auf die aktuelle Arbeitsmarkt- und Sozialpolitik, in: Degener/Rosenzweig, 239-258

Rudolph, Clarissa/Niekant, Renate (Hg.) 2007, Hartz IV – Zwischenbilanz und Perspektiven, Münster

Sauer, Birgit 2005, Geschlechterkritischer Institutionalismus – ein Beitrag zur politikwissenschaftlichen Policy-Forschung, in: Behning/Sauer, 85-101

Schmid, Günter 2004, Gleichheit und Effizienz auf dem Arbeitsmarkt. Überlegungen zum Wandel und zur Gestaltung des „Geschlechtervertrags", in: Oppen/Simon, 139-166

Schrep, Bruno 2008, Die neue Verhöhnung „Bierdosen sind Hartz-IV-Stelzen", in: Heitmeyer 2008, 218-223

Sellach, Brigitte u.a. 2003, Wissensnetz Gender Mainstreaming für die Bundesverwaltung, Frankfurt am Main/Berlin

SGK Berlin 2007, Forum-Info-Dienst, Nr. 66, September 2007

Staylaers, Christel/Wichmann, Maren 2004, Nur wer Frauen fördert, darf sie auch fordern, in: AKP 4/04, 58-60

Stolz-Willig, Brigitte 2005, Geschlechterdemokratie und Arbeitsmarktreform. Ein neues Leitbild, in: Utopie kreativ, H. 177/178/05, 644-650.

Strauss Anselm/Corbin, Juliet 1996, Grundlagen qualitativer Sozialforschung, Weinheim

Supiot, Alain 1999, Au-delá de l`emploi, Paris

Trube, Achim 2003, Vom Wohlfahrtstaat zum Workfarestaat – Sozialpolitik zwischen Neujustierung und Umstrukturierung, in: Dahme, Hans-Jürgen u.a. (Hg.), Soziale Arbeit für den aktivierenden Staat, Opladen, 177-203

Trube, Achim 2006, Moderne Dienstleistungen am Arbeitsmarkt oder funktionaler Dilettantismus? in: neue praxis H. 1, 68 -79 nach außen rücken

Vaut, Simon 2004, Umbau der BA, in: Jann/Schmid 2004, 63-73

Vogel, Berthold 1999, Ohne Arbeit in den Kapitalismus. Der Verlust der Erwerbsarbeit im Umbruch der ostdeutschen Gesellschaft, Hamburg

Wendt/Kirsten/Nowak, Iris 2004, Aktivierung im trauten Heim. Hartz-Gesetze flexibilisieren auch die Geschlechterverhältnisse, aus: ak-analyse + kritik, Nr. 484/04, http://linksnet.de/artikel.php?=1222, gesichtet am 24.02.2005

6 Anhang

6.1 Liste der zitierten Experteninterviews

Herr I., Sozialstadtrat Berlin-Mitte: 21.10.04; 11.08.05

Herr L., ehemaliger Leiter des Sozialamtes Berlin-Mitte, von Dezember 2004 bis November 2007 Geschäftsführer der Arge Mitte: 30.09.04; 04.02.05; 12.09.05

Frau T., Vorsitzende des Vorstandes der Arbeitsagentur Mitte, 15.08.05

Bereichsleiter 1, ehemaliger Leiter Fachstelle Hilfe zur Arbeit, Sozialamt Mitte, gegenwärtig Bereichsleiter Vermittlung im Jobcenter Mitte: 21.10.04; 20.01.05; 06.09.05; 06.12.05; 18.01.06, 28.10.06

Bereichsleiter 2, Bereichsleiter U25, Jobcenter Mitte: 20.01.05; 29.03.06

Bereichsleiterin 3, Bereichsleiterin Leistung, Jobcenter Mitte: 14.02.06

Frau M., Vermittlerin Jobcenter Mitte und kommissarische Beauftrage für Chancengleichheit am Arbeitsmarkt (BCA) Jobcenter Mitte: 16.05.06

Fallmanager 1, Jobcenter Mitte: 09.02.06

Fallmanagerin 2, Jobcenter Mitte: 21.02.06

Fallmanagerin 3, Jobcenter Mitte: 09.02.06

Fallmanagerin 4, Jobcenter Mitte: 21.02.06

Fallmanagerin 5, Jobcenter Mitte: 21.02.06

Vermittler, Jobcenter Mitte: 29.03.06

Frau E., Gleichstellungsbeauftragte Bezirk Mitte: 14.11.04; 07.04.05; 09.06.06; 04.09.06

Frau F., Mitglied des Frauenbeirats Mitte und Mitglied im Beirat der Arge Mitte: 22.09.05

Herr I., Bundesministerium für Wirtschaft und Arbeit, Referatsleiter „Angelegenheiten der Bundesagentur für Arbeit und der kommunalen Träger der Grundsicherung für Arbeitssuchende": 03.06.05

Frau Z./Herr G., Bundesministerium für Wirtschaft und Arbeit, Referat „Arbeitsvermittlung und Beratung, Frauen": 16.06.05

Dr. Sybill Klotz, Fraktionsvorsitzende Bündnis 90/Die Grünen, Abgeordnetenhaus Berlin: 11.11.05

Frau R., Geschäftsführerin eines Beschäftigungsträgers in Berlin-Mitte: 23.11.05

Carola Bluhm, Arbeitsmarktpolitische Sprecherin Fraktion DIE LINKE, Abgeordnetenhaus Berlin/ Lothar Schüssler, Referent für Arbeitsmarkt- und Wirtschaftspolitik, Fraktion DIE LINKE, Abgeordnetenhaus Berlin: 24.01.06

6.2 Interviewleitfaden Hartz IV-betroffene Frauen

Erste Erhebungswelle

1. Persönliche Angaben:
   Namen
   Alter
   Herkunft Ost/West, nach Alt-Wohnbezirk
   Momentaner Wohnbezirk und betreuender Standort des Jobcenters
   Schulabschluss/Ausbildung/beruflicher Werdegang
   Familienstand zum gegenwärtigen Zeitpunkt
   Kinderzahl, deren Alter

   Hier kurze Angabe: Gehen Sie gegenwärtig einer Tätigkeit nach: Ein-Euro-Job, Qualifizierungsmaßnahme, Weiterbildung, Umschulung etc.Wenn ja, seit wann?

2. Sie haben bislang was bezogen: Arbeitslosenhilfe (weiter Frage 3 ff.) oder Sozialhilfe (weiter Frage 7)?

3. Sie sind (Langzeit)arbeitslos seit:
   Unterbrechungen/Qualifizierungsmaßnahmen/ABM/SAM (ungefähre Angaben: was/wo/wie lange?)
   Haben Sie Arbeitslosenhilfe bezogen, wenn ja, seit wann?
   Haben Sie im Vorfeld von Hartz IV Ihre Bemühungen verstärkt, selbst eine Arbeit zu finden?

4. Beziehen Sie ALG II? Ja/Nein

5. Wenn Sie ALG II beziehen?
   Was bedeutet der Übergang zum ALG II für Sie finanziell? Haben Sie finanzielle Einbußen oder ist Ihr Einkommen gestiegen?
   Müssen Sie befürchten, die Wohnung wechseln zu müssen, weil die Miete zu hoch ist?
   Haben Sie ein Schreiben bekommen, in dem Ihnen mitgeteilt wurde, dass Ihre Wohnung nicht angemessen sei?
   Hat sich Ihr Alltagsleben durch das ALG II verändert? Wenn ja, inwiefern?
   Mussten Sie soziale Aktivitäten einschränken?
   Hat sich Ihr Freundes- und Bekanntenkreis verändert?
   Hat sich Ihre Selbstwahrnehmung mit ALG II verändert?

6. Wenn Sie kein ALG II beziehen?
   Warum nicht? (Vermögen/Bedarfsgemeinschaft)
   Hatten Sie einen Antrag auf ALG II gestellt? Mit welcher Begründung wurde der Antrag abgelehnt?
   Haben Sie mit der Ablehnung gerechnet oder kam diese überraschend?
   Was bedeutet diese finanzielle Einbuße für Sie und Ihre Partnerschaft/Familie konkret?
   Hat sich Ihr Alltagsleben verändert? Wenn ja, inwiefern?
   Mussten Sie soziale Aktivitäten einschränken?
   Hat sich das Verhältnis zu Ihrem Partner verändert? Wenn ja, inwiefern?
   Wie empfinden Sie die Abhängigkeit von Ihrem Partner? Kommen Sie damit gut zurecht oder fällt es Ihnen schwer?
   Wie würden Sie Ihren Umgang mit dem gegenwärtigen Zustand der Arbeitslosigkeit beschreiben?

7. Wenn Sie Sozialhilfe bezogen haben:

Möchten Sie etwas zu den Gründen sagen, weswegen sie „Hilfe zum Lebensunterhalt“ benötigten?
Waren Sie in kommunalen Beschäftigungsprogrammen (HzA etc.) beschäftigt? Wenn ja, welcher Art der Bezahlung, wie lange, welche Tätigkeit?
Was bedeutet Hartz IV und die Einordnung als „erwerbsfähig“ für Sie persönlich?
Versprechen Sie sich eine Verbesserung Ihrer persönlichen Lage?
Wenn ja, in welcher Hinsicht?
Haben Sie die Hoffnung, in den Arbeitsmarkt vermittelt zu werden oder möchten Sie das eher nicht?
Wenn nein, warum nicht?
Bedeutet Hartz IV finanziell eine Verbesserung oder eine Verschlechterung für Sie, warum?
Haben Sie seit Einführung von ALG II ihre persönlichen Aktivitäten verstärkt, eine Arbeit zu finden?

8. Frage an ALG II-Bezieherinnen: Erfahrungen im Jobcenter
Können Sie Ihre Erfahrungen im Jobcenter schildern?
Wurden Ihnen Angebote unterbreitet? (Qualifizierungen, Arbeitsplätze auf dem ersten Arbeitsmarkt, Ein-Euro-Jobs ...)
Waren Sie darüber erfreut oder empfinden Sie diese Angebote als Zwangsmaßnahmen?
Was ist daraus geworden?
Haben Sie schon Erfahrungen mit privaten Vermittlungsunternehmen gesammelt?
Ist die Sie betreuende Person männlich oder weiblich?
Wissen Sie, woher ihr Betreuer/Ihre Betreuerin kommt, aus der Arbeitsagentur bzw. vom Bezirk?
Empfinden Sie diese Person als freundlich, haben Sie das Gefühl, sie interessiert sich für Ihre Belange und Probleme?
Wenn Sie eine umfassende Einschätzung abgeben würden, wie würden Sie die Betreuung durch die/den Job-Center-MitarbeiterIn bewerten? (sehr gut/gut/eher gut/eher schlecht/schlecht/sehr schlecht)
Könnten sie sagen, warum Sie zu dieser Bewertung kommen?

9. Frage an alle langzeitarbeitslose Frauen (Alhi): Betreuung bei Arbeitsagentur/Jobcenter
Stellen Sie eine veränderte Betreuung seit Beginn des Jahres fest, wenn ja, was hat sich verändert, in welche Richtung, besser oder schlechter?
Können Sie das konkretisieren?

10. Frage an Frauen ohne Bezug von ALG II: Betreuung bei der Arbeitsagentur
Wie fühlen Sie sich von Ihrem Arbeitsamt betreut?
Sehen sie Veränderungen zur Zeit vor der Einführung von ALG II?
Sehen Sie noch Chancen auf Beschäftigung?

Fragen an alle:

11. Einstellungen zur Erwerbsarbeit
Wie wichtig ist für Sie eine eigene Erwerbsarbeit? (sehr wichtig, wichtig, weniger wichtig, nicht wichtig)
Können Sie diese Haltung begründen?
Was bedeutet es grundsätzlich für Sie, arbeitslos zu sein?
Wie würden Sie Ihren Umgang mit dem gegenwärtigen Zustand der Arbeitslosigkeit beschreiben?
Was machen Sie in die Ihnen verbleibenden freien Zeit? (Hobbies, Zuverdienst etc.)
Haben Sie das Gefühl, einer für Sie sinnvollen Aktivität nachzugehen?

12. Politisches/soziales Engagement
Wie wichtig sind Ihnen Frauenprojekte und Netzwerke?
Waren oder sind Sie ehrenamtlich/politisch aktiv, wenn ja, wo (Partei, Gewerkschaften, BIs, Selbsthilfe, Kirchen, etc.) hat sich dieses Engagement mit Hartz IV verändert?
Haben Sie sich an Protesten gegen Hartz IV beteiligt, beispielsweise an den Montagsdemos?
Warum ja, warum nein?
Überlegen Sie, politisch aktiv zu werden oder sich mit Gleichgesinnten zusammen zu tun?
Wenn ja, was erhoffen Sie sich dadurch?

13. Einstellungen zur Lebenslage:
Wie würden Sie Ihre momentane Lebensqualität beschreiben?
Worin sehen Sie gegenwärtig die größten Probleme?
Wie würden Sie Ihre gegenwärtige seelische Verfassung beschreiben?

14. Einstellungen zu den Zukunftsaussichten:
Wie sehen Sie Ihre Zukunft?
Denken Sie, Ihre Lage wird sich demnächst verbessern?

Zweite Erhebungswelle

1. Persönliche Angaben:

2. Zur momentanen beruflichen Situation:
Sind Sie zurzeit noch arbeitslos gemeldet?
Suchen Sie selbstständig aktiv Arbeit?
Haben Sie eine Arbeit auf dem ersten Arbeitsmarkt gefunden?

Wenn ja, wurde diese Arbeit durch das Jobcenter vermittelt oder haben Sie diese Arbeit über eigenes Engagement gefunden?
Gehen Sie gegenwärtig einer öffentlich geförderten Beschäftigung nach (MAE, ABM, Trainingsmaßnahme etc.)
Wenn ja, seit wann/ bis wann?
Wie haben Sie diese Tätigkeit gefunden?
Wollten Sie diese Tätigkeit selbst oder wurden Sie dazu gezwungen?
Wie empfinden Sie die momentane Situation, als Verbesserung (finanziell, psychisch) oder als Verschlechterung Ihrer Lage? Warum?
Was bedeutet es für Sie, „Arbeit“ zu haben?
Würden Sie gerne, wenn sich die Möglichkeit böte, dauerhaft (so) arbeiten?)

Bei Frauen mit „care“:
Wie empfinden Sie Ihre Lage hinsichtlich der Vereinbarkeit mit Ihren Betreuungsaufgaben? Wie organisieren Sie sich? Hilft der Ehemann, Verwandte, Nachbarn, Freunde?
Empfinden Sie Ihr Leben stressvoller und belastender oder ist es im Gegenteil schöner, „mal rauszukommen“?
Sind Sie im Zeitraum von April 2005 bis jetzt zwischenzeitlich einer Beschäftigung nachgegangen?
Wenn ja, welcher Art, von wann bis wann? Was bedeutete das für Ihre persönliche Lebenssituation?

3. Frage an ALG II-BezieherInnen: Erfahrungen im Jobcenter
Wie würden Sie die Betreuung durch das Jobcenter in einer ersten Einschätzung bewerten (sehr gut bis sehr schlecht)?
Gibt es Unterschiede in der Qualität der Betreuung zwischen Leistungsabteilung und Vermittlungsabteilung? Wenn ja, inwiefern?
Kennen Sie inzwischen Ihre „persönlichen AnsprechpartnerInnen“ in der Vermittlung?

Wenn ja, wie würden Sie die Betreuung durch diese Person bewerten, positiv (unterstützend, kundenorientiert, informiert Sie umfassend, freundlich, hilfsbereit ...) oder negativ (abweisend, informiert Sie mangelhaft, übt Druck aus ...)
Welche Forderungen werden an Sie gestellt (Vorweisen von Bewerbungen etc.)?
Wie oft sind Sie im Jobcenter (gewesen)?
Aus welchen Gründen gehen Sie dorthin, weil Sie geladen werden, weil Sie Fragen haben, weil Sie sich unten im Kundenzentrum informieren wollen ...?
Was bedeutet es für Sie, ins Jobcenter zu gehen, ist es belastend und negativ besetzt oder denken Sie, es wird Ihnen geholfen, Sie bekommen vielleicht Arbeit?

4. Wenn Sie ALG II beziehen:
Haben Sie vor Hartz IV Arbeitslosenhilfe oder (ergänzende) Sozialhilfe* bezogen?
Hat sich, über längere Sicht gesehen, Ihre finanzielle Lage mit der Einführung von Hartz IV verändert? Wenn ja, inwiefern? Haben Sie insgesamt mehr Geld als früher oder weniger? Was heißt das für Sie?
Hat sich Ihr Alltagsleben verändert? Wenn ja, inwiefern?
Mussten Sie soziale Aktivitäten einschränken?
Hat sich Ihr Freundes- und Bekanntenkreis verändert, wenn ja, was denken Sie, sind die Gründe?

*4a) Wenn Sie früher Sozialhilfe bezogen haben:
Sie sind jetzt als „erwerbsfähig" eingestuft. Fühlen Sie sich besser gefördert als früher durch das Sozialamt?
Hat sich mit Hartz IV Ihre berufliche Lage verbessert? Wenn ja, inwiefern?

5. Wenn Sie aufgrund von Partnereinkommen kein ALG II beziehen:
Sind Sie offiziell beim Arbeitsamt als arbeitslos bzw. arbeitssuchend gemeldet?
Wenn nein, warum nicht?
Waren Sie im Verlauf der letzten Monate seit Einführung von Hartz IV in der Arbeitsagentur?
Wenn ja, welche Erfahrungen haben Sie dort gemacht? Fühlt man sich zuständig, fühlen Sie sich „betreut" oder teilte man Ihnen mit, dass man nichts für Sie tun könne oder ähnliches?
Suchen Sie aktiv Arbeit? Wenn ja, mit welchen Erfahrungen?
Haben Sie mit der Einführung von Hartz IV finanzielle Einbußen erfahren?

Was heißt das für Sie persönlich?
Hat sich das Verhältnis zum Partner im Zeitverlauf verändert? Wenn ja, inwiefern?
Wie empfinden Sie die Abhängigkeit vom Partner?
Wie empfindet es aus Ihrer Sicht Ihr Partner, für Sie finanziell aufkommen zu müssen?
Wie kommen Sie mit Ihrer gegenwärtigen Lage zurecht? Sehen Sie noch Chancen auf Beschäftigung?

6. Fragen zur Wohnsituation:
Die AV Wohnen kam erst zum Sommer 2005. Waren Sie unsicher, ob Sie unter Umständen die Wohnung wechseln müssen? Was bedeutete diese Unsicherheit für Sie?
Wissen Sie heute, ob Ihre Wohnkosten das Kriterium der „Angemessenheit" erfüllen?
Liegen Ihre Wohnkosten über der Angemessenheitsgrenze ja oder nein?
Wenn ja, wie haben Sie das erfahren, über das Jobcenter*, Medien, persönliche Kontakte etc.?

*Falls über das Jobcenter:
Wie ist der Stand der Dinge in dieser Frage? Hat man Sie umfassend informiert? Haben Sie einen Fragebogen ausgefüllt, wird eine Wirtschaftlichkeitsprüfung durchgeführt, gilt die Härtefallregelung?
Was denken Sie, wird passieren?

7. Einstellungen zur Erwerbsarbeit:
Wie wichtig ist Ihnen heute eine eigenständige Erwerbsarbeit?
Wenn Sie wählen könnten, würden Sie gerne Vollzeit oder lieber Teilzeit arbeiten oder am liebsten gar nicht, wenn es finanziell machbar wäre? Könnten Sie diese theoretische Wahl begründen?
Was machen Sie in der Ihnen verbleibenden Zeit? (Hobbies, Aktivitäten, Kinderbetreuung etc.?
Haben Sie das Gefühl, einer für Sie sinnvollen Aktivität nachzugehen?

8. Politisches/soziales Engagement:
Hat sich Ihr politisches/soziales Engagement im Zeitverlauf verändert? Wenn ja, inwiefern?
Wenn sie aktiv sind, wo sind Sie aktiv? Hat diese Aktivität mit Ihrer speziellen Lebenssituation als Arbeitslose zu tun? Wenn ja, inwiefern?

Haben Sie Ihre politischen Einstellungen verändert, seitdem Sie arbeitslos geworden sind?
Was erwarten Sie von der Politik?
Haben Sie bei der letzten Bundestagswahl Ihre Stimme abgegeben?
Waren oder sind Sie an den Anti-Hartz- IV-Demos bzw. bei Initiativen gegen Zwangsumzüge beteiligt bzw. bei Arbeitsloseninitiativen aktiv?
Wenn ja, können Sie das näher erläutern?
Wenn nein, warum nicht (kein Interesse, keine Zeit, halten Sie solche Aktivitäten für falsch etc.?)

9. Einstellungen zur Lebenslage:
   Wie würden Sie Ihre momentane Lebenssituation beschreiben?
   Worin sehen Sie gegenwärtig die größten Probleme?
   Wie würden Sie Ihre gegenwärtige seelische Verfassung beschreiben?
   Hat aus Ihrer ganz persönlichen Sicht speziell die Einführung von Hartz Ihre persönliche Lage verbessert?
   Würden Sie sagen, es war früher besser oder schlechter?
   Wie sehen Sie Ihre Zukunft? Denken Sie, Ihre Lage wird sich verbessern?

6.3 Kodierleitfaden

Erfahrungen im Jobcenter:
1. Erfahrungen Leistung: Probleme Leistungsgewährung/ Telefonhotline/ Eingangsbereich
2. Vermittlung keinen Kontakt
3. Vermittlung Kontaktaufbau qua Jobcenter
4. Vermittlung Kontaktaufbau qua Kundin
5. Qualität des Kontakts
6. Kontaktfolgen
7. grundsätzliche Bewertung Jobcenter

8. Status – Abstieg mit Hartz IV: Ja/nein
9. Statusprobleme vor Hartz IV: Ja/nein
10. Konsumverhalten: Nahrung/Kleidung/Anschaffungen des alltäglichen Bedarfs
11. Ausgrenzungserfahrungen: Sozialkontakte/Mobilität/Kultur
12. Psychische Befindlichkeit
13. finanzielle Hilfe durch Verwandte/Freunde
14. bei Alleinerziehenden: Unterstützung Kindsvater

Frauen in Maßnahmen:

15. Gründe für Maßnahmen: Sinn/Finanzielle Verbesserung/Kontakte
16. Erfahrungen positiv/negativ
17. Folgen: Arbeitsmarkt/Psyche

18. Einstellung Erwerbsarbeit: Sinngebung/ finanzielle Besserstellung/ Sozialkontakte
19. Arbeitsmarktverhalten: vor Hartz IV/seit Hartz IV
20. Schwarzarbeit: vor 2005/aktuell

21. Ehrenamt
22. Politische Einstellungsmuster: Letzte BT-Wahl ja/nein
23. Teilnahme an Hartz IV-Protestwelle 2004: ja/nein
24. Einstellungen zu Hartz IV-Protesten
25. Position zu Grundeinkommen
26. Rolle von Frauennetzwerken
27. Erfahrungen mit beruflichen Bildungsträgern: vor 2005/seit Hartz IV
28. AV Wohnen
29. Zukunftserwartungen